suhrkamp taschenbuch
wissenschaft 1131

Die Verdinglichungskritik, der Kern der auf Marx zurückgehenden Gesellschaftstheorie, ist auch im Angesicht des in der Soziologie diskutierten Endes der Arbeitsgesellschaft, auch nach dem »linguistic turn« in der Gesellschaftstheorie, Grundelement einer kritischen Theorie der Gesellschaft. Eine ganze Reihe von Deformationen der sogenannten »postindustriellen« Gesellschaft können nur als Verdinglichungen adäquat beschrieben werden. Die Verdinglichungskritik läßt sich zudem, wie Demmerling in einer Zusammenführung der Sprachkritik Wittgensteins und der Philosophie Adornos entwickelt, in einer sprachkritischen Fassung formulieren.

Das erste Kapitel vergegenwärtigt die Traditionslinien einer kritischen Theorie der Gesellschaft anhand der Konzeptionen von Hegel, Marx und Lukács. Drei weitere Kapitel skizzieren sodann in Auseinandersetzung mit Wittgenstein, Habermas und Adorno die systematischen Grundgedanken einer intersubjektivitätstheoretisch transformierten Philosophie der Praxis.

Christoph Demmerling, geb. 1963, ist Wissenschaftlicher Assistent an der Technischen Universität Dresden.

Christoph Demmerling
Sprache und Verdinglichung

Wittgenstein, Adorno und das Projekt einer kritischen Theorie

Suhrkamp

Die Deutsche Bibliothek – CIP-Einheitsaufnahme
Demmerling, Christoph
Sprache und Verdinglichung :
Wittgenstein, Adorno und das Projekt
einer kritischen Theorie /
Christoph Demmerling. –
1. Aufl. –
Frankfurt am Main : Suhrkamp, 1994
(Suhrkamp-Taschenbuch Wissenschaft ; 1131)
ISBN 3-518-28731-1
NE: GT

suhrkamp taschenbuch wissenschaft 1131
Erste Auflage 1994

Satz und Druck: Wagner GmbH, Nördlingen
Printed in Germany
Umschlag nach Entwürfen von
Willy Fleckhaus und Rolf Staudt

1 2 3 4 5 6 – 99 98 97 96 95 94

Inhalt

– Was ist Dinglichkeit? [...]
– Dinglichkeit ist dieses
unangenehme Gefühl, daß da,
wo unsere Anmaßung aufhört,
unsere Bestrafung beginnt.
J. Cortázar, *Rayuela*

Einleitung

Die folgenden, an Wittgenstein, Adorno und Habermas anschließenden Analysen verfolgen ein doppeltes Ziel. Zum einen möchten sie einen Dialog in Gang bringen, der zwar vereinzelt in Aussicht gestellt worden ist, jedoch bislang noch keine ausführlichere Darstellung erhalten hat: denjenigen zwischen der Sprachkritik Wittgensteins und der Philosophie Adornos. Die sozialphilosophischen Implikationen der Sprachkritik werden dabei ebenso berücksichtigt wie die sprachphilosophischen Grundlagen im Denken Adornos. Indem ich die Ansätze von Wittgenstein und Adorno aufeinander beziehe, schlage ich zudem eine Alternative zur Theorie von Habermas vor, die sich ebenfalls als Versuch begreift, sprachanalytische Motive in die Sozialphilosophie einzubringen. So verstehen sich meine Überlegungen zum anderen in einem systematischen Sinn als erste Beiträge zu einer kritischen Sozialphilosophie auf der Basis eines pragmatischen bzw. handlungsbezogenen Verständnisses sozialer Phänomene in sprachkritischer Perspektive. Der sie leitende Gesichtspunkt ergibt sich aus der Auffassung, daß sich Gesellschaft auf der Grundlage menschlichen Handelns konstituiert bzw. strukturiert. Ich knüpfe dabei an die Tradition der sogenannten ›Praxisphilosophie‹ an. Als Philosophie der Praxis lassen sich diejenigen Positionen in der Sozialphilosophie bezeichnen, welche die menschliche Lebenstätigkeit, verstanden als Einheit von Arbeit, Herstellen und Handeln in den Mittelpunkt rücken und von der Überzeugung getragen werden, daß sich ›Gesellschaft‹ im wesentlichen auf dem Fundament dieser Tätigkeiten konstituiert. Diese Annahme, die für Marxismus, Pragmatismus und Existentialismus charakteristisch ist und sich in der marxistischen Tradition mit emphatischen revolutionstheoretischen Konnotationen verbindet, geht auf ein in den Marxschen Frühschriften entwickeltes Verständnis des Menschen und der menschlichen Praxis zurück. Marx geht dort davon aus, daß die menschliche Lebenstätigkeit, die er vorrangig als Arbeit bestimmt, die sich aber ebenso unter dem Aspekt ihrer sprachlichen Verfassung betrachten läßt, die Basis der von Kant inaugurierten Erkenntniskritik und gleichzeitig das Medium der Produktion, Reproduktion und Veränderung gesellschaftlicher Verhältnisse bildet. Er hat die Transzendentalphilosophie umgebaut in eine Philosophie des Handelns.

Die konstitutionstheoretische Grundeinsicht, welche die Strukturierung der Gesellschaft, in einer radikalen erzeugungstheoretischen Variante gar die der gesamten Welt, in Abhängigkeit vom menschlichen Handeln begreift, ist nicht nur in der Soziologie Gegenstand massiver Kritik (etwa im Systemfunktionalismus N. Luhmanns) geworden. Nicht zuletzt die Debatte um den Status der Subjektivitätskategorie, die sowohl in der analytischen Philosophie (z. B. bei L. Wittgenstein) als auch im Rahmen der neueren hermeneutischen Diskussion (so bei J. Derrida oder G. Vattimo) zu einer grundlegenden Revision des transzendental- bzw. bewußtseinsphilosophischen Paradigmas geführt hat, hat die Schwächen einer konstitutionstheoretischen Position deutlich gemacht. Dennoch lege ich meinen Überlegungen und Interpretationen eine konstitutionstheoretische Denkfigur zugrunde. Eine ›schwache‹, d. h. von den Einzelsubjekten oder einem wie auch immer vorgestellten Großsubjekt (z. B. der »Gesellschaft«) losgelöste Version scheint mir um einer Bewahrung der normativen Intentionen der Gesellschaftstheorie willen unentbehrlich, diese nämlich sind fest mit dem konstitutionstheoretischen Denkansatz verbunden. Er liefert die Voraussetzungen für eine Theorie der Entfremdung bzw. Verdinglichung, schließlich im allgemeinen für eine Philosophie, die sich zuallererst als Kritik versteht. Die Verdinglichungskritik, der Kern der auf Marx zurückgehenden Gesellschaftstheorie, ist auch im Angesicht des in der Soziologie diskutierten Endes der Arbeitsgesellschaft, auch nach dem ›linguistic turn‹ in der Gesellschaftstheorie, unverzichtbares Grundelement einer kritischen Theorie der Gesellschaft. Eine ganze Reihe von Deformationen der sogenannten ›postindustriellen‹ Gesellschaft können nur als Verdinglichungen adäquat beschrieben werden. Die Verdinglichungskritik läßt sich zudem, so lautet eine wichtige These, welche die folgenden Kapitel entwickeln, in einer sprachkritischen Fassung formulieren.

Die schwache Variante der Konstitutionstheorie des Gesellschaftlichen hat sich so an zwei immer wieder diskutierten Phänomenen, denen sie auf den ersten Blick nicht gerecht werden zu können scheint, zu bewähren: zum einen am Status der der Subjektkonstitution noch vorausliegenden Intersubjektivität, zum anderen am Problem der dem menschlichen Handeln entzogenen, gleichwohl aber handlungsrelevanten Bereiche, die unsere Negativitäts- und Kontingenzerfahrungen ausmachen und die, sofern sie unsere sozialen Organisationsformen betreffen, in der neueren Gesellschaftstheorie als systemische Mechanismen beschrieben werden. Ich werde lediglich die Intersubjektivitätsproblematik zum Gegenstand meiner Überlegungen machen und zeigen, daß eine richtig verstandene Analyse zur Konstitution des Gesellschaftlichen bei ihr und nicht im Rekurs auf Einzelsubjekte oder ein Großsubjekt ansetzen muß. Negativitätserfahrungen werden unter dem Vorzeichen der Verdinglichungskritik thematisiert, sind jedoch nicht eigentlich Gegenstand der folgenden Überlegungen.

Die Zusammenführung der Überlegungen von Wittgenstein und Adorno dient so dem systematischen Interesse, im Rückgriff auf sprachphilosophische Einsichten eine intersubjektivitätstheoretische Transformation der praxisphilosophischen Position durchzuführen. Dabei ergeben sich Ansätze zu einer am Problem der Hypostasierung sprachlicher Unterscheidungen orientierten Formulierung des Verdinglichungsproblems. Diese ist nicht als sprachphilosophische Engführung der auf Marx zurückgehenden klassischen Thematik intendiert, es geht lediglich darum, zu zeigen, daß aus einem falschen, ›substantialistischen‹ Verständnis unserer Rede- und Unterscheidungshandlungen Pathologien und Denkzwänge folgen können, die sich den sich aus ökonomisch und sozial induzierten Verdinglichungen ergebenden Verzerrungen menschlicher Lebenszusammenhänge an die Seite stellen lassen.

Die genannten Gesichtspunkte strukturieren und verbinden meine theoriegeschichtlichen Rekonstruktionen, bilden deren Leitmotiv, auch dort, wo die Binnenperspektive der behandelten Autoren ernst genommen wird.

Am Anfang steht eine Skizze des Weges, den die Tradition kritischer Gesellschaftstheorie eingeschlagen hat. Im Anschluß an Hegels Begriff der Kritik, Marxens Praxisauffassung und die Verdinglichungstheorie von Lukács trete ich erneut für eine Verbindung kategorialanalytischer (d. h. heute: sprachphilosophischer) und sozialphilosophischer Fragestellungen ein, formuliere die Grundlinien zu einem systematischen und sprachkritisch geläuterten Verständnis von Philosophie als Kritik (1). Im Rekurs auf Wittgensteins praktisches Sprachverständnis und die konstitutionstheoretischen Elemente seines Sprachbegriffs im Zusammenhang mit seinem Regelbegriff und dem »Privatsprachenargument« rekonstruiere ich anschließend den kritischen Sinn dieser Sprachphilosophie, wobei ich gleichzeitig für eine pragmatische Theorie sprachlicher Bedeutung votiere. Die Auseinandersetzung mit Wittgenstein bereitet den Boden für eine intersubjektivitätstheoretische Wendung der Praxisphilosophie (II). Bevor ein weiteres Kapitel die tendenziell verdinglichungskritischen Implikationen der Sprachkritik ausarbeitet, auf Anschlußmöglichkeiten einer kritischen Theorie der Gesellschaft verweist, diskutiere ich Einwände gegen praxisphilosophische Denkfiguren in der Gesellschaftstheorie: Einwände, die vor allem J. Habermas auf der Grundlage sprachphilosophischer Argumentationsfiguren formuliert hat (III). Schließlich schlage ich eine Lektüre der Philosophie Adornos auf dem Hintergrund der Sprachphilosophie Wittgensteins vor, die es erlaubt, die Grundlinien einer Sprachkritik zu skizzieren, die für die Grundlegung einer kritischen Sozialphilosophie von Bedeutung ist. Im Anschluß an Wittgenstein und Adorno lassen sich die gesellschaftstheoretischen Impulse der Sprachkritik freilegen, läßt sich der ›linguistic turn‹ in einer anderen als bisher üblichen Weise für die Sozialtheorie fruchtbar machen (IV). Ein Ausblick skizziert mögliche Perspektiven.

Die Überlegungen, die den Gegenstand des vorliegenden Buches ausmachen, gehen auf eine überarbeitete und stark gekürzte Untersuchung zurück, die der Philosophischen Fakultät der Universität Konstanz als Dissertation vorgelegen hat. Wie jede intellektuelle Anstrengung verdankt auch diese sich nicht allein den Bemühungen ihres Autors. Danken möchte ich an erster Stelle Friedrich Kambartel, der das Projekt über Jahre hinweg mit kritischem Interesse verfolgt und unterstützt hat. Besonderer Dank gilt ferner Beate Döring und Thomas Rentsch für die vielen Stunden, die mit Wittgenstein und Adorno dahingingen; Pirmin Stekeler-Weithofer für einen äußerst hilfreichen Kommentar zur Vorfassung; Axel Honneth für eine Reihe von Verbesserungsvorschlägen. Für die Entwicklung einzelner Überlegungen und Argumente betreffende Anmerkungen, Anregungen und Ermutigungen schulde ich zudem folgenden Personen Dank: Gregor Asshoff, Jörg Grünert, Brigitte Hirner und Matthias Mayer. Die Studienstiftung des deutschen Volkes schließlich hat Sorge getragen für die während der Arbeit an dem Manuskript maßgebliche finanzielle Unterstützung.

Berlin-Friedenau, im Februar 1994 C. D.

1. Philosophie als Kritik

Das Projekt einer kritischen Gesellschaftstheorie ist in die Krise geraten. Die Gebildeten unter den Verächtern der Philosophie feiern allenthalben den Abschied vom Prinzipiellen. Der Vernunftoptimismus der Moderne und die Hoffnung, es dereinst zu einer vernünftigen Einrichtung der menschlichen Verhältnisse zu bringen, haben einer postmodernen Ernüchterung Platz gemacht. Ästhetizistische Vernunftkritik einerseits, szientistischer Faktizitätsglaube andererseits versuchen nicht nur den philosophischen Anspruch aufs Prinzipielle zu unterlaufen bzw. zu überbieten, in eins damit verabschieden sie die Idee einer Philosophie, die sich kraft ausweisbarer Maßstäbe als Kritik versteht. Im günstigsten Fall, d. h. dort, wo die Philosophie sich nicht von vornherein an Kunst und Wissenschaft assimiliert, sei es als Gattungsunterschiede zwischen Philosophie und Literatur leugnende Wortkunst, sei es als Philosophy of Science, folgt sie gleich der Eule der Minerva ihren Kritikern erst in der Dämmerung nach: als Gespräch über Vergangenes, als Verwalterin der Tradition. Historismus und Hermeneutik üben Schadensbegrenzung.

Besonders betroffen von den Attacken gegen die Vernunft und ihre Maßstäbe ist die Tradition kritischer Sozialphilosophie. Ihr macht zudem die Geschichte zu schaffen. Seit dem Zusammenbruch der sozialistischen Staaten hat sich für viele diese Tradition überflüssig gemacht. Den Wissenschaftsphilosophen war sie ohnehin immer zu unseriös, andere haben in ihren Ansprüchen den Terror der Geschichtsphilosophie gewittert. Hatte das Verständnis von Philosophie als Kritik in der Zeit von Hegels Tod bis hin zu den Autoren der ›Frankfurter Schule‹ eine bedeutende Rolle gespielt, so ist es heute einem moral- und sozialphilosophischen Skeptizismus gewichen. Selbst dort, wo man mit Wohlwollen an die klassische Tradition kritischer Gesellschaftstheorie anknüpft, hält man die kategorialen Mittel der nunmehr schon klassisch gewordenen Autoren für verfehlt. Der Hinweis auf den von Habermas in die sozialphilosophische Reflexion eingebrachten Paradigmenwechsel von der Bewußtseins- zur Sprachphilosophie mag an dieser Stelle genügen. Ich möchte mich dennoch in diesem Kapitel ein weiteres Mal des Sinns der Beiträge von Hegel, Marx und

Lukács zum Verständnis von Philosophie als Kritik vergewissern und auf die sprachphilosophischen Argumenten mitunter standhaltende Modernität und Aktualität insbesondere von Hegels Denken aufmerksam machen. Hegels Begriff der Kritik wird mit Blick auf eine sprachkritische Reformulierung des Verdinglichungstheorems erläutert (1), bevor im Anschluß an Marx (2) und Lukács Grundunterscheidungen der Praxisphilosophie im Zusammenhang mit einer Theorie der Verdinglichung entfaltet werden (3). Aus dem damit vorgeschlagenen Blickwinkel stellt sich das Verhältnis der ›idealistischen‹ Philosophie Hegels zu derjenigen seiner ›materialistischen‹ Nachfahren anders dar, als von der gängigen Philosophiegeschichtsschreibung angenommen.

1. Hegel: Die sprachphilosophischen Fundamente der Dialektik[1]

In der *Wissenschaft der Logik*, dem für das Verständnis der dialektischen Methode Hegels grundlegendem Werk, lassen sich zwei Bedeutungen des Kritikbegriffs differenzieren, die für die Tradition der kritischen Sozialphilosophie bestimmend geworden sind: der Begriff der Kritik kann zum einen in einem *erkenntnistheoretischen* bzw. *kategorialanalytischen* Sinn verstanden werden, zum anderen läßt er sich *ideologiekritisch* bzw. *sozialphilosophisch* interpretieren. Die *Logik* Hegels entfaltet den Doppelsinn des Kritikbegriffs in systematischer Absicht; sie steht so nicht nur historisch zwischen Kants *Kritik der reinen Vernunft* und der *Kritik der Politischen Ökonomie* von Marx. Hegel macht auf Zusammenhänge zwischen erkenntnistheoretischen bzw. logischen, die Sinnkriterien unseres Redens betreffenden Problemen und sozialphilosophischen bzw. praktischen Fragen, die sich mit dem Begriff der Kritik ergeben, aufmerksam.

Hegel selbst allerdings verwendet den Begriff der Kritik in seinen

1 Ausführlich habe ich diese Thematik in dem Aufsatz »Philosophie als Kritik. Grundprobleme der Dialektik Hegels und das Programm kritischer Theorie«, in: Ch. Demmerling/F. Kambartel (Hg.), *Vernunftkritik nach Hegel. Analytisch-kritische Interpretationen zur Dialektik*, Frankfurt am Main 1992, S. 67-99 dargestellt.

Hauptwerken nicht allzu häufig.[2] Kritisch ist die Dialektik nicht allein im Sinn der von Kant inaugurierten Erkenntniskritik, kritisch ist sie auch in den von Hegel in bezug auf bestimmte Phänomenbereiche durchgeführten – realphilosophischen – Analysen als Religions-, Rechts- und Kunstkritik und kritisch ist ihre Haltung gegenüber der Philosophie in Gestalt von Metaphysik, Empirismus und Transzendentalphilosophie. Kritisch ist die Dialektik zudem in dem klassischen Sinn einer Übung im Treffen von Unterscheidungen und Wahrnehmen von Differenzen. Dialektik bezeichnet bei Hegel ein im wesentlichen *negatives* Projekt. Wahrheit gelangt in ihr vorrangig als Kritik an Falschem zur Darstellung.[3]

Die kritische Philosophie im Sinne Kants – die Erkenntniskritik – hatte in der Analyse der unsere Gegenstandserfahrung und -wahrnehmung vermittelnden Instanzen ihr Thema. Sie lenkte den Blick auf die (uns in unserer Praxis verborgenen) Voraussetzungen bzw. Bedingungen unserer Erfahrung. Hegel greift diese gegen jede Art von Unmittelbarkeitsphilosophie gerichteten Motive der Transzendentalphilosophie auf. Darin besteht der erkenntnistheoretische Sinn seines Kritikbegriffs. Gleichzeitig jedoch geht er darüber hinaus. Die dialektische – spekulative – Philosophie Hegels reflektiert noch einmal auf die Voraussetzungen der Kantischen Erkenntniskritik selbst, als Reflexion der Reflexion ist sie *Metakritik der Erkenntniskritik*. Gegenstand dieser Reflexion der Reflexion sind nicht die Gegenstände des Denkens (oder auch Wahrnehmens), sondern das Denken selbst. In einem bestimmten Sinn werden auf diese Weise die erkenntnistheoretischen Unterscheidungen noch einmal ›ideologiekritisch‹ reflektiert. Das Nachdenken über das Denken spürt den Ursachen für die Geltung unserer begrifflichen Unterscheidungen und kategorialen Konzeptualisierungen nach. Dabei verfolgt es zudem, auf welche Weise sich unsere Unterscheidungen und Kategorisierungen verselbständigen und in negativer Form auf unser Selbst- und Weltverständnis, auf unsere Praxis zurückwirken.

2 Vgl. K. Röttgers, *Kritik und Praxis. Zur Geschichte des Kritikbegriffs von Kant bis Marx*, Berlin/New York 1975, S. 147.

3 Zu den Darstellungsproblemen insbesondere der *Logik* Hegels vgl. M. Theunissen, *Sein und Schein. Die kritische Funktion der Hegelschen ›Logik‹*, Frankfurt am Main 1978.

Wie ist die Verbindung zwischen kategorialer Analyse und ideologiekritischer Reflexion genauer zu denken? Worin liegt sie begründet? Meine These lautet, daß sich kategoriale Analyse und ideologiekritische Reflexion in den verdinglichungskritischen Motiven der *Logik* mischen, und daß eine Verdinglichungskritik, sei es kategorialanalytisch z. B. als Kritik an der Reifizierung sprachlicher Unterscheidungen oder der Hypostasierung von Universalien, sei es sozialphilosophisch z. B. als Kritik an der Versachlichung menschlicher Beziehungen, den Doppelsinn des Kritikbegriffs auf paradigmatische Weise einlöst und deshalb für ein Verständnis von Philosophie als Kritik von großer systematischer Relevanz ist. Die verdinglichungskritische Dimension der *Logik* erschließt sich auf dem Wege einer Rekonstruktion der ihr zugrundeliegenden Sprachtheorie. Die bei Hegel vorliegende Verbindung von Grundproblemen der Logik im Sinne kategorialer Analyse und kritischer Sozialphilosophie läßt sich im Rückgriff auf eine der *Logik* immanente Bedeutungstheorie begründen. Genauer ist es Hegels Theorie des spekulativen Satzes, die es erlaubt, einen Zusammenhang zwischen kategorialanalytischen und ideologiekritischen Elementen herzustellen und die Dialektik als Methode auf die Programmatik kritischer Theorie zu beziehen. Die Dialektik richtet sich gegen die oberflächliche Nivellierung der Dinge durch die Schemata der Reflexion ebenso wie gegen die Mechanismen ihrer Verwertung.
Wie ist die Konzeption des spekulativen Satzes motiviert? Warum möchte Hegel über die aristotelisch-kantische Tradition bei der Analyse des Urteils hinausgehen? Welche Problematik begründet den Schritt in eine dialektische Theorie des Satzes und was hat letztere den üblichen Satz- und Urteilstheorien voraus? In der Beantwortung dieser Fragen liegt der Nachweis, daß die Satztheorie Hegels eine Theorie der Bedeutung ist, die eng mit der Bestimmung der Philosophie als Kritik verbunden ist. Die Satztheorie nämlich stellt die begrifflichen Mittel zur Verfügung, welche die kritische Funktion der Philosophie über bloße Versicherungen hinaus begründen. Als Kritik der Sprache ist es die Theorie des spekulativen Satzes, welche als normatives Fundament der im doppelten Sinne kritischen Philosophie fungiert.
In der *Seinslogik* bemerkt Hegel, »daß der Satz, in *Form eines Urteils*, nicht geschickt ist, spekulative Wahrheiten auszudrük-

ken« (5, 93).[4] Aus welchem Grund ist das Urteil für die Belange der spekulativen Philosophie ungeeignet? Weshalb nicht geschickt zum Ausdruck einer spekulativen Wahrheit? Betrachten wir dazu Hegels allgemeine Erläuterung des Urteilsbegriffs, die später in den dem Urteil gewidmeten Passagen der *Begriffslogik* aufgegriffen und weiter ausgeführt wird:

»Das Urteil ist eine *identische* Beziehung zwischen Subjekt und Prädikat; es wird dabei davon abstrahiert, daß das Subjekt noch mehrere Bestimmtheiten hat als die des Prädikats, sowie davon, daß das Prädikat weiter ist als das Subjekt. Ist nun aber der Inhalt spekulativ, so ist auch das *Nichtidentische* des Subjekts und des Prädikats wesentliches Moment, aber dies ist im Urteile nicht ausgedrückt« (5, 93).

Mit einem Urteil »S ist P« wird die Identität von Subjekt und Prädikat in einer *bestimmten* Hinsicht behauptet. Die Kopula bringt dabei zum Ausdruck, daß dem Subjekt das Prädikat zukommt. Als Einzelnes, Besonderes wird das Subjekt, indem das Prädikat etwas von ihm aussagt, einem Allgemeinen subsumiert. Dabei wird das Subjekt allein durch das eine Prädikat bestimmt, womit es zu einer einseitigen Bestimmung des Subjekts kommt. Andere Prädikationen bringen andere Bestimmungen desselben Subjekts zum Ausdruck. Dies besagt der Satz »daß das Subjekt mehrere Bestimmtheiten hat als die des Prädikats«. Soweit stimmt Hegel mit der traditionellen Urteilstheorie überein.
Was nun aber versteht Hegel unter einem *spekulativen Satz*? Eine diesen Begriff erläuternde ausführlichere Passage findet sich in der *Phänomenologie des Geistes*:

»Formell kann das Gesagte so ausgedrückt werden, daß die Natur des Urteils oder des Satzes überhaupt, die den Unterschied des Subjekts und des Prädikats in sich schließt, durch den spekulativen Satz zerstört wird und der identische Satz, zu dem der erstere wird, den Gegenstoß zu jenem Verhältnisse enthält [...] So soll auch im philosophischen Satze die Identität des Subjekts und des Prädikates den Unterschied derselben, den die Form des Satzes ausdrückt, nicht vernichten, sondern ihre Einheit [soll] als eine Harmonie hervorgehen. Die Form des Satzes ist die Erscheinung des bestimmten Sinnes oder der Akzent, der seine Erfüllung unterscheidet; daß aber das Prädikat die Substanz ausdrückt und das Subjekt selbst ins Allgemeine fällt, ist die *Einheit*, worin jener Akzent verklingt« (3, 59).

4 Hegel wird zitiert nach der von E. Moldenhauer und K. M. Michel besorgten Ausgabe *Werke in zwanzig Bänden*, Frankfurt am Main 1986. Die Ziffern in Klammern beziehen sich auf Bandzahl und Seite.

In der *Logik* hatte Hegel darauf hingewiesen, daß die Identifizierung des Subjekts mit dem Prädikat das Hauptcharakteristikum des Urteils sei. Die soeben angeführte Passage hingegen betont die im Urteil liegende Differenz zwischen Subjekt und Prädikat. Der Hinweis auf den Unterschied von Subjekt und Prädikat bezieht sich auf die formale (grammatische) Struktur des Satzes; Subjekt und Prädikat erfüllen im Satz unterschiedliche Funktionen und nehmen – dies ist trivial – unterschiedliche syntaktische Positionen ein. Spekulative Sätze funktionieren anders, sie dürfen nicht nach dem Muster der für die üblichen Urteile charakteristischen Subjekt-Prädikat-Struktur verstanden werden. Mit spekulativen Sätzen redet man nämlich nicht über Gegenstände, sondern über die *Bedeutung* von Ausdrücken, Sätzen, Praktiken und Institutionen usw. Hegel nun kritisiert die gewöhnliche Praxis des Urteilens nicht deshalb, weil das Urteil als etwas Allgemeines die Vielfalt des Einzelnen nicht ausdrücken kann. Was er vielmehr kritisiert, ist die *Verwechslung* spekulativer Sätze und gewöhnlicher Urteile; die Vorstellung, daß spekulative Sätze genau in der gleichen Weise funktionieren wie Urteile. Wer dies glaubt, der verdinglicht die Bedeutung von Ausdrücken, Sätzen, Praktiken und Institutionen, indem er die Rede über Bedeutungen in der gleichen Weise wie die Rede über Bedeutetes versteht und zieht die kategoriale Differenz zwischen unserer Rede über die Sprache und unserer Rede über die Welt ein. Hegels Unterscheidung zwischen der spekulativen Rede einerseits und dem Urteil andererseits steht quer zu der Differenz von Allgemeinem und Besonderem. Mit spekulativen Sätzen beginnt Hegel zufolge die Philosophie, deren Aufgabe es ist, die »dialektische Bewegung des Satzes« darzustellen (3, 61). Philosophie besteht in den Augen von Hegel – und darin ist er seiner Zeit voraus – in der Analyse von Bedeutungen. Die spekulative Satztheorie will die Frage beantworten, wie Bedeutungen zu verstehen sind und wie über diese zu reden ist. Hegels Kritik aller Unmittelbarkeit erhält an dieser Stelle eine sprachtheoretische Fassung.

Niemand kommt umhin, sich der gewöhnlichen Sätze zu bedienen, denn nur so kann man alle beliebigen Inhalte des Denkens formulieren. Obwohl z. B. mit einem Urteil die Identität von etwas mit etwas anderem in einer bestimmten Hinsicht ausgesagt wird, muß der formal durch die Struktur des Urteils gesetzte Unterschied zwischen Subjekt und Prädikat mitvollzogen werden.

Dieser Widerspruch zwischen Form und Inhalt ›normaler‹, d. h. objektstufiger Rede, gibt zu denken und nötigt zur Analyse. Er ist der »Gegenstoß«, der Fortgang und Bewegung erforderlich macht. Hegel erkennt, daß dieser Widerspruch genau jenen Typ philosophischer Erfahrung ausmacht, welche den Schritt in die Dialektik erzwingt; die Dialektik wendet diesen die Regeln der formalen Logik scheinbar außer Kraft setzenden Widerspruch in eine die sinnvolle Rede über Bedeutungen allererst ermöglichende Sinnstruktur.

Was bedeutet die spekulative Satztheorie für unser ›normales‹ Verständnis der Sprache und der formalen Logik? Wie insbesondere hängt sie mit dem Verständnis von Philosophie als Kritik zusammen?

Ist Hegel daran gelegen, die klassische (formale und transzendentale) Logik außer Kraft zu setzen und eine dialektische Logik, die den Satz vom Widerspruch als logisches Prinzip verwirft, an deren Stelle treten zu lassen? Diese Frage muß verneint werden. Der Geltungsbereich der klassischen Logik ist von Hegels Analysen im Grunde genommen gar nicht betroffen. Die spekulative Philosophie beginnt erst jenseits derselben. Als Reflexion der Reflexion fragt sie nach dem Verhältnis des Denkens zur Logik bzw. nach der die gewöhnliche Logik ermöglichenden Struktur des Denkens selbst. A. Kulenkampff schreibt in seiner für ein methodisches Verständnis der Dialektik grundlegenden Arbeit:

»Was Reflexion der Reflexion besagt und welcher Sinn mit der Anerkennung des ›Verkehrten der Wahrheit‹ als spekulativen Wahrheitsausdrucks zu verbinden ist, läßt sich demnach nur verstehen, wenn Klarheit darüber herrscht, das es im unmittelbaren, empirischen Objekt- und Vorstellungszusammenhang keine Dialektik gibt. Dialektik verstehen, heißt sie als Grenzphänomen, den dialektischen Widerspruch [...] als Ausdruck des Bestimmtseins einer Grenze verstehen, die das vorstellende Denken von sich aus und durch sich selbst niemals erreicht, weil sie unter den Gegebenheiten nicht vorkommt.«[5]

Die klassische Logik wird also nicht etwa negiert bzw. als für die Strukturierung unserer Erfahrungszusammenhänge ungeeignet verworfen, sondern sie wird, da sie selbst und ihre Voraussetzungen Gegenstand der dialektischen Philosophie sind, ›eingeklam-

5 A. Kulenkampff, *Antinomie und Dialektik. Zur Funktion des Widerspruchs in der Philosophie*. Stuttgart 1970, S. 6.

mert‹. Es gehört zu den folgenreichsten Mißverständnissen der *Logik* Hegels, daß man ihr unterstellt hat, sie wolle die übliche Logik ersetzen durch eine ganz anderen Gesetzen und Regeln folgende dialektische Logik. Als eine Theorie der Bedeutung thematisiert die Dialektik die Voraussetzungen unserer ›normalen‹, objektstufigen Rede. Da sich diese nicht in derselben Weise wie Gegenstände benennen lassen, *zeigen* die spekulativen Sätze, wie unsere Urteile sich auf die Wirklichkeit beziehen lassen.

Der das im Urteil vorausgesetzte Verhältnis von Subjekt und Prädikat betreffende »Gegenstoß« macht keine Um- bzw. Verkehrung unserer gewöhnlichen Prädikations- und Aussagepraktiken erforderlich, sondern er besteht darin, sich zu diesen Praktiken überhaupt erst zu verhalten. Letztere werden nicht einfach als traditionell überlieferter Bestand übernommen, sondern die Funktion der Philosophie als Kritik besteht an dieser Stelle darin, die Frage nach ihrer Angemessenheit zu stellen: deshalb ist »die spekulative philosophische Reflexion [...] das Denken der Welt noch einmal, aber als Denken des Denkens der Welt«.[6]

Die spekulative Philosophie stellt aber die Frage nach der Angemessenheit unserer Denk-, Sprach- und Unterscheidungshandlungen nicht nur, um die Strukturen unseres Wissens, d. h. unserer Sprache aufzuklären, sondern in ihr regt sich zudem ein im weitesten Sinne ›ethisches‹ Motiv. Dieses betrifft das Verhältnis unseres Denkens bzw. Handelns zu seinen Gegenständen[7], und damit ist es selbstverständlich auch von Wichtigkeit für die Beurteilung der Verhältnisse der Menschen untereinander. In diesem Sinne ist Hegel zu verstehen, wenn er im Zusammenhang mit dem Begriff von einer *Befreiung* spricht, die »zu ihrer Totalität entwickelt *freier Geist*, als Empfindung *Liebe*, als Genuß *Seligkeit*« heißt (8, 306). An dieser Stelle gehen Hegels Überlegungen weit über bedeutungstheoretische Analysen im üblichen Sinne hinaus. Die ethischen Implikationen der spekulativen Sprachphilosophie machen zudem deutlich, daß Hegels Ansatz zugleich *ontologiekritisch* und *antinominalistisch* ist. Ontologiekritisch ist er als Kritik an der Hypostasierung von Bedeutungen, antinominalistisch als Einsicht in die Wirkmächtigkeit unserer sprachlichen Praktiken,

6 Ebd., S. 16.

7 Dies verbindet Hegels Philosophie mit der Phänomenologie Husserls und auch der späteren Philosophie Wittgensteins.

den unseren Unterscheidungen zugewiesenen Realitätsgehalt. Diese machen sich von uns unabhängig und entziehen sich unserem Zugriff.

Als Sprachtheorie ist der spekulativen Philosophie die Kritik an der gemeinhin auf die Ebene der Rede über Bedeutungen transportierten Kategorie der Identität wesentlich. Hegels Behandlung des Identitätsproblems im Kapitel über die *Reflexionsbestimmungen* hängt eng mit seinen Ausführungen zu Urteil und spekulativem Satz zusammen. Das Urteil ist deshalb zum Ausdruck einer spekulativen Wahrheit ungeschickt, weil es einseitig allein an der Geltung der Identitätskategorie orientiert ist. Die Bedeutung eines Ausdrucks oder eines Satzes ist keine mit sich identische Entität, vielmehr differiert sie je nach Verwendungssituation. Hegel nimmt hier eine Einsicht vorweg, die vor allem pragmatische Theorien der Bedeutung, zu denken ist in erster Linie an Wittgenstein, immer wieder gegen realistische und referentialistische Semantiken angeführt haben. Sie weist darüber hinaus sogar auf postpragmatische Theorien der Bedeutung voraus, wie man sie z. B. bei D. Davidson oder J. Derrida findet.[8] Hegel weist mit seinen Überlegungen auf die *Prozessualität* von Bedeutungen hin.

An dieser Stelle regt sich ein frühromantisches Motiv im Denken Hegels, es zeigt sich eine das spekulative Verfahren selbst kennzeichnende ›Entzweiung‹: die Dialektik will Kritik und System sein, ist hin und her gerissen zwischen der Liebe zum einzelnen Ding und dem Ansinnen, sich seiner philosophisch (und d. h. allgemein) zu bemächtigen. Das spekulative Denken orientiert sich an dem scheinbar paradoxen Ziel »Rekonstruktion eines urbildlichen, nichtdiskursiven Verstandes (intellectus archetypus) unter den Bedingungen der Diskursivität«[9] sein zu wollen; an die Stelle der eindimensionalen, sich im Urteil am Prinzip der Identität festmachenden Rationalität soll eine *spekulative* Rationalität treten. Dieses Motiv wird systematisch getragen von der Einsicht in die unfertige, unabgeschlossene und veränderbare Struktur von Bedeutungen.

8 Vgl. dazu J. Derridas Kritik an J. R. Searle, »Signature événement contexte«, in: *Marges de la philosophie*, Paris 1972, S. 365-393, sowie D. Davidsons (eine berühmte These W. V. O. Quines aufgreifenden) Aufsatz »Radical Interpretation«, in: *Dialectica* 27 (1973), S. 313-328.

9 A. Kulenkampff, a.a.O., S. 41.

Es geht Hegel nicht um eine Kritik des Gebrauchs der Identitätskategorie im allgemeinen; kritisiert wird vielmehr eine Ideologie der Identität, die den Gebrauch dieser Kategorie verabsolutiert. Hegel macht damit auf die Aporien und Fehler aufmerksam, die sich aus einer Hypostasierung und Verabsolutierung der Identitätskategorie ergeben. Er richtet sich gegen Auffassungen, die an der Unbewegtheit der Identität festhalten, daran »festhangen bleiben« (6, 41) und die Identität »zu einer einseitigen Bestimmtheit machen, die als solche keine Wahrheit hat« (6, 41). Die Thematisierung der Identität enthält bereits eine Kritik des identifizierenden bzw. identitätslogischen Denkens. Wie in der *Seinslogik* argumentiert Hegel mit seiner Kritik an der Ideologie der Identität gegen einen Hauptstrang des abendländischen Denkens, gegen die substantialistische Metaphysik der Präsenz. Er trifft damit auch deren Nachfahren, die realistischen Referenzsemantiken, deren Grundzug sich als ein festhaltendes ›Identifizieren-wollen‹ charakterisieren läßt.

Wenn wir sprechen, uns mit Hilfe von Worten und Sätzen über die Wirklichkeit verständigen, sind wir gezwungen, allgemein zu reden, Prädikate zu- bzw. abzusprechen. Unser generisches Reden kann niemals in einem *buchstäblichen* Sinn wahr sein. Das, was die Elemente der Sprache bedeuten sollen, können sie streng genommen nicht bedeuten und ihre Bedeutung ist auch nicht in irgendeinem Sinne zu vergegenständlichen oder vorzeigbar. Über die Dinge reden zu müssen und es nicht zu können: damit gelangen wir einmal mehr zu dem vorhin bereits angeführten Typus philosophischer Erfahrung, der zum Schritt in die Dialektik zwingt. In der *Logik* kommt Hegel auf den spekulativen Satz zu sprechen, indem er genau diese Problemlage exponiert:

»Insofern nun der Satz ›*Sein und Nichts ist dasselbe*‹ die Identität der Bestimmungen ausspricht, aber in der Tat ebenso sie beide als ununterschieden enthält, widersprich er sich in sich selbst und löst sich auf. Halten wir dies näher fest, so ist also hier ein Satz gesetzt, der, näher betrachtet, die Bewegung hat, durch sich selbst zu verschwinden. Damit aber geschieht an ihm selbst das, was seinen eigentlichen Inhalt ausmachen soll, nämlich das *Werden* [...] Das Urteil ist eine *identische* Beziehung zwischen Subjekt und Prädikat [...] so ist auch das *Nichtidentische* des Subjekts und Prädikats wesentliches Moment, aber dies ist im Urteile nicht ausgedrückt« (5, 93).

Philosophie im strengen Sinn beginnt, sofern sie sich selbst nicht mißversteht, erst mit der Formulierung spekulativer Sätze. Während wir im normalen Reden über die Welt von den Formen unseres Denkens mehr oder minder bewußtlos Gebrauch machen und unterstellen, daß unsere Sprache wahre Beschreibungen der Welt ermöglicht, stellt die Philosophie mit Hilfe spekulativer Sätze die Frage nach der Angemessenheit unseres Kategoriengebrauchs und unseres Redens. Im Reden und im Treffen von Unterscheidungen bzw. Ausführen von Unterscheidungshandlungen reflektiert die Philosophie noch einmal auf ihre eigenen Sprachmöglichkeiten. Insofern ist sie Theorie der Bedeutung. Dabei werden ihr die normalen Weisen der Verständigung auch in einer moralischen Hinsicht zum Problem: sie möchte nämlich – ich folge einer Formulierung Adornos – die unserem Sprachgebrauch oftmals zugrundeliegende Intention des ›Aufspießens‹ der Dinge korrigieren. Eine Kritik dieser Art betrifft die klassische Logik genau so wie die moderne Sprachphilosophie und unsere alltäglichen, am sogenannten common sense orientierten Sprachverständnisse. Hier zeigt sich ein weiteres Mal der verdinglichungskritische Impuls der spekulativen Philosophie. Freilich, die Überlegungen Hegels sind nicht allein im Sinn des romantischen Unsagbarkeitstopos zu verstehen, vielmehr pointieren sie die jenseits aller »normalen« Verständigungsprobleme liegenden Aporien, die sich aus einer Verwechslung der Rede über Bedeutungen mit der Rede über Bedeutetes sowie der Annahme fixer Bedeutungen ergeben und lassen sich im Sinne einer kontextualistischen Sprachauffassung verstehen.

In bezug auf die Beziehung von Logik und Sozialphilosophie, bei der Verbindung von kategorialer Analyse und ideologiekritischer Reflexion, sind zwei Verbindungslinien zu unterscheiden. Die Theorie des spekulativen Satzes enthält zum einen direkt eine ethische Dimension. Sie thematisiert die Veränderbarkeit der Bedeutung und die Unabgeschlossenheit des Sinns (nicht nur der Bedeutung in unserer Sprache, sondern auch z. B. derjenigen der Institutionen). Zum anderen bildet gerade sie das Fundament für die Kritik der Denkformen, für die Auseinandersetzung mit der einfachen Reflexion. Mit ihr wird der Standpunkt, der Ort, konturiert, von welchem aus die einfache Reflexion betrachtet wird. Fragen nach der Beschaffenheit und Struktur unserer Denkformen, nach der Notwendigkeit ihrer Geltung sowie ihre Genese werden dabei diskutiert. Mit Blick auf das einfache Denken übernimmt die logische (d. h. semantische) Analyse die Funktion der Erkenntniskritik, bezüglich der Auseinandersetzungen mit den Voraussetzungen unseres Denkens erfüllt sie die Funktion der Ideologiekritik.

Eine Verbindung zwischen beiden Formen der Kritik wurde in der an Hegel und Marx anknüpfenden kritischen Theorie hergestellt und systematisch begründet mit der These von der gesellschaftlichen Formbestimmtheit des Denkens, die behauptet, daß die Formen unseres Denkens vermittelt sind durch unsere Tätigkeiten und die Weisen unserer gesellschaftlichen Organisation. Mit der Formbestimmtheitsbehauptung verbindet sich das materialistische Element einer kritischen Philosophie. Sie selbst jedoch wäre eine schlechte Form einseitig orientierter Ursprungsphilosophie, besäße sie nicht auch ein diesen Materialismus korrigierendes Element. Zum Materialismus gesellt sich ein ›idealistisches‹ Vertrauen in die wirklichkeitskonstitutive Kraft der einmal erzeugten Formen. Geltende Sprach- und Denkformen und die mit ihnen verbundenen Haltungen wirken auf unser Handeln und auf unsere Praxis zurück.

Das Nachdenken über das Denken, die *Logik* Hegels zeigt dies auf paradigmatische Weise, führt auf die Frage nach dem Status des Denkens selbst. Für sie und die aus ihr folgenden Ansätze zu einer kritischen Philosophie ist die Einsicht wesentlich, daß keine Theorie, ganz gleich ob die in ihr formulierten Sätze Natur, Gesellschaft oder Geschichte betreffen, unabhängig von einer gesellschaftlichen Praxis begriffen werden kann. Jede Theorie, jeder allgemeine Satz über die menschliche Welt, letztlich das Denken selbst, geht zurück auf die Art und Weise, in der wir unser Leben organisieren. Die Philosophie hat diesen Zusammenhang zu reflektieren und bewußt zu machen. Der erkenntniskritische Sinn die *Logik* Hegels besteht darin, die kategorialen Voraussetzungen unseres Denkens und Redens zu explizieren. Auf der Ebene ihrer ideologiekritischen Implikationen weist die *Logik* bereits auf die Verbindung von Denk- und gesellschaftlichen Organisationsformen hin; das für die Dialektik Hegels charakteristische Einholen von Voraussetzungen läßt sich methodisch auf die Analyse des Zusammenhangs zwischen gesellschaftlichen Organisationsformen und Denkformen beziehen. Eingeholt werden soziale Präsuppositionen unseres Denkens.

Den Hintergrund der dialektischen Denkbewegung, der Kritik an den durch unsere Denkverhältnisse und (oftmals unbewußten) kategorialen Vorentscheidungen geprägten Lebensverhältnissen bildet ein spekulatives Sprachverständnis. In einer sprachkritisch verankerten Verdinglichungskritik, der die Einsicht in die Zeitlichkeit, Veränderbarkeit, Offenheit und Unabgeschlossenheit von Bedeutungen, in ihre allererst situativ zu erschließende Bestimmtheit zugrunde liegt, ist der kritische Sinn der Dialektik fundiert. Mit dem Begriff »spekulativ« bezeichnet Hegel, betrachten wir die Reihe der genannten Motive einmal zusammen, ein bestimmtes Verhältnis zu unserer Sprache. Auf der Ebene der spekulativen Rede bewegen wir uns nicht unmittelbar in unseren sprachlichen Unterscheidungen, in unseren symbolischen Lebenszusammenhängen, wir bedenken diese vielmehr noch einmal gesondert, reflektieren auf den Zusammenhang zwischen unseren sprachlichen bzw. symbolischen Handlungen und der durch diese strukturierten Welt. Jenseits eines von der Aufklärung diktierten Fortschrittsoptimismus zeigt sich Geschichte im Medium des Sprachlichen. Kritik am verdinglichten Verständnis unserer Sprache und unserer kulturellen Praktiken richtet sich gegen die Dekontextualisierung und Entzeitlichung des Begriffs, die zurückwirkt auf unser Verständnis von und unseren Umgang mit Sätzen, Ausdrücken, Praktiken und Institutionen. Auf diesem Hintergrund kann die Kritik sozialer Beziehungsmuster, die Kritik an einem starren Verständnis unserer institutionellen Wirklichkeit, als Sprachanalyse verfahren.

Die Auseinandersetzung mit der Dialektik hat gezeigt, daß eine auf die Praxis der Menschen sich richtende Philosophie nicht um eine Kritik der Sprache herumkommt und daß umgekehrt jeder theoretischen, d. h. erkenntnistheoretischen, logischen oder sprachphilosophischen Überlegung bereits an ihrer Wurzel normative Elemente innewohnen.

Es ist die ethische Dimension der mit modernen sprachphilosophischen Mitteln reformulierten Theorie des spekulativen Satzes, welche die Verbindung von kategorialanalytischen und ideologiekritischen Momenten in der *Logik* stiftet.

Die Fundierung der Verdinglichungstheorie in einer Theorie der Sprache, wie ich sie in der Auseinandersetzung mit Hegel skizziert habe, wird zwar von Marx und der an ihn anknüpfenden Theorietradition nicht direkt weitergeführt, es finden sich nur vereinzelt sprachphilosophische Reflexionen, sie ist jedoch in systematischer Perspektive mit den genannten Problemen zu verbinden. Bevor ich die sprachphilosophischen Motive in den nächsten Kapiteln mit Wittgenstein und Adorno wieder aufnehme, möchte ich verfolgen, wie Marx und Lukács sich die Dialektik aneignen, sie direkt in die Sozialphilosophie übersetzen, eine Philosophie der Praxis und eine Theorie der Verdinglichung entwickeln.

2. Marx: Die praxisphilosophische Ausdeutung der Dialektik

Marx stellt die Dialektik in einen praktischen Rahmen. Die Auseinandersetzung mit dem Leben des wirklichen Menschen führt ihn zu einer ›naturalistischen‹ Transformation der idealistischen Philosophie. Er konkretisiert das im doppelten Sinne kritische Programm Hegels materialistisch. Das terminologische Zentrum dieser Konkretion bildet der Begriff der Praxis. Die sprachphilosophischen Intuitionen von Hegel geraten dabei zunächst aus dem Blick. Während für Hegel unsere kategorialen und sprachlichen Unterscheidungshandlungen welterschließenden Charakter besaßen, er auf deren kontextuelle und zeitgebundene Verfassung aufmerksam gemacht hatte, und die Hypostasierung und Entzeitlichung sprachlicher Unterscheidungen im Anschluß an die mit der Theorie des spekulativen Satzes gegebene Verbindung von kategorialanalytischen und ideologiekritischen Elementen als eine auch auf unsere praktischen Selbstverständnisse und Lebensverhältnisse zurückwirkende Verdinglichung beschrieben werden konnte, ist es das zentrale Anliegen von Marx' kritischem Materialismus, die von uns erfahrbaren Weltzusammenhänge konstitutionsanalytisch auf menschliche Praxis zurückzuführen. Mit dem Begriff der Praxis bezieht sich Marx in erster Linie auf die der Produktion und Reproduktion des Menschen dienenden Lebensvollzüge. Im Spätwerk schließlich ist der Begriff der Praxis einem primär ökonomisch bestimmten Begriff der Arbeit gewichen. Die materialistische Konkretion der Einsichten Hegels droht damit der Gefahr einer kategorialen Verkürzung zu erliegen. Sie bietet dennoch den Vorteil, Hegels über die Theorie des spekulativen Satzes vermittelte Kritik verfehlter sozialer Beziehungsmuster direkt in den menschlichen Lebenszusammenhängen aufsuchen zu können.

Wie der Begriff der Kritik bei Hegel, so besitzt der der Praxis bei Marx eine im doppelten Sinne kritische Funktion: zum einen bildet er das Fundament der von Kant inaugurierten Erkenntniskritik und übernimmt damit eine kategorialanalytische Rolle, menschliche Praxis ist der Ort der Welterschließung; zum anderen fungiert er als Leitbegriff der Marxschen Gesellschaftskritik und besitzt so zudem einen ideologiekritischen bzw. emanzipatorischen Sinn. Bereits in seiner ersten Feuerbachthese betont Marx die »tätige Seite« des Menschen, die der philosophische Idealismus zwar in theoretischer Form, nicht jedoch als »gegenständliche Tätigkeit«, in ihrer »revolutionären«, »praktisch-kritischen« Bedeutung begriffen habe (vgl. MEW 3, 5)[10]:

»Der Hauptmangel alles bisherigen Materialismus (den Feuerbachschen mit eingerechnet) ist, daß der Gegenstand, die Wirklichkeit, Sinnlichkeit nur unter der Form des *Objekts oder der Anschauung* gefaßt wird; nicht aber als *sinnlich menschliche Tätigkeit, Praxis*« (MEW 3, 5).

Der Materialismus ist in erkenntnistheoretischer Hinsicht mit einer realistischen Grundauffassung verbunden, interpretiert die Welt objektivistisch. Die Realität gilt als etwas *Gegebenes*, Erkenntnis besteht hiernach in der bloßen Abbildung dieses Gegebenen. Realistisch in diesem Sinn ist auch die Philosophie Feuerbachs, obwohl in deren Zentrum auch bereits die Menschen und ihre tätigen Vollzüge stehen. Infolge des bei Feuerbach stark ausgeprägten Sensualismus bleibt seine Grundhaltung eng mit dem gegenstandstheoretischen Realismus verbunden. Die aktive Rolle des Menschen bei der Erkenntnis der Natur wird unterbestimmt. Ihr verschafft Marx mit dem Verweis auf die menschliche Praxis Geltung. Zugleich erinnert er so an Kants Bestimmung der aktiven Rolle des Subjektes im Erkenntnisprozeß, geht jedoch in entscheidenden Punkten über Kants Transzendentalphilosophie hinaus. Denn direkt mit der kategorialanalytischen Rolle der Praxis, der materialistischen Deutung der kantischen Synthesis, verbunden ist bei Marx ein emanzipatorischer bzw. ideologiekritischer Sinn. Kants Einsicht, daß die Vernunft nur das einsieht, ›was sie selbst nach ihrem Entwurfe hervorbringt‹, wird Gegenstand der Ideologiekritik und zwar deshalb, da sie verkennt, daß die Welt

10 Marx wird zitiert nach Marx/Engels, *Werke*, hg. vom Institut für Marxismus-Leninismus beim ZK der SED, Berlin 1956 ff. (MEW, Bandzahl, Seite).

»das Produkt der Industrie und des Gesellschaftszustandes, und zwar in dem Sinne, daß sie ein geschichtliches Produkt [...], das Resultat der Tätigkeit einer ganzen Reihe von Generationen [ist]. [...] Selbst die Gegenstände der einfachsten ›sinnlichen Gewißheit‹ sind ihm [dem Menschen, CD] nur durch die gesellschaftliche Entwicklung, die Industrie und den kommerziellen Verkehr gegeben« (MEW 3, 43).

Der Hinweis darauf, daß

»die Produktion der Ideen, Vorstellungen, des Bewußtseins [...] zunächst unmittelbar verflochten in die materielle Tätigkeit und den materiellen Verkehr der Menschen [...]« (MEW 3, 26)

ist, begreift die menschliche Praxis als das unhintergehbare Fundament aller Lebensorientierungen und Sinnentwürfe des Menschen. Was Marx beklagt ist die Praxisvergessenheit der idealistischen Konstitutionsanalysen, ist ihr anthropologisches Defizit und ihre gesellschaftstheoretische Naivität. Der Mensch wird dort leib-, umwelt-, bedürfnis- und interessenlos einzig als Subjekt der Erkenntnis betrachtet. Erkenntnis gilt als reines, von allen bedürfnis- und interesseninduzierten Elementen freies Phänomen.
Anders bzw. stärker als bei Hegel erfährt die Einsicht in die auf die Geschichte und Tätigkeiten von Subjekten zurückzubeziehende Kategorisierung unserer Welt eine emanzipationstheoretische Umdeutung. Aus der von Kant im grundbegrifflichen Rahmen des Idealismus formulierten Auffassung, daß wir nur das einsehen, was wir selber hervorgebracht haben, nämlich folgt, daß die Menschen keineswegs in eine schon fertige Welt gestellt sind, die sie in ihren Handlungs- und Orientierungszusammenhängen determiniert. Das Medium der Erkenntnis der Welt fungiert gleichzeitig als Medium ihrer Veränderung.
Worin besteht die sozialphilosophische Brisanz dieser Überlegung? Der emanzipatorische Sinn des Praxisbegriffes kommt z. B. in der 11. Feuerbachthese zum Ausdruck. Aber bereits in These Nr. 3 heißt es:

»Das Zusammenfallen des Ändern[s] der Umstände und der menschlichen Tätigkeit oder Selbstveränderung kann nur als *revolutionäre Praxis* gefaßt und rationell verstanden werden« (MEW 3, 6).

In dieser Bemerkung gebraucht Marx das Wort »Praxis« im Zusammenhang mit dem Wort »revolutionär«. Es kann nicht allein die Praxis im Sinne eines anthropologischen Fundamentes der Erkenntnis gemeint sein. Welchen Sinn besitzt hier die Rede von einer »revolutionären Praxis«? Gibt es einen Zusammenhang zwischen der Praxis als dem Ort der Gegenstandskonstitution und der »revolutionären Praxis«? Die Fragment gebliebenen Feuerbachthesen geben keine ausgearbeiteten Antworten auf diese Frage. Wo liegt der systematische Ort der »revolutionären Praxis« im Marxschen Materialismus?

In dem Zitat ist vom »Ändern der Umstände« die Rede. Allgemein kann revolutionäre Praxis als eine Art von verändernder Tätigkeit aufgefaßt werden. Es besteht ein – von allen empirischen Fragen losgelöster – *begrifflicher* Zusammenhang. Für Marx gehört es zum Begriff der Praxis, daß damit nicht nur eine in irgendeinem Sinne erfahrungskonstitutive, welterschließende, sondern auch verändernde – und d. h. für ihn emanzipatorische – Tätigkeit bezeichnet ist. Hat man einmal die konstitutive Funktion der menschlichen Praxis begriffen, dann *lassen sich die Gebilde der menschlichen Welt konstitutionsanalytisch auf die menschliche Praxis zurückführen.* Daher schreibt Marx in der 8. These:

»Alle Mysterien, welche die Theorie zum Mystizism[us] veranlassen, finden ihre rationelle Lösung in der menschlichen Praxis und in dem Begreifen dieser Praxis« (MEW 3, 7).

Mit dem so verstandenen ›Konstitutionstheorem‹ kann sich ein emanzipatorischer Gehalt verbinden: *Etwas, das seinen Ursprung in der menschlichen Praxis hat, kann auch durch diese Praxis verändert werden.* In einer seiner frühen Schriften – den Überlegungen »Zur Judenfrage« – bezeichnet Marx selbst die Zurückführung der Gebilde der menschlichen Welt auf die menschliche Praxis als Emanzipation. Dort heißt es: »*Alle* Emanzipation ist *Zurückführung* der menschlichen Welt, der Verhältnisse, auf den *Menschen selbst*« (MEW 1, 370). Der gegenstandskonstitutive Begriff der Praxis enthält an dieser Stelle eine ›schwache‹ normative Implikation: dann, wenn die Welt als Produkt menschlicher Tätigkeit begriffen wird, wenn die Praxis als Ort der Erzeugung der menschlichen Verhältnisse erscheint, dann kann sich die Kritik eines Zustandes entfalten, in dem die Erzeugnisse beginnen, ihre Schöpfer zu dirigieren und die erzeugende Tätigkeit selbst kann als ein zentrales Moment der Veränderung der Verhältnisse angesehen werden.

Marx freilich verwendet den Begriff der Praxis nur sporadisch in seinen frühesten Schriften. Dort, wo er ihn verwendet, bleibt der

Begriffsgebrauch vage und mehrdeutig, so daß sich gegen eine am Leitfaden des Praxisbegriffs orientierte Rekonstruktion seiner Überlegungen gewichtige Bedenken erheben lassen. Bereits in den »Ökonomisch-philosophischen Manuskripten« tritt der Arbeitsbegriff an dessen Stelle, der bis hin zum *Kapital* nicht mehr aufgegeben wird. Zum einen wird der Arbeitsbegriff in einem sehr weiten Sinn verwendet und übernimmt die terminologische Funktion des Praxisbegriffs; zum anderen ist er auf den Gegenstandsbereich der Ökonomie zugeschnitten. In ihm mischen sich nationalökonomische Gesichtspunkte mit solchen der Hegelschen Philosophie. Dem Arbeitsbegriff wohnt zwar eine konzeptuelle Verengung inne[11], doch gelingt es Marx, auf der Grundlage eines konstitutionstheoretisch gedachten Arbeitsbegriffs eine sozialtheoretisch ansetzende Theorie der Entfremdung bzw. Verdinglichung zu formulieren.

Arbeit wird in den »Pariser Manuskripten« zunächst im Rückgriff auf Hegels Ausführungen in der *Phänomenologie des Geistes* als ein Prozeß der Vergegenständlichung interpretiert. In diesem Kontext ist an die weite und die enge Bedeutung des Arbeitsbegriffs zu denken. Am Ende einer Arbeitshandlung stehen als ihre Ziele Gegenstände, die sich als Realisierungen menschlicher Zwecksetzungen begreifen lassen. Im weiteren Sinn kann z. B. auch die Einrichtung einer Institution, die ja nicht im strikten Sinne gegenständlich ist, als Realisierung einer menschlichen Zwecksetzung gelten. Im Zusammenhang mit dem engen, ökonomischen Begriff der Arbeit sind die Gegenstände der Arbeit die mit den Mitteln der Arbeit hergestellten Produkte; im Kontext des weiteren, konstitutionstheoretisch gedachten Begriffs der Ar-

11 Vgl. J. Habermas, *Erkenntnis und Interesse*, Frankfurt am Main [6]1981, vor allem S. 36-87; E. M. Lange, *Das Prinzip Arbeit. Drei metakritische Kapitel über Grundbegriffe, Struktur und Darstellung der ›Kritik der Politischen Ökonomie‹ von Karl Marx*, Frankfurt am Main 1980; A. Wellmer, »Kommunikation und Emanzipation. Überlegungen zur ›sprachanalytischen Wende‹ der kritischen Theorie«, in: A. Honneth/U. Jaeggi, *Theorien des Historischen Materialismus*, Frankfurt am Main 1977, S. 465-500; eine detaillierte Interpretation findet sich bei A. Honneth, »Arbeit und instrumentales Handeln. Kategoriale Probleme einer kritischen Gesellschaftstheorie«, in: A. Honneth/U. Jaeggi (Hg.), *Arbeit Handlung Normativität. Theorien des Historischen Materialismus 2*, Frankfurt am Main 1980, S. 185-233.

beit bezieht sich der Begriff des Gegenstandes auf die Erzeugnisse der menschlichen Praxis im allgemeinen. Dies gerade soll durch den Begriff der Vergegenständlichung zum Ausdruck gebracht werden. Der Sozialphilosoph J. Israel hat dies so charakterisiert:

»Der Mensch erzeugt seine Welt dadurch, daß er sich vergegenständlicht. Der Prozeß der Vergegenständlichung ist der Prozeß, in dem der Mensch seine Ideen und Ziele in materielle Dinge verwandelt, um seine Wünsche zu befriedigen und um die Gesellschaft und ihre Institutionen zu reproduzieren.«[12]

Der Terminus »Vergegenständlichung« wird von Marx neutral und nicht in kritischer Weise gebraucht, das unterscheidet ihn von dem stets kritisch gebrauchten Begriff der Entfremdung.
Marx spricht dann von *Entfremdung* bzw. *entfremdeter Arbeit*, wenn die und durch die Arbeit hergestellten Gebilde nicht mehr als Ergebnisse der eigenen Tätigkeit erfahren werden können. Dann, wenn die Produkte der Arbeit als etwas von dieser Arbeit Unabhängiges nun ihrerseits deformierend auf die Praxis der Arbeitenden zurückwirken.
Mit dem Begriff der *entfremdeten Arbeit* bezieht sich Marx zunächst einmal auf die Arbeit im engeren Sinn von Erwerbstätigkeit. Der Begriff wird in einem ökonomischen Kontext eingeführt. Den normativen Hintergrund aber bildet die immer wieder hereinspielende weite Verwendung des Arbeitsbegriffs und das Denkmodell der Vergegenständlichung. Marx zufolge ist die Arbeit unter den Bedingungen der kapitalistischen Produktionsformen entfremdet. Diese lassen sich mit Hilfe der beiden ökonomischen Kategorien des *Privateigentums* und der *Arbeitsteilung* beschreiben. Die Existenz des Privateigentums und der Arbeitsteilung bilden die Voraussetzungen für entfremdete Arbeit. In diesem Sinn konstatiert Marx sogar die Identität der beiden Kategorien:

»Übrigens sind Teilung der Arbeit und Privateigentum identische Ausdrücke – in dem Einen wird in Beziehung auf die Tätigkeit dasselbe ausgesagt, was in dem Anderen in bezug auf das Produkt der Tätigkeit ausgesagt wird« (MEW 3, 32).

12 J. Israel, *Der Begriff Entfremdung. Zur Verdinglichung des Menschen in der bürokratischen Gesellschaft*, Reinbek bei Hamburg 1985, S. 90.

In kapitalistischen Produktionsverhältnissen kann Arbeit nicht mehr im Sinne einer erfahrungskonstitutiven Tätigkeit erfahren werden, sie ist dort reduziert auf Erwerbstätigkeit und wird zu einem Mittel des Überlebens. Die Handelnden können ihre Tätigkeit gar nicht mehr als einen Prozeß begreifen, in dem sich ihre Zwecksetzungen frei vergegenständlichen. Mit der *Entfremdung des Arbeiters vom Produkt seiner Tätigkeit*, welche in Marx' Augen den Keim aller Entfremdungsverhältnisse bildet, werden die Arbeitenden um die konstitutiven Leistungen ihrer Praxis betrogen. Die Produkte werden nicht mehr als Ergebnisse der Tätigkeit der Arbeitenden erfahren, sondern es ist, als hätten sich die Arbeitenden in den Dienst ihrer Produkte begeben. Eine zentrale Passage aus den »Pariser Manuskripten« führt dies eindringlich vor Augen:

»Der Gegenstand, den die Arbeit produziert, ihr Produkt, tritt ihr als ein *fremdes Wesen*, als eine von dem Produzenten *unabhängige Macht* gegenüber. Das Produkt der Arbeit ist die Arbeit, die sich in einem Gegenstand fixiert, sachlich gemacht hat, es ist die *Vergegenständlichung* der Arbeit. Die Verwirklichung der Arbeit ist ihre Vergegenständlichung. Diese Verwirklichung der Arbeit erscheint in dem nationalökonomischen Zustand als *Entwirklichung* des Arbeiters, die Vergegenständlichung als *Verlust und Knechtschaft des Gegenstandes*, die Aneignung als *Entfremdung*, als Entäußerung« (MEW Erg.-Bd. 1, 511 f.).

Wenn Marx von dem »nationalökonomischen Zustand« spricht, so bezieht er sich auf die in den Schriften der Nationalökonomen behandelte Produktionsform, auf den Kapitalismus. Die Termini »Knechtschaft« und »Entäußerung« sind der Hegelschen Philosophie entnommen und dienen dazu, das Phänomen der Entfremdung zu umschreiben.

Von der ökonomisch als *entfremdete Arbeit* bestimmten Entfremdung leitet Marx in der Folge weitere Aspekte des Entfremdungsproblems her. In den »Ökonomisch-philosophischen Manuskripten« spricht er hegelianisch von der Geschichte als einer »Erzeugung des Menschen *durch die menschliche Arbeit*, als das Werden der Natur für den Menschen ...« (MEW Erg.-Bd. 1, 546; Herv. CD). Dieser Gedanke führt zu dem Schluß, daß das Verhältnis des Arbeiters zu den Gegenständen seiner Arbeit »zugleich das Verhältnis zur sinnlichen Außenwelt, zu den Naturgegenständen als einer fremden, ihm feindlich gegenüberstehenden Welt« ist (MEW Erg.-Bd. 1, 515). Nicht mehr nur die durch die Arbeit im engeren

Sinne hergestellten Produkte können nicht mehr als die Ergebnisse der eigenen Tätigkeit aufgefaßt werden. Die menschliche Tätigkeit selbst kann nicht mehr als konstitutive Praxis erscheinen. Alle Gebilde der menschlichen Welt, welche die, von Marx auch Arbeit genannte, menschliche Praxis hervorbringt, entfremden sich den Menschen und können nicht mehr als in dieser Praxis erzeugte auf dieselbe zurückgeführt werden.

Unmittelbar verbunden mit der Entfremdung des Menschen von dem Produkt seiner Tätigkeit diskutiert Marx die *Entfremdung des Menschen von seiner Tätigkeit* (*»Selbstentfremdung«*; MEW Erg.-Bd. 1, 515). In kapitalistischen Produktionsverhältnissen kann der Arbeitende sein Handeln gar nicht mehr als eine Tätigkeit einstufen, in der sich Zwecksetzungen frei vergegenständlichen. »Der Arbeiter fühlt sich daher erst außer der Arbeit bei sich und in der Arbeit außer sich« (MEW Erg.-Bd. 1, 514), so lautet die Formulierung, welche diesen Gesichtspunkt zum Ausdruck bringt. In der Folge wendet sich Marx Formen der Entfremdung zu, die nicht mehr allein die ökonomische Sphäre betreffen: der Entfremdung vom *»Gattungswesen des Menschen«* (MEW Erg.-Bd. 1, 517) und der damit verbundenen *»Entfremdung des Menschen vom Menschen«* (MEW Erg.-Bd. 1, 517). Der Unterschied zwischen den beiden genannten Entfremdungsformen wird bei Marx nicht ganz deutlich. Wer sich von der menschlichen Gattung entfremdet, der entfremdet sich damit vom Menschen. Entscheidend ist im vorliegenden Zusammenhang, daß mit der Analyse dieser beiden Gesichtspunkte eine Ausweitung der Entfremdungstheorie vollzogen wird, die der weiten Verwendung des Arbeitsbegriffs entspricht. Mit dem Begriff der Gattung bringt Marx eine dreifache Beziehung des Menschen zum Ausdruck: seine Beziehung zur Natur (vgl. MEW Erg.-Bd. 1, 515 ff.), seine Beziehung zur Geschichte und damit auch zur Gesellschaft (vgl. MEW Erg.-Bd. 1, 546; 570; 574) und seine Beziehung zu sich selbst bzw. zum anderen Menschen (vgl. MEW Erg.-Bd. 1, 518; 535). In diesem Kontext werden die Gegenstände der Arbeit als *»Vergegenständlichungen des Gattungslebens des Menschen«* aufgefaßt (MEW Erg.-Bd. 1, 517). Mit Arbeit ist hier die menschliche Praxis im allgemeinen gemeint, die Gegenstände der Arbeit sind die in der menschlichen Praxis konstituierten Gebilde der Welt.

Die Rekonstruktion der Marxschen Entfremdungstheorie zeigt, daß er schon in den »Pariser Manuskripten« die Konstitution als

Praxis (unter dem Titel der Arbeit) denkt und von diesem Grundgedanken aus seine kritische Sozialphilosophie als Entfremdungstheorie entfaltet. Die normative Grundlage des Entfremdungstheorems bildet die Verbindung kategorialanalytischer und emanzipatorischer Momente in den Begriffen der Praxis bzw. Arbeit. Der konstitutionstheoretische Ansatz fungiert in seiner materialistischen Konkretion als die normative Präsupposition der Entfremdungstheorie.

Im späteren Werk von Marx, wo die praxisphilosophische Grundkonzeption ganz einem ökonomietheoretischen Arbeitsbegriff gewichen zu sein scheint, taucht die genannte Konstellation wieder auf.[13] Auch mit der Analyse des Warenfetischismus ist der systematische Zusammenhang zwischen der konstitutiven Rolle der menschlichen Praxis, die im *Kapital* als *abstrakte Arbeit* den Warenwert bildet, und den Deformationen, die sich ergeben, wenn sich die in der Praxis konstituierten Gebilde vergegenständlichen, ausgesprochen. Ohne auf Marxens Analyse der Ware im Detail einzugehen, möchte ich nur eine der zentralen Passagen seiner Analyse der Warenform anführen. Marx schreibt:

»Es ist nur das bestimmte gesellschaftliche Verhältnis der Menschen selbst, welches hier für sie [für die Menschen; CD] die phantasmagorische Form eines Verhältnisses von Dingen annimmt (MEW 23, 86).

Gesellschaftliche Verhältnisse von Menschen werden zu Natureigenschaften von Dingen umgedeutet und damit im eigentlichen Sinn *verdinglicht*. Genau darin besteht die Un-menschlichkeit des Kapitals.[14] Mit dem Fetischtheorem kritisiert Marx zum einen, wie bereits in seinen frühen Schriften, die kapitalistische Produktionsweise. Aufgrund der dieser immanenten Gesetzmäßigkeiten, so legt es die Ableitung des Fetischismus nahe, werden den Menschen ihre eigenen Verhältnisse nicht mehr transparent. Die Absicht der Fetischanalyse ist Aufklärung über den – durch den Charakter der Ware verdeckten – Ursprung der ökonomischen Verhältnisse, die menschliche Praxis. Zum anderen kritisiert Marx die

13 Zu der Behauptung eines radikalen Bruchs im Marxschen Denken vgl. L. Althusser, *Für Marx*, Frankfurt am Main 1968 sowie L. Althusser/E. Balibar, *Das Kapital lesen*, 2 Bde., Hamburg 1972; die meines Erachtens richtige Kontinuitätsbehauptung hingegen vertritt E. M. Lange, *Das Prinzip Arbeit*, a.a.O., z. B. S. 10.

14 Diese Formulierung verdanke ich Thomas Rentsch.

politische Ökonomie seiner Zeit als eine Wissenschaft, die ihren Gegenstandsbereich weitgehend unabhängig von der Praxis beschreibt. Arbeit, Ware und Wert sind zu theoretischen Kategorien erstarrt, die den fetischistischen Schein der ökonomischen Verhältnisse selbst noch einmal widerspiegeln. So bemerkt er, daß die Ökonomen »von dem der Warenwelt anklebenden Fetischismus oder dem gegenständlichen Schein der gesellschaftlichen Arbeitsbestimmungen« getäuscht werden (MEW 23, 97). Die theoretische Ökonomie jedoch spiegelt diesen Schein nicht nur wider, sondern sie verfestigt ihn zudem. Denn sie tut so, als ob den *»Formen des menschlichen Lebens«* (MEW 23, 89), die *»Festigkeit von Naturformen«* (MEW 23, 90) zukäme. Trotz der Vorwürfe eines positivistischen Selbstmißverständnisses der Marxschen Theorie[15], sind seine Überlegungen – zumindest an dieser Stelle – wissenschaftskritisch; die klassische Ökonomie wird als Ideologie entlarvt, die in positivistischer Manier *Lebensformen* zu *Kategorien* verdinglicht (vgl. MEW 23, 90).

Auch im *Kapital* sind die Analysen von Marx Konstitutionsanalysen. Freilich, dort liegt ein veränderter Begriff von Konstitution zugrunde. Der Begriff des Fetischismus zeigt an, daß die Vorstellung von einer Konstitution der Gebilde der menschlichen Welt in einer intersubjektiv geteilten Praxis umspringt auf ein dingliches Steuerungsmedium, auf das Geld. Als Ding drängt sich das Geld zwischen die Menschen und ihre konstitutiven Leistungen. In den »Randglossen zu Wagners Lehrbuch der politischen Ökonomie« schreibt Marx, daß die Ware selbst zu einem Subjekt geworden ist (vgl. MEW 19, 358). Dinge werden zu Subjekten, so daß die Menschen ihre Subjektivität überhaupt nicht mehr geltend machen können. An dieser Stelle sitzt der normative Gehalt der Kapitalanalyse: mit der Verfestigung der »transzendentalen Macht des Geldes« (vgl. GR, S. 65, 863) setzt die Degenerierung der Menschen und ihrer Verhältnisse ein.

Mit der Analyse des Warenfetischismus meint Marx den Ort aufgefunden zu haben, an dem die Verdinglichung entspringt. Deren Grundstruktur läßt sich wie folgt beschreiben: Die Gebilde der menschlichen Welt werden nicht mehr als Erzeugnisse der menschlichen Praxis begriffen, sondern sie werden als selbstän-

15 Vgl. z. B. A. Wellmer, *Kritische Gesellschaftstheorie und Positivismus*, Frankfurt am Main [4]1973, S. 69-127.

dige Dinge kategorisiert, die nun ihrerseits die Konstitution übernehmen.
Die von Marx formulierten Analysen zu Entfremdung und Verdinglichung lassen sich als sozialtheoretische Variante der von der spekulativen Satztheorie Hegels kritisierten Dekontextualisierung und Entzeitlichung von Bedeutungen lesen, als eine in erster Linie die Ökonomie betreffende Ausdeutung Hegels. Die Vorwürfe, mit welchen Marx die Nationalökonomie konfrontiert, die Kritik, die er an der kapitalistischen Produktionsform und den mit ihr einhergehenden Deformationen übt, ist strukturell ähnlich wie Hegels Auseinandersetzung mit der philosophischen Tradition (z. B. des Empirismus und der Transzendentalphilosophie), ähnlich wie seine Kritik an der Ontologisierung unserer sprachlichen Unterscheidungshandlungen verfaßt.
Als Modell der Gesellschaftskritik ist der Marxsche Ansatz aus der Mode geraten. Die Ursachen hierfür sind in grundbegrifflichen Schwierigkeiten zu suchen. Dem Handlungs- und Praxisbegriff liegt tendenziell die Verengung auf instrumentelles Handeln zugrunde. Die genaue Formulierung der Entfremdungs- und Verdinglichungskritik ist um den Preis dieser Einseitigkeit erkauft. Gleichwohl wäre es verfehlt, den kategorialen Rahmen des Marxschen Theorieprogramms insgesamt zu verwerfen.[16] Seine Überlegungen lassen sich nicht unbesehen übernehmen, bedürfen vielmehr einer Ergänzung. Bevor ich in den folgenden Kapiteln einen praxisphilosophische Grundorientierung und Verdinglichungskritik beibehaltenden Ergänzungsvorschlag mache, möchte ich auf den von Lukács in *Geschichte und Klassenbewußtsein* entfalteten Ansatz eingehen, der, während Marx seine Überlegungen entwickelt und profiliert, indem er sich explizit von Hegel abgrenzt, das Ergebnis einer auf der Matrix der Hegelschen Philosophie ausgeführten Marx-Interpretation ist. Die *sozialphilosophische* Ausdeutung der sprachphilosophischen Grundeinsichten Hegels erhält einen deutlicheren Akzent, indem sie Rationalitäts- und Gesellschaftstheorie miteinander verbindet, womit sie sich ein Stück weit zu Hegel zurückbegibt.

16 Vgl. etwa J. Habermas, *Der philosophische Diskurs der Moderne. Zwölf Vorlesungen*, Frankfurt am Main 1985, S. 95-103.

3. Lukács: Die vernunftkritische Erweiterung der ›materialistischen‹ Dialektik

Die Theorie der Verdinglichung ist das zentrale sozialphilosophische Theoriestück in Lukács' Arbeit über *Geschichte und Klassenbewußtsein.*[17] Mit ihr leistet Lukács die für die neuere Gesellschaftstheorie wegweisende »Verknüpfung der *Marxschen* ›Kritik der politischen Ökonomie‹ mit *Max Webers* Theorie des welthistorischen Rationalisierungsprozesses«.[18] Diese Verbindung erlaubt ihm eine am Leitfaden des Verdinglichungsbegriffs ausgerichtete Marx-Rekonstruktion, die ein im Vergleich zur Warenanalyse vielschichtigeres Instrument zur Beschreibung und Kritik moderner Gesellschaften bildet. Der Begriff der Verdinglichung ist kritischer Grundbegriff der Kapitalismusanalyse zum einen, und kritischer Grundbegriff für die Auseinandersetzung mit einer den Strukturen der kapitalistischen (bzw. modernen) Gesellschaft entsprechenden Form der Rationalität zum anderen. Mit dem Begriff wird zweigleisig operiert: gesellschaftstheoretisch und rationalitätskritisch. Kritik der Philosophie bzw. einer bestimmten Form von Vernunft und Kritik der kapitalistischen (bzw. modernen) Gesellschaft werden eng miteinander verklammert. Im Anschluß an das Fetischtheorem formuliert Lukács eine Kritik des identitätslogischen Denkens, die sich in eine Reihe mit Heideggers, Wittgensteins, Adornos und Derridas Kritik an einer Metaphysik der Präsenz stellen läßt. Der Grund dafür liegt nicht nur in einer Rezeption der Theorie Webers, er vernetzt vielmehr auch die sozialphilosophische Grundbegrifflichkeit von Marx erneut mit der sinnkritischen Seite des Hegelschen Unternehmens.

Im Rückgriff auf Max Webers Theorie der Rationalisierung verallgemeinert Lukács Marxens Analyse zum Warenfetischismus und benutzt sie zu einer umfassenden Zeitdiagnose. Die Ware durchdringe, so Lukács, alle Lebensäußerungen einer Gesellschaft (vgl. GK, 96), die Warenform sei eine »universelle [...] Form der Gestaltung der Gesellschaft« (GK, 96). Sie strukturiere die Beziehungen der Menschen zu sich selbst, zueinander und zur mensch-

17 Zitiert als GK nach der Ausgabe *Geschichte und Klassenbewußtsein. Studien über marxistische Dialektik*, Berlin 1923.

18 H. Brunkhorst, »Paradigmakern und Theoriendynamik der Kritischen Theorie der Gesellschaft«, in: *Soziale Welt* XXXIV (1983), S. 22-56, 25.

lichen Gesellschaft im allgemeinen. Sie sei nicht lediglich auf dem Markt zu finden, sondern präge die gesamte Wirklichkeit. Lukács unterscheidet eine *subjektive* und eine *objektive* Reichweite der Warenform: der Mensch findet sich in einer ihm fremden Welt von fertigen Dingen vor, die sich ihm *objektiv* gegenüberstellt; gleichzeitig werden *subjektiv* dem Menschen seine eigenen Tätigkeitsformen fremd, die den Erfordernissen und Gesetzen der Dingwelt gehorchen. In einer Interpretation der geschichtlichen Entwicklung des Kapitalismus auf der Folie des Rationalisierungsbegriffs, die den Rahmen der Marxschen Theorie im engeren Sinne verläßt, wird auch der ökonomische Rationalisierungsprozeß mit Blick auf eine objektive und subjektive Seite betrachtet. Objektiv stellt sich der ökonomische Rationalisierungsprozeß als Zerlegung der Arbeitsvorgänge in immer kleinere Schritte dar. Auf der Grundlage der Arbeitsteilung werden die einzelnen Schritte, die keinen unmittelbar einsichtigen Zusammenhang mit dem Ganzen mehr aufweisen, von verschiedenen Arbeitenden ausgeführt. Dies führt *subjektiv* dazu, daß die Arbeitenden die Prozesse, an denen sie teilhaben, nicht mehr durchschauen können. Sie verhalten sich – so paradox dies zunächst einmal klingt – ihrer Tätigkeit gegenüber kontemplativ. Ohnmächtig wohnt der Arbeiter einem Arbeitsablauf bei, in dem er selbst lediglich mechanische Funktionen übernimmt. Mit der Universalisierung der Warenform wird, so Lukács, das Schicksal des Arbeiters »zu dem typischen Schicksal der ganzen Gesellschaft« (GK, 102). Alle Lebensäußerungen der Menschen, nicht nur seine zu Erwerbszwecken ausgeführten Tätigkeiten z. B. in der Industrie, sind dem Prozeß der Rationalisierung und Kalkulierbarkeit unterworfen.[19]

Neben dem Journalismus (GK, 111) sind für Lukács die moderne Bürokratie und das Recht die wichtigsten Beispiele für die universelle Grundstruktur der Verdinglichung. Das Verdinglichungstheorem dient jedoch gleichzeitig zu einer kritischen Analyse der

19 Eine ausführliche Rekonstruktion der Verdinglichungstheorie hat R. Dannemann, *Das Prinzip Verdinglichung. Studie zur Philosophie Georg Lukács'*, Frankfurt am Main, 1987 vorgelegt. Auch er stellt fest: »Die Grundstruktur der Verdinglichung hat durch die Beschreibung der Lage des Lohnarbeiters eine konkretere Gestalt erhalten. Lukács geht nun einen Schritt weiter: Er sucht nachzuweisen, daß die rationale Produktion alle gesellschaftlichen Institutionen von Grund auf prägt« (ebd., S. 35).

Wissenschaften und Philosophie. Damit läßt Lukács eine rein gesellschaftskritische Anwendung des Marxschen Grundgedankens hinter sich. Die den Ansatz von Marx kennzeichnende sozialtheoretische Konkretion der dialektischen Begriffstheorie Hegels wird ausgeweitet zur Kritik einer an starren Dualismen orientierten und die eigenen Unterscheidungen festschreibenden Vernunft. »Verdinglichung« wird Grundbegriff der Rationalitätskritik. Lukács aktualisiert Hegels ursprüngliche Einsicht. So sieht er eine Grundtendenz der philosophischen Entwicklung seiner Zeit darin,

»die Resultate und Methode der Einzelwissenschaften als notwendig, als gegeben anzuerkennen und der Philosophie die Aufgabe zuzuweisen, den Grund der Gültigkeit dieser Begriffsbildungen aufzudecken und zu rechtfertigen. Die Philosophie stellt sich damit zu den Einzelwissenschaften genauso, wie jene sich zur empirischen Wirklichkeit gestellt haben. Indem für die Philosophie auf diese Weise die formalistischen Begriffsbildungen der Einzelwissenschaften zum unveränderlich gegebenen Substrat werden, ist die hoffnungslose Entfernung von einem Durchschauen der Verdinglichung, die diesem Formalismus zugrundeliegt, endgültig vollendet« (GK 121 f.)

Der Rede vom Formalismus unserer Begriffsbildungen, der Kritik an einer *substrathaften* Interpretation unserer Begrifflichkeit, dem Hinweis auf deren *Unveränderlichkeit* liegt Hegels Plädoyer für eine kontextualistische und zeitgebundene Auffassung unserer sprachlichen Unterscheidungen zugrunde.

Wissenschaft und (nichtdialektische) Philosophie werden von Lukács als Spiegelbilder einer ohnehin schon verkehrten Welt interpretiert, welche zudem noch diese verkehrte Welt reproduzieren. Im Recht, der Wissenschaft und der Philosophie dominieren ein abstrakter Vernunftbegriff und eine formalistische Methodologie, die Lukács als die rationalistischen und ideologischen Korrelate der Warenform einstuft. Trotz der ›Rehegelianisierung‹[20] der Marxschen Theorie bleibt Lukács der durch Marx vorgegebenen kategorialen Verkürzung verhaftet. Er selbst nämlich reflektiert an keiner Stelle seines Buches explizit auf Hegels Begriffskontextualismus. Das Gesellschafts- und Rationalitätskritik in GK verbindende Glied besteht vielmehr in der immanent mitgeführten

20 Zum verbreiteten Verständnis der Einflüsse von Hegel auf Lukács vgl. R. Dannemann, a.a.O. S. 113-130. Der gemeinhin verwendete Begriff der Rehegelianisierung läßt sich meines Erachtens auch für die von mir akzentuierten Zusammenhänge gebrauchen.

These von der gesellschaftlichen Formbestimmtheit des Denkens. Die substantialistische Interpretation unserer Unterscheidungen, das ungeschichtliche Verständnis unseres kategorialen Apparates werden von Lukács zurückgeführt auf die zuvor analysierten ökonomischen Verdinglichungsprozesse, gelten als deren Abbilder. Die Ursachen für falsche und irreführende theoretische Verständnisse der Welt, der Geschichte und des menschlichen Lebens werden in einer verkehrten Praxis aufgesucht. Ausgeblendet bleibt die Frage, inwiefern ein fixes Verständnis unserer Begrifflichkeit verzerrend auf unsere Praxis zurückwirkt, letztlich also eine Wechselwirkung zwischen ökonomischer und sprachlicher Verdinglichung einzuräumen ist bzw. beide als gleichursprüngliche Formen von Verdinglichung zu bewerten sind. Gegen seine eigenen Einsichten bleibt Lukács tendenziell einem abbildtheoretischen Verständnis des Materialismus verhaftet. Hierfür mag man ideologische Gründe anführen.
Mit Blick auf seine Überlegungen zur Universalisierung der Warenform rekapituliert Lukács Teile der Philosophiegeschichte. Er bezieht sich dabei zum einen auf die Entwicklung von Kant zu Hegel, zum anderen auf den südwestdeutschen Neukantianismus. Leitend ist dabei die Frage nach der Verfassung des modernen Rationalismus und der mit diesem einhergehenden Metaphysik der Präsenz. Daß Lukács die Frage nach der kategorialen Vorgeformtheit der Realität und jene nach dem Ursprung unserer Denkformen im Sinne der These von der gesellschaftlichen Formbestimmtheit behauptet, zeigt sich in diesen Passagen besonders eindringlich. Der moderne Rationalismus habe sich, so lautet die Kernthese, in ständiger Wechselwirkung mit der Entwicklung der Arbeits- und Lebensverhältnisse der Menschen herausgebildet, sei darauf zurückzubeziehen. Mit der Universalisierung der Ware sei auch der Rationalismus universell geworden:

»Das Neue im modernen Rationalismus besteht nun darin, daß er ... mit dem Anspruch auftritt, *das Prinzip* des Zusammenhangs sämtlicher Phänomene, die sich dem Leben des Menschen in Natur und Gesellschaft gegenüberstellen, entdeckt zu haben. Dagegen war jeder frühere Rationalismus stets nur ein *Teilsystem*« (GK, 125).

Die klassische deutsche Philosophie führt Lukács zurück auf die »verdinglichte Struktur des Bewußtseins« (GK, 122). Einschlägiges Beispiel ist dabei für ihn – mit welchem Recht, bleibe einmal dahingestellt – die Philosophie Kants. Die »Antinomien des bürgerlichen Denkens« – so ist der fragliche Abschnitt seines Buches überschrieben – versucht Lukács durch eine Radikalisierung der Hegelschen Dialektik in einer an der Tätigkeit von Subjekten orientierten Geschichtsphilosophie aufzuheben, für welche die Anknüpfung an Fichtes Primat des Praktischen kennzeichnend ist. In diesem Zusammenhang stehen seine Konzeption des Klassenbewußtseins und eine Theorie revolutionärer Praxis. Diese Theoriestücke lassen sich zwar als typische Produkte des Revolutionsoptimismus der zwanziger Jahre verstehen, hängen jedoch ebenfalls mit seinem ›materialistischen Selbstmißverständnis‹ des Verdinglichungstheorems zusammen. Die Einlösung der Utopie des entverdinglichten Lebens als Aufgabe revolutionärer Praxis bezeichnet allerdings nur eine Seite der von Lukács vorgeschlagenen Lösungsstrategie. Heute stellt sie sich aus kategorialen und historischen Gründen als verfehlt dar.[21] Daß Lukács die rationalitätskritische Erweiterung des Verdinglichungsbegriffs, wenn auch unbewußt, auf der Folie des Hegelschen Sprach- und Begriffsverständnisses ausführt, zeigt sich vielmehr in einem weiteren von ihm diskutierten Moment, der Verdinglichung zu entkommen. Als philosophisches Therapeutikum nämlich fungiert der, ebenfalls der Dialektik Hegels entnommene, Begriff der *Totalität*. In ihm bündeln sich auf bestimmte Weise alle positiven Gegentendenzen, die auf ein Durchbrechen der Grundstruktur der Verdinglichung zielen.

Auf der Ebene des Denkens wird die Neigung zu einem fixen Verständnis begrifflicher Unterscheidungen, zur Verabsolutierung von Dualismen, etwa derjenigen von Subjekt und Objekt, von Form und Inhalt, als Verdinglichung beschrieben. Verdinglicht nennt Lukács auch die empiristische Tendenz, den Begriff der Tatsache zum Grundbegriff der Erforschung der Wirklichkeit zu machen (vgl. GK, 19 ff., 198 ff.). Gegen ein isolationistisches Tatsachenverständnis wird die Konzeption konkreter Totalität entwickelt. Der Empirismus ist Gegenstand der Kritik, weil er bei der Beschreibung von Tatsachen von der Geschichte absieht, sie zudem voneinander isoliert und ihre Situiertheit in Kontexten verkennt. Einer auf diese Weise fragmentierten Wirklichkeitserfassung spricht Lukács jeden Erklärungs- und Analysewert ab,

21 Zur Diskussion dieser Problematik vgl. R. Dannemann, a.a.O., S. 97 ff.

interpretiert sie als Äquivalent der ökonomischen Verdinglichung und Fragmentierung. Mit Blick auf Marxens Methode im *Kapital*,

»die Erscheinungen einerseits aus dieser ihrer unmittelbaren Gegebenheitsweise herauszulösen, die Vermittlungen zu finden, durch die sie auf ihren Kern, auf ihr Wesen bezogen und in ihm begriffen werden können« (GK, 21).

spricht er davon, daß erst »in diesem Zusammenhang, der die einzelnen Tatsachen [...] als Momente der geschichtlichen Entwicklung in eine *Totalität* einfügt« (GK, 21), eine Erkenntnis der Wirklichkeit möglich wird.

Objekte lassen sich nicht isoliert voneinander betrachten, vielmehr ist die

»Beziehung zum Ganzen [...] die Bestimmung, die die *Gegenständlichkeitsform* eines jeden Objektes der Erkenntnis bestimmt; jede wesentliche und für die Erkenntnis relevante Veränderung drückt sich als Veränderung der Beziehung zum Ganzen und *damit* als Veränderung der Gegenständlichkeitsform selbst aus« (GK, 26).

Erst die Dialektik, so Lukács, mache verständlich, »daß die Tatsachen eben nichts anderes sind als Teile, losgelöste, künstlich isolierte und in Erstarrung gebrachte *Momente* des Gesamtprozesses« (GK, 202).

Die angeführten Bemerkungen machen deutlich, daß Lukács in der *Kontextualisierung*, in der Beziehung einzelner Wirklichkeitsfragmente aufs Ganze, d. h. ihrer Einordnung in die Situationen, in denen sie verankert sind, ein Heilmittel gegen die Verdinglichung sieht. Die der Hegelschen Philosophie und der Marxschen Methodik geschuldete Kategorie der Totalität läßt sich in diesem Sinne als Hinweis auf die Zeit- und Kontextgebundenheit der mit den Mitteln unserer Begrifflichkeit strukturierten Wirklichkeit und ihrer Elemente verstehen. Der dialektischen Methode, dies implizieren die Ausführungen von Lukács, liegt ein anderes Verhältnis zu unseren Begriffen zugrunde, sie fußt auf der Einsicht in die Prozessualität und Wandelbarkeit unserer Begriffssysteme. Tendenziell erblickt Lukács in der Philosophie Hegels deshalb eine Lösung der »Antinomien des bürgerlichen Denkens«, da sie zum einen eine Reflexion auf die historische Bedingtheit der Gegenständlichkeitsformen erlaubt und zum anderen die Einbeziehung des Einzelnen in den Gesamtzusammenhang der Wirklichkeit zu ihrem Programm macht.

Die Auseinandersetzung mit der Verdinglichungstheorie von Lukács hat deutlich gemacht, daß die Analyse von Verdinglichungen nicht allein, anders als bei Marx, auf die ökonomische Sphäre zu beziehen ist, sondern auch rationalitätskritische Züge aufweist. Im Zusammenhang einer Theorie- und Vernunftkritik werden mit dem Verdinglichungsbegriff ahistorische, entzeitlichte und kontextlose Verständnisse allgemeiner wissenschaftlicher und philosophischer Theorien über die Welt, und der von diesen vorausgesetzten Begrifflichkeit, kritisiert. Gegen die mit dem Ansatz von Marx einhergehende Verkürzung setzt sich damit Hegels Programm erneut durch. Lukács selbst, der weitgehend in die Grundbegrifflichkeit eines mit Marx korrigierten Idealismus und des Neukantianismus verstrickt bleibt, konnte seinen Intuitionen keine explizite Formulierung verleihen. Er blieb – zumindest dem eigenen Selbstverständnis nach – bei der Analyse moderner Rationalitätsformen dem durch Marx vorgegebenen Zuschnitt der Gesellschaftstheorie als Kritik politischer Ökonomie verhaftet. Systematisch freilich verschafft sich bei ihm der Gedanke einer unverkürzten rationalitäts- wie auch gesellschaftskritisch, und man möchte mit Blick auf das Verständnis der Dialektik als Begriffstheorie hinzufügen: sprachkritisch ansetzenden Verdinglichungstheorie Geltung.

Die Verzahnung von Ökonomiekritik, Rationalitätskritik und Begriffskritik wurde ein bestimmendes Motiv innerhalb der Tradition der Kritischen Theorie. Horkheimer und Adorno haben in der *Dialektik der Aufklärung* dieses Programm gemeinsam verfolgt, eine explizite Durchführung erhält es später in der *Negativen Dialektik* Adornos.

Die Rekonstruktion der Sprachphilosophie Hegels, des Marxschen Praxisbegriffs und schließlich der Verdinglichungstheorie von Lukács liefert gute Gründe für eine an der modernen Sprachkritik orientierte Wiederaufnahme praxisphilosophischer Denkfiguren und die Formulierung einer sprachkritisch ansetzenden Verdinglichungskritik. Dies soll in den folgenden Kapiteln im Anschluß an Wittgenstein und Adorno geschehen. Auf halbem Wege versichere ich mich dabei noch einmal der Argumente, die J. Habermas gegen das Projekt der Praxisphilosophie angeführt hat.

II. Sprache und Praxis. Die Sprachphilosophie Wittgensteins und eine Theorie der Gesellschaft

Im folgenden werden Grundgedanken der Praxisphilosophie, das konstitutionstheoretische Praxisverständnis und die Verdinglichungskritik, in sprachkritischer Perspektive aufgegriffen und weitergeführt. Zu diesem Zweck knüpfe ich an die spätere Philosophie Wittgensteins an. Seine Ausführungen erlauben die sprachkritische Transformation praxisphilosophischer Denkfiguren. Zudem lassen sie sich als Votum für einen sprachphilosophischen Materialismus lesen.[1]

(1) Die Grundlage meiner Interpretation bildet die These, daß die Sprache in der Philosophie Wittgensteins eine der Arbeit bei Marx und der an ihn anknüpfenden Tradition vergleichbare Funktion übernimmt.

1 Zum gegenwärtigen Zeitpunkt existiert bereits eine ganze Reihe von Versuchen, Wittgensteins Philosophie im Kontext einer kritischen Sozialphilosophie zu lesen. Die einzelnen Interpretationen setzen freilich unterschiedliche Akzente. Vgl. T. Benton, »Winch, Wittgenstein and Marxism«, in: *Radical Philosophy* 13 (1976), S. 1-7; J. Danford, *Wittgenstein and Political Philosophy*, Chicago 1978; K. T. Fann, »Wittgenstein and bourgeois philosophy«, in: *Radical Philosophy* 8 (1974), S. 24-27; S. M. Easton, *Humanist Marxism and Wittgensteinian Social Philosophy*. Manchester 1983; A. Janik, *Style, Politics and the Future of Philosophy*, Oxford 1989, Kap. III, V; D. Lamb, »The Philosophy of Praxis in Marx and Wittgenstein«, in: *The Phil. For.* XI (1980) 3, S. 273-299; A. Manser, *The End of Philosophy: Marx and Wittgenstein. An Inaugural Lecture*, Southhampton 1973; H. Pitkin, *Wittgenstein and Justice. On the Significance of Ludwig Wittgenstein for Social and Political Thought*, Berkeley 1972; F. Rossi-Landi, *Sprache als Arbeit und als Markt*, München 1972; D. Rubinstein, *Marx and Wittgenstein. Social Praxis and Social Explanation*, London 1981; R. Zimmermann, »Sprache und Praxis. Der späte Wittgenstein und die Frage nach einer materialistischen Sprachtheorie«, in: A. Leist (Hg.), *Ansätze zur materialistischen Sprachtheorie*, Kronberg/Ts. 1975, S. 292-334. Eine Auseinandersetzung mit Marx in Wittgensteinscher Perspektive führt G. Kitching, *Karl Marx and the Philosophy of Praxis*, London 1988.

(2) Obschon die Sprache Wittgenstein zufolge die grundlegende Form menschlicher Praxis ist, vertritt er keinen linguistischen Idealismus, der unsere Handlungsweisen bzw. unsere gesamte Weltdeutung auf deren sprachliche Aspekte reduziert; er betrachtet vielmehr die Sprache in ihrem Verhältnis zu den übrigen Tätigkeiten der Menschen, etwa der Arbeit und dem Tausch. Das Verhältnis von sprachlicher und nichtsprachlicher Praxis wird dialektisch gedeutet.
(3) Die als Tätigkeit verstandene Sprache ist eine für die Welterfahrung des Menschen konstitutive Praxis.
(4) Wittgensteins Kritik an sprachphilosophischen Theorien, welche die praktische Dimension der Sprache nicht mitbedenken, weist verdinglichungskritische Züge auf. Dieser Verdinglichungskritik liegt, und hier ergeben sich Parallelen zu Hegels dialektischem Verständnis der Arbeitsweise des Begriffs und seiner Theorie des spekulativen Satzes, die Einsicht in die Kontextualität und Zeitgebundenheit sprachlicher Bedeutungen zugrunde. Der kritische Sinn seiner Analysen besteht dabei jedoch nicht nur darin, bestimmte falsche Vorstellungen vom Funktionieren oder vom Wesen der Sprache zurückzuweisen, sondern sie zielen ab auf eine Befreiung von den durch falsche theoretische Vorstellungen nahegelegten Selbstmißverständnissen, die auch unsere praktischen Verhältnisse betreffen.
(5) Eine normative bzw. emanzipatorische Dimension kommt dem auf der Ebene des Sprachhandelns angesiedelten Praxisbegriff bei Wittgenstein nicht direkt bzw. unmittelbar zu, sein therapeutisches Philosophieverständnis erlaubt es jedoch, auch an diesen Aspekt der Praxisphilosophie anzuknüpfen, Grundlagen zu einer gesellschaftstheoretisch ansetzenden Sprachkritik zu skizzieren.
Obwohl es sich bei dem Plädoyer für eine gesellschaftstheoretische Lektüre Wittgensteins um einen systematischen Vorschlag handelt, erheben sich eine Reihe von auf die Person Wittgensteins bezogenen Einwänden. Sein Name steht zwar auch für eine Revolution, jedoch nicht für einen politischen Umsturz, sondern für eine Revolution in der Philosophie. Auf ihn geht nicht nur ein zentrales Paradigma innerhalb der analytischen Philosophie zurück – die sogenannte *ordinary language philosophy* –, er hat die sprachanalytische Methode auch in einem ethischen Sinn verstanden und liefert nicht einfach und ausschließlich philosophische

Analysen zu Problemen der Sprache, sondern am Leitfaden der Sprache orientierte Analysen zur philosophischen Anthropologie und praktischen Philosophie. Offenkundig sozialphilosophische Bemerkungen findet man bei Wittgenstein nicht. Nach einer ersten Lektüre möchte man ihm eine gesellschaftstheoretische Naivität vorwerfen.

Seine Bemerkungen lassen sich im Sinn eines kulturpessimistischen Konservativismus lesen. Wittgenstein selbst nennt die in dieser Hinsicht einschlägigen Autoren, die seine Weltanschauung geformt haben: Schopenhauer und Spengler, beide pessimistische Kulturphilosophen; Otto Weiniger, der – selbst Jude – Antisemit war. Wittgensteins Moralphilosophie – die ethischen Erwägungen im *Tractatus* und in den »Tagebüchern« sowie seine »Lecture on Ethics« – behandelt, um es auf einen traditionellen Begriff zu bringen, individualethische Probleme, so daß auch sie keinen Anknüpfungspunkt für sozialphilosophische Überlegungen bietet. Selbst Wittgensteins Sprache entstammt dem Grundrepertoire konservativer Rhetorik. Fortwährend ist von einem »Befehlen« und »Abrichten« die Rede. Die im Spätwerk zentrale Analyse des Regelfolgens läßt sich gefällig im Kontext des Konservativismus interpretieren. Mißversteht man seine Bemerkung, einer Regel auch blind folgen zu können, als einen Hinweis auf die autoritative Kraft bindender Regeln, wie z. B. Christoph Nyíri dies tut[2], dann ist der Weg frei für eine an der Sozialphilosophie Arnold Gehlens geschulte Rekonstruktion des Wittgensteinschen Regelbegriffs. Gegenüber derartigen Befunden, gegenüber dem Konservativismus und antipolitischen Individualismus Wittgensteins geht es mir hier nicht darum, von Wittgenstein das Bild eines untergründig ›neomarxistisch‹ orientierten Praxisphilosophen zu zeichnen, obschon die Beschäftigung mit seiner Biographie mitunter dahingehende Rückschlüsse erlaubt. So wollte Wittgenstein nach Rußland emigrieren; aus diesem Vorhaben wurde nur eine Reise. Der Ökonom J. M. Keynes – er gehörte zum engeren Kreis der Vertrauten Wittgensteins – wies den sowjetischen Botschafter in Großbritannien I. M. Maiski darauf hin, daß Wittgenstein »sehr viel Sympathie für die Lebensform, für die die neue russische

2 Chr. Nyíri, »Wittgensteins Spätwerk im Kontext des Konservatismus«, in: Ludwig Wittgenstein, *Schriften*, Beiheft 3: *Wittgensteins geistige Erscheinung*, Frankfurt am Main 1979, S. 83-101.

Regierung seiner Überzeugung nach einsteht« empfand (BR, 192).[3] Dem neapolitanischen Nationalökonomen P. Sraffa billigte Wittgenstein selbst einen wichtigen Einfluß auf seine *Philosophischen Untersuchungen* zu, er verkehrte im Hause Roy Pascals, der derzeit an einer englischen Übersetzung der *Deutschen Ideologie* von Marx arbeitete, er war bekannt mit dem marxistischen Altphilologen G. Thomson, dessen Forschungen über die Entstehung der griechischen Philosophie und die Entwicklung des Geldverkehrs sich der soziogenetische Erkenntnistheoretiker Alfred Sohn-Rethel zu eigen machte.

Zunächst wird unter dem Gesichtspunkt der als Praxis verstandenen Sprache Wittgensteins sogenannte Gebrauchstheorie der Bedeutung, sein Begriff der Regel und – damit verbunden – das ›Privatsprachenargument‹ diskutiert (1). Sodann geht es um die in der Philosophie Wittgensteins zentralen Begriffe des *Sprachspiels* und der *Lebensform* (2). Ein weiterer Abschnitt beschäftigt sich mit der welterschließenden Funktion der Sprache (3). Bemerkungen zum emanzipatorischen Sinn und zur gesellschaftstheoretischen Bedeutung der Sprachkritik schließen das Kapitel ab (4).

1. Sprache als Praxis: Sprachgebrauch, Regelfolgen und Privatsprache

Inwieweit bestimmt Wittgenstein die Sprache selbst als Praxis? Wie schlägt sich diese Auffassung in seiner ›Bedeutungstheorie‹ nieder? Auf welche Weise zeigt sich hinter den vordergründig ›semantisch‹ argumentierenden Passagen in seinen Schriften eine praxisphilosophische Grundauffassung? Daß sich nur auf dem Wege einer Analyse bzw. Beschreibung der Sprachpraxis angemessene Einsichten in die Funktionsweisen und den Aufbau der Sprache gewinnen lassen und daß die Sprache nichts neben, hinter oder über dieser Sprachpraxis ist, deutet sich in den Überlegungen Wittgensteins bereits gegen Ende des Jahres 1929 an:

> »Ich glaube, daß wir im Wesen nur eine Sprache haben und das ist die gewöhnliche Sprache ... die Umgangssprache *ist* bereits *die* Sprache ...« (WWK, 45).

3 Die verwendeten Siglen sind im Literaturverzeichnis aufgeschlüsselt.

Mit dem Hinweis auf die Umgangssprache wirft Wittgenstein keine soziolinguistische Fragestellung auf, er möchte in diesem Kontext nicht an die gesprochene, informelle Sprache im Unterschied zur ›Hochsprache‹ der Literatur erinnern. Mit dieser Bemerkung richtet er sich gegen die an dem Ziel der Entwicklung einer Idealsprache orientierten sprachtheoretischen Überlegungen der Philosophen im Umfeld des Wiener Kreises; Wittgenstein machte die zitierte Bemerkung im Hause Schlicks. Sie zielt in die gleiche Richtung wie die Frage nach den wirklichen Voraussetzungen des menschlichen Lebens, die Marx angesichts des anthropologischen Defizits der idealistischen Philosophie stellt. Mit ihr wird eine ›kontemplative‹ Konzeption der Sprache zurückgewiesen. Wenn Wittgenstein davon spricht, »daß wir im Wesen nur eine Sprache haben«, macht er darauf aufmerksam, daß es neben der gesprochenen Sprache keine weitere, ›reinere‹ Sprache gibt, an welcher man etwa erst die für ein Verständnis des Funktionierens der Sprache erforderlichen Regeln und Gesetze untersuchen könnte.

Die Tatsache, daß es sich bei der Sprache um eine Form menschlicher Praxis handelt, wird, so trivial diese Einsicht klingt, von vielen Sprachtheorien nicht berücksichtigt. Viele Sprachtheoretiker sind der Ansicht, die Sprache sei eine hinter bzw. vor der Sprachpraxis des Menschen anzusiedelnde Entität. Man denke z. B. an die Transformationsgrammatik von N. Chomsky. Diese war Wittgenstein zwar noch nicht bekannt, seine Ausführungen können dennoch als Einwände auf sie bezogen werden; sie läßt sich als Beispiel für ein theoretisches Modell verstehen, wie es gerade zurückgewiesen werden soll. Die systematische Grundunterscheidung des transformationsgrammatischen Theoriemodells differenziert zwischen der Sprachkompetenz und der Sprachperformanz eines Sprechers. Performanzfragen nun werden von dieser Theorie vollständig ausgeklammert, damit gerät die sprachliche Praxis aus dem Blick. Die Sprache wird definiert als ein vom Gebrauch der Sprache unabhängiges Regelsystem. Auf der Grundlage eines solchen Systems soll der tatsächliche Gebrauch der Sprache allererst möglich sein. Sprachliche Zeichen und die Regeln ihrer Verbindung, die fest mit der Praxis des Sprachhandelns verbunden sind und sich auf seiner Grundlage herausbilden, werden in diesem Theoriemodell unabhängig von der Sprachpraxis konzeptualisiert. Genauso wie Praxisphilosophen wie Marx

oder Lukács den Ursprung der Gebilde der menschlichen Welt bis in die menschliche Praxis zurückverfolgen und diese Analyse zur Basis ihrer Entfremdungs- und Verdinglichungstheorien machen, insistiert die Philosophie Wittgensteins auf die praktischen Grundlagen der Sprache. Im Anschluß an sie lassen sich Auffassungen wie diejenige Chomskys als Ergebnisse einer ›sprachtheoretischen Entfremdung‹ interpretieren.
Die Erkenntnis, daß die Umgangssprache als Sprachpraxis in das Zentrum sprachphilosophischer Untersuchungen zu rücken sei, führte Wittgenstein dazu, die Frage nach der Bedeutung eines Wortes bzw. Fragen nach der Bedeutung in der Sprache überhaupt – die Grundfrage der philosophischen Semantik – als eine irreführende Frage zu entlarven. Zu Beginn seines Blauen Buches bemerkt er:

»Die Fragen ›Was ist Länge?‹, ›Was ist Bedeutung?‹, ›Was ist die Zahl Eins?‹ etc. verursachen uns einen geistigen Krampf. [...] (Wir haben es hier mit einer der großen Quellen philosophischer Verwirrung zu tun: ein Substantiv läßt uns nach einem Ding suchen, das ihm entspricht.)« (BB, 15).

Die Frage nach der Bedeutung eines Wortes wird verdinglichungskritisch zurückgewiesen. Wittgenstein entwickelt ein Verständnis von den Bedeutungen von Wörtern, welches der Rolle der Sprachpraxis Rechnung trägt. Er konzipiert seine Sprachauffassung in Abgrenzung von den sprachtheoretischen Bemühungen im Umfeld des Logischen Empirismus. Dort hypostasierte man eine Idealsprache und verfolgte das Ziel, sprachpraktisch ›entschlackte‹ Bedeutungen zu erhalten.
An die Stelle der Frage nach der Definition der Bedeutung eines Wortes tritt die Frage, wie sich die Bedeutung eines Wortes erklären läßt. Wittgenstein verwendet dabei das Wort »Erklärung« nicht im Sinne der Erklärung von etwas durch etwas anderes, sondern im Sinne von »Erläuterung« oder »Erörterung«. In diesem Sinn kann die Bedeutung eines Wortes erklärt werden durch die Beschreibung einer typischen Situation, in der wir dieses Wort verwenden; durch den Verweis auf unseren Sprachgebrauch.

»›Die Bedeutung des Wortes ist das, was die Erklärung der Bedeutung erklärt.‹ D. h.: willst du den Gebrauch des Worts ›Bedeutung‹ verstehen, so sieh nach, was man ›Erklärung der Bedeutung‹ nennt« (PU, § 560).

Um sich die Pointe der Überlegungen Wittgensteins deutlich zu machen, kann man an die Situation des Sprachlernens denken.

Möchte ich jemandem, der mit meiner Sprache nicht hinreichend vertraut ist, die Bedeutung des Wortes »Freundschaft« erklären, so werde ich ihm verschiedene Situationen, in denen dieses Wort angewandt werden kann, beschreiben.
Ohne eine allgemeine ›Gebrauchstheorie der Bedeutung‹ zu formulieren, wie es viele Wittgensteininterpreten nahelegen, läßt sich Wittgenstein in seinen Analysen von der These leiten, daß sich Bedeutungen allererst im Sprachgebrauch herstellen und unabhängig davon nicht zu denken sind. »Nur in der Praxis einer Sprache kann ein Wort Bedeutung haben« (BGM VI, § 41). Diese These gilt selbst für die einfachsten Fälle singulärer Referenz. Auch das Substantiv »Tisch« kann nur dann den Gegenstand bezeichnen, auf den wir mit ihm Bezug nehmen, nur dann sein ›Name‹ sein, wenn wir es dazu verwenden, um auf eben jenen Gegenstand zu referieren und mit ihm den ganzen Tisch meinen und nicht nur das, was wir die »Beine des Tisches« oder seine »Oberfläche« nennen. Daß die ›Gebrauchstheorie‹ in diesem Sinn verstanden werden muß, macht eine Bemerkung aus dem *Blauen Buch* deutlich. Dort mahnt Wittgenstein:

»Vergiß nicht, daß Wörter die Bedeutungen haben, *die wir ihnen gegeben haben*; und wir geben ihnen Bedeutung durch Erklärungen« (BB, 51 f.; Hervorhebung CD).

Wittgensteins Überlegungen müssen als Beitrag zu einer Konstitutionstheorie der Bedeutung verstanden werden: Bedeutungen konstituieren sich in der menschlichen Praxis. Erst als dort Konstituierte werden sie zu Gegenständen der Sprachtheorie. Nur wenn man von der Sprachpraxis abstrahiert, kann die Sprache in einer vergegenständlichten Form als Kalkül erscheinen. Wittgenstein konstatiert: »In der Praxis gebrauchen wir die Sprache sehr selten als einen derartigen Kalkül« (BB, 49). Als ein Kalkül wird die Sprache in den positivistischen Theorien behandelt, die jeglichen Kontakt mit der menschlichen Lebenswirklichkeit verloren haben und die konstitutionsanalytische Zurückführbarkeit der Sprache auf die sprachliche Praxis nicht mehr mitbedenken. Aus diesem Blickwinkel entfaltet Wittgenstein wissenschaftskritische Überlegungen:

»Philosophen sprechen sehr häufig davon, die Bedeutung von Wörtern zu untersuchen, zu analysieren. Aber laßt uns nicht vergessen, daß ein Wort keine Bedeutung hat, die ihm gleichsam von einer von uns unabhängigen

Macht gegeben wurde, so daß man eine Art wissenschaftlicher Untersuchung anstellen könnte, um herauszufinden, was das Wort *wirklich* bedeutet. Ein Wort hat die Bedeutung, die jemand ihm gegeben hat« (BB, 52).

Ein Wort hat selbstverständlich nicht die Bedeutung, die jemand *einzelner* ihm gibt. Der Prozeß der Bedeutungskonstitution kann nur in einer gemeinsamen Praxis stattfinden und ist nicht das Werk eines Einzelnen. Wittgensteins Ausführungen zum Regelbegriff und seine Argumentation gegen die Möglichkeit einer privaten Sprache zeigen, daß die Gesellschaftlichkeit der Sprache und ihre intersubjektive Dimension konstitutiv in unser Sprachhandeln und -verstehen eingehen. Ohne sie wäre Sprache nicht möglich.

Zunächst zum Regelbegriff. Betrachten wir Wittgensteins Bemerkungen zur Philosophie der Mathematik. Ein mathematischer Platonist versteht die Regeln der Mathematik als Handlungsanweisungen, die irgendwo niedergelegt sind. Derjenige, der Mathematik betreiben möchte, muß sich diese Regeln vergegenwärtigen, sie deuten und sein Handeln mit ihnen in Übereinstimmung bringen. Wer derartig verfährt, so möchte man meinen, der rechnet. Gerade die »Unerbittlichkeit der Mathematik« (BGM I, § 4) und die Verbindlichkeit, mit welcher derjenige, der rechnen will, auf ihre Regeln verpflichtet ist, legen diese Auffassung nahe. Doch: »Diese Dinge sind feiner gesponnen, als grobe Hände ahnen« (BGM VII, § 57). Daß es ganz so einfach selbst in der Mathematik nicht zugeht, demonstriert Wittgenstein mit einer Fülle von Beispielen. Selbst Zählen und Rechnen sind »Techniken« (vgl. BGM III, § 66), »Tätigkeiten unseres Lebens« (vgl. BGM I, § 4).

Wittgenstein richtet sich gegen formalistische und axiomatische Theorien der Mathematik, insbesondere aber gegen eine Grundhaltung, die als mathematischer Platonismus bzw. Realismus bezeichnet wird. Demgegenüber betont er, daß auch die Mathematik eine Praxis ist bzw. daß deren Regeln sich erst auf der Grundlage einer Praxis des Zählens und Rechnens herausbilden. Friedrich Engels hat auf der Grundlage der Praxisphilosophie von Marx eine vergleichbare Mathematikauffassung skizziert:

»Die Begriffe von Zahl und Figur sind nirgends anders hergenommen, als aus der wirklichen Welt. Die zehn Finger, an denen die Menschen zählen, also die erste arithmetische Operation vollziehen gelernt haben, sind alles andere, nur nicht eine freie Schöpfung des Verstandes. Zum Zählen gehören aber nicht nur zählbare Gegenstände, sondern auch schon die Fähigkeit, bei der Betrachtung der Gegenstände von allen ihren übrigen Eigenschaften abzusehen außer ihrer Zahl – und diese Fähigkeit ist das Ergebnis einer langen geschichtlichen und erfahrungsmäßigen Entwicklung.« (MEW 20, 36)

Wie bei der Mathematik handelt es sich auch bei der Sprache um eine regelgeleitete Praxis. Die Regeln der Sprache unterscheiden sich allerdings von den Regeln der Mathematik darin, daß sie keinen so verbindlichen Charakter wie diese haben. Die Sprache ist kein axiomatisch strukturiertes System, der ›Zwang‹ ihrer Regeln ist schwächer. Um den Unterschied auch terminologisch festzuhalten, benutzt Wittgenstein in bezug auf die Sprache den Begriff der *Regelmäßigkeit* (vgl. z. B. PU, § 207).
Bevor der Sitz des Wittgensteinschen Regelbegriffs näher erörtert werden kann, muß der Ort und die Struktur des ›Privatsprachenarguments‹ expliziert werden. Dieses Argument gehört – zumindest auf den ersten Blick – in den Kontext einer Philosophie der Psychologie. Es thematisiert Probleme, die sich im Zusammenhang mit einer Empfindungssprache ergeben. Die Wörter einer Empfindungssprache sollen etwas Privates benennen. Empfindungen und Gefühle, von denen eigentlich nur der Sprecher einer solchen Sprache etwas wissen kann. Wittgenstein illustriert seine Überlegungen mit dem Beispiel eines Tagebuchschreibers, der sich für seinen persönlichen Gebrauch Namen für bestimmte seiner Empfindungen ausgedacht hat. Die Wiederkehr bestimmter Empfindungen verzeichnet er mit den für sie ausgedachten Namen in seinem Tagebuch (vgl. PU, § 258). Einem Großteil älterer wie neuerer Interpretationen zufolge[4] führt Wittgenstein mit diesem Argument den überzeugenden Nachweis, daß eine Empfindungssprache dieser Art nicht möglich ist.
Das in einem engeren Sinne verstandene *Privatsprachenargument* kann zudem erkenntnistheoretisch gelesen werden: zurückgewiesen wird das für die traditionelle Philosophie zentrale Modell der ›inneren Wahrnehmung‹ und die damit verbundene Privilegierung der Perspektive der 1. Person in der Erkenntnistheorie. Die Zurückweisung der Rede von einer ›inneren Welt‹ erfolgt in verdinglichungskritischer Absicht. Analog zur physikalischen, ›äußeren‹

4 Vgl. z. B. A. Kenny, *Wittgenstein*, Frankfurt am Main 1974, S. 208 ff.; E. Tugendhat, *Selbstbewußtsein und Selbstbestimmung. Sprachanalytische Interpretationen*, Frankfurt am Main 1979.

Welt gibt es keine ›innere‹, in der die Gefühle und Empfindungen Objekte im Subjekt sind. Diese Auffassung wird von einer Namenstheorie der Bedeutung nahegelegt. Substantive wie *Geist, Seele, Denken, Angst* usw. veranlassen uns, nach den von ihnen bezeichneten Dingen zu suchen, die man dann in den einzelnen Menschen lokalisiert. An dieser Stelle können die Überlegungen von Wittgenstein als wissenschaftskritische Bemerkungen zur Psychologie gelesen werden. Durch seine Orientierung an der menschlichen Praxis kann er mentalistischen Theorien unnötige Verdopplungen vorwerfen, während er behavioristischen Theorien einen den Sinn von Worten – wie z. B. Angst – verfehlenden Reduktionismus vorwerfen kann.[5]

Sowohl Wittgensteins Überlegungen zur Philosophie der Mathematik als auch die zur Philosophie der Psychologie sind dem Verständnis S. A. Kripkes zufolge Spezialfälle grundsätzlicherer Überlegungen Wittgensteins zum Verhältnis von Regeln und Sprache.[6] Mit der Mathematik und der Empfindungssprache diskutiere Wittgenstein Fälle, die seinen grundlegenden Auffassungen über Regeln und Sprache noch am ehesten widersprechen könnten und er zeige, daß seine Überlegungen selbst noch in diesen Bereichen von Relevanz seien.

Ohne hier auf die durchaus kontroverse Debatte um ein angemessenes Verständnis des Privatsprachenargumentes in ihrer ganzen Komplexität eingehen zu können[7], scheint mir zumindest eine These – die Kernthese – der Interpretation Kripkes, der zu Recht die Diskussion des Regelfolgens in einen Zusammenhang mit der Argumentation gegen eine private Sprache setzt, richtig zu sein. Diese These läßt sich wie folgt paraphrasieren: Wer von *einem* Sprecher sagt, er verstehe einen Begriff, der bezieht sich damit bereits implizit auf eine *gemeinsame* Sprachpraxis.[8] Eine derartige

5 Zu diesem Aspekt der Verdinglichungskritik Wittgensteins vgl. Th. Rentsch, *Heidegger und Wittgenstein. Existential- und Sprachanalysen zu den Grundlagen philosophischer Anthropologie*, Stuttgart 1985, S. 232-237.

6 S. A. Kripke, *Wittgenstein über Regeln und Privatsprache*, Frankfurt am Main 1987, S. 14.

7 Neben der Studie Kripkes sind die wichtigsten Schriften zu diesem Problem: G. P. Baker/P. M. S. Hacker, *Scepticism, Rules and Language*, Oxford 1984; C. McGinn, *Wittgenstein on Meaning*, Oxford 1984.

8 S. A. Kripke, a.a.O., S. 137.

Zuschreibung ist nur möglich, wenn dieser Sprecher als Mitglied einer Sprachgemeinschaft betrachtet wird.

Kripkes These ergibt sich aus seiner Grundintention, das Problem des Regelfolgens und das Privatsprachenargument aufeinander zu beziehen. Die systematische Motivation, die er Wittgenstein zuschreibt – den Entwurf eines skeptischen Paradoxons und dessen Lösung –, interessiert hier nicht; wichtig ist einzig, wie sich aus dem Zusammenhang des Wittgensteinschen Regelbegriffs und der Zurückweisung der Möglichkeit einer Empfindungssprache ein Privatsprachenargument im weiteren Sinn ergibt.

Die für den vorliegenden Zusammenhang zentrale Frage lautet: *»Könnte einer allein einer Regel folgen?«* (BGM VI, § 45). Diese Frage ist die Grundfrage des späteren Wittgenstein. Die Antwort lautet: Nein, um einer Regel folgen zu können, bedarf es einer *Öffentlichkeit* (vgl. BGM, 334 f.). Wie in der Mathematik sind auch die Regeln der Sprache nichts neben, hinter oder über einer gemeinsamen Sprachpraxis. Einer Regel folgen, die selbst erst Produkt einer Praxis ist, ist nur eingebettet in den Rahmen einer gemeinsamen Praxis möglich. Demjenigen, der meint, isoliert einer Regel folgen zu können, fehlen die Kriterien, die nötig sind, um zu beurteilen, ob er tatsächlich einer Regel folgt oder ihr nur zu folgen scheint. Wittgenstein bemerkt dazu:

»Darum ist der ›Regel folgen‹ eine Praxis. Und der Regel zu folgen *glauben* ist nicht: der Regel folgen. Und darum kann man nicht der Regel ›privatim‹ folgen, weil sonst der Regel zu folgen glauben dasselbe wäre, wie der Regel folgen« (PU, § 202).

Mit dem Aufweis, daß es nur gemeinsam möglich ist, einer Regel zu folgen, ist der gesellschaftliche (intersubjektive) Charakter der Sprachpraxis akzentuiert. Gemäß der Deutung Kripkes folgt aus der soeben zitierten Bemerkung, daß man von einem solitären Sprecher – einem Sprecher, der seine Sprachfähigkeit unabhängig von einer Gemeinschaft erworben hat, wie A. Wellmer formuliert[9] – nicht behaupten kann, daß er eine Sprache spricht. Was er tut, würde man nicht »das Sprechen einer Sprache« nennen.

Das Privatsprachenproblem im weiteren Sinn richtet sich gegen jede Bedeutungstheorie, welche die gemeinsame Praxis als Basis der Bedeutungs- und Regelkonstitution verkennt. Eine Bedeutungstheorie dieser Art konzipiert die Sprache, als funktioniere sie

9 A. Wellmer, »Sprache und Intersubjektivität«, Ms. Konstanz 1987, S. 2.

wie die vorhin diskutierte Empfindungssprache. Das Problem fehlender, den Wortgebrauch rechtfertigender, Kriterien stellt sich auch hier: Ein einzelner Sprecher ist nicht in der Lage, sich über die richtige Identifikation seiner Empfindungen Rechenschaft zu geben. »Richtig ist, was immer mir als richtig erscheinen wird. Und das heißt nur, daß hier von richtig nicht geredet werden kann« (PU, § 258). Bei der so verstandenen Privatsprache denkt man sich den Prozeß der Begriffsbildung so, als ob eine von einem Sprecher vollzogene Selbstverifikation die Basis der Zuordnung von Wort und Bedeutung bilde. Worauf Wittgenstein zu Recht aufmerksam macht, ist, daß in einer solchen Sprache kein Platz für die Unterscheidung zwischen »richtig« und »falsch« ist. Selbst im Falle der Empfindungssprache bedarf es intersubjektiver Kriterien, welche die Anwendung der jeweiligen Empfindungsworte regeln (vgl. dazu auch seine Diskussion des Schmerzbeispiels PU, §§ 243 ff.). Über intersubjektive Kriterien verfügt der Sprecher einer Empfindungssprache im diskutierten Sinne nicht; die Gemeinsamkeit des Regelfolgens muß aber als Bedingung der Möglichkeit sinnvollen Sprachgebrauchs gelten; der gesellschaftliche, öffentliche Charakter der Sprache ist Bedingung der Möglichkeit von Sprache überhaupt.

Diese Wittgensteinsche Einsicht hat bereits Marx antizipiert, auch er hat darauf hingewiesen, daß die Sprache immer als eine *gemeinsame* Sprache verstanden werden muß. Er konnte diese Einsicht zwar nicht in allen ihren Konsequenzen bedenken, die für Wittgenstein charakteristische Pointe deutet sich aber dennoch bereits an. Er schreibt:

»In bezug auf den Einzelnen ist z. B. klar, daß er selbst zur Sprache als *seiner eignen* sich nur verhält als natürliches Mitglied eines menschlichen Gemeinwesens. Sprache als das Produkt eines Einzelnen ist ein Unding« (GR, 390; vgl. 6).

Was für die Sprache des Menschen gilt, gilt Marx zufolge auch für das Arbeitshandeln. Auch bei diesem handelt es sich um eine *gemeinsame* Praxis. Der ökonomische Robinson ist wie der solitäre Sprecher eine irreführende theoretische Konstruktion.

Daß die Sprache eine Praxis ist und daß sie nur als gemeinsame Praxis möglich ist, zeigen die Argumente Wittgensteins. Jetzt gilt es zu sehen, wie er sich das Verhältnis zwischen der Sprache und anderen Formen menschlicher Praxis denkt.

2. Sprache und Praxis: Lebensformen und Sprachspiele

Die Verklammerung der Sprache mit der menschlichen Praxis im umfassenden Sinn darzutun, ihre Verbindung mit dem menschlichen Leben aufzuweisen, ist eine weitere systematische Grundintention Wittgensteins. In diesem Zusammenhang sind zwei Begriffe relevant, die von ihm zwar nicht in einem strikten Sinne terminologisch gebraucht werden, die sich aber dennoch als zwei Leitbegriffe seiner Philosophie herauskristallisiert haben: die Begriffe *Sprachspiel* und *Lebensform*. Mit ihnen läßt Wittgenstein die Sprachphilosophie im engeren Sinne hinter sich und bindet seine Analysen ein in den Rahmen anthropologischer und kultursoziologischer Überlegungen.

Bei der Einführung des Sprachspielbegriffs macht Wittgenstein deutlich, daß die Sprache nicht losgelöst von den Handlungskontexten, in welchen sie gebraucht wird, betrachtet werden kann. Er schreibt: »Ich werde auch das Ganze: der Sprache und der Tätigkeiten, mit denen sie verwoben ist, das ›Sprachspiel‹ nennen« (PU, § 7). »Das Wort ›Sprach*spiel*‹ soll hier hervorheben, daß das Sprechen der Sprache Teil ist einer Tätigkeit, oder einer Lebensform.« (PU, § 23) Wittgenstein nennt eine Fülle von Beispielen für verschiedene Sprachspiele, u. a.:

- Befehlen und nach Befehlen handeln
- Herstellen eines Gegenstandes nach einer Beschreibung
- Berichten eines Hergangs
- Theater spielen
- einen Witz machen; erzählen
- Bitten, Danken, Fluchen, Grüßen, Beten (vgl. PU, § 23).

Unsere gesamte Praxis und Lebenstätigkeit läßt sich, den Begriff des Sprachspiels in seiner allgemeinen Bedeutung genommen, als ein Netzwerk zusammenhängender Sprachspiele begreifen. Sprache und menschliche Praxis sind eng miteinander verbunden. Nur ein linguistischer Idealismus verkennt den »Sitz« der Sprache im menschlichen Leben. Den Hintergrund der Sprache bildet das »Getriebe des Lebens« und nur im »Fluß des Lebens haben die Worte ihre Bedeutung« (vgl. BBP II, § 625; LSPP, § 913).

Der Begriff der *Lebensform* ist mit demjenigen des Sprachspiels in seiner allgemeinen Bedeutung verwandt. Auch mit diesem Begriff akzentuiert Wittgenstein die Verbindung von Sprache und Praxis. »Und eine Sprache vorstellen heißt, sich eine Lebensform vorstellen« (PU, § 19). Wie ist diese Bemerkung zu interpretieren? Ohne die Kenntnis der Lebensgewohnheiten, der sozialen und institutionellen Organisation einer Kultur ist die jeweilige Sprache dieser Kultur nicht zu verstehen. Die Kenntnis der Sprache impliziert die Kenntnis der damit verbundenen Praktiken. Wittgenstein hat nicht oft von »Lebensformen« gesprochen, die Bedeutung dieses Begriffs bleibt vage und schillernd. Er wird an keiner Stelle – dies widerspräche dem Wittgensteinschen Philosophieverständnis – exakt definiert. Er bezieht sich mit diesem Begriff auf ganze Komplexe instituierter Praktiken, die aus sprachlichen und nichtsprachlichen Elementen bestehen: »Das Hinzunehmende, Gegebene – könnte man sagen – seien *Lebensformen*« (PU 363). Der Begriff der Lebensform ist umfassender als derjenige des Sprachspiels. Sprachspiele wie Danken, Bitten, Fluchen und Beten lassen sich als Teilpraktiken umfassender Lebensformen begreifen.

Daß die Sprache unmittelbar mit einer bestimmten historisch-gesellschaftlichen Praxis – so könnte man den Begriff der Lebensform in ein gesellschaftstheoretisches Vokabular übersetzen – verbunden ist, hatte bereits Marx akzentuiert.

»Die Sprache ist so alt wie das Bewußtsein – die Sprache *ist* das praktische, auch für andre Menschen existierende, also auch für mich selbst erst existierende wirkliche Bewußtsein, und die Sprache entsteht, wie das Bewußtsein erst aus dem Bedürfnis, der Notdurft des Verkehrs mit andern Menschen« (MEW 3, 30).

Neben dem Hinweis auf die Verbindung zwischen der Sprache und dem menschlichen Leben enthält die zitierte Passage eine entwicklungsgeschichtlich-genetische Behauptung. Die Sprache wird als Moment des »praktischen Entwicklungsprozesses der Menschen« (MEW 3, 27) begriffen. Sie wird von Wittgenstein ganz ähnlich verstanden, wenn er bemerkt:

»Befehlen, fragen, erzählen, plauschen [verschiedene Sprachspiele also; CD] gehören zu unserer *Naturgeschichte* so wie gehen, essen, trinken, spielen« (PU, § 25; Hervorhebung CD).

Immer wieder vergleicht Wittgenstein die Wörter der Sprache mit *Instrumenten* und *Werkzeugen* (vgl. BB, 107f.; PU, § 11; § 569). Nun ist es ein Charakteristikum des Werkzeugs bzw. Instrumentes, nicht für sich selbst, sondern um etwas anderen willen da zu sein. So auch die Sprache. Selbst die in der Logik entwickelten formalen Sprachen, welchen man in der linguistischen Semantik wegen ihrer vermeintlichen Kontextfreiheit lange Zeit einen Vorzug eingeräumt hat, erklären sich nur auf dem Hintergrund einer Praxis der Logik und Wissenschaft, die sich auf eine möglichst klare Darstellung ihrer Gedanken verpflichtet. Der Umgang mit formalen Sprachen ist ein Sprachspiel besonderer Art und kann die Verklammerung von Sprache und Praxis nicht unterlaufen. Auch in einem Fall, wie dem genannten, bleibt die Sprache ein Werkzeug. Es gibt zwar Fälle, in welchen die Sprache ihren Werkzeugcharakter abstreifen kann und um ihrer selbst willen da zu sein scheint, denken wir z. B. an die verschiedenen Formen ästhetischer Rede. Der Verweis auf Poesie und Literatur als paradigmatische Formen nichtinstrumentellen Redens kann keinen grundsätzlichen Einwand gegen den unterstellten Werkzeugcharakter der Sprache darstellen. Literatur und Poesie sind auch nur auf der Basis der alltäglichen, normalen Sprache möglich. Auch Poesie und Literatur sind Sprachspiele besonderer Art.

Neben dem allgemeinen Gebrauch des Begriffes *Sprachspiel* verwendet ihn Wittgenstein auch noch in spezielleren Bedeutungen.[10] Ins Auge fällt die kompositionelle Bildung des Begriffs aus den beiden Worten »Sprache« und »Spiel«. Dem entspricht eine nicht nur in den *Philosophischen Untersuchungen*, sondern schon in den Notizbüchern der dreißiger Jahre durchgängig anzutreffende Analogiebetrachtung: immer wieder wird die Sprache mit einem Spiel verglichen. Wie bei den diversen Spielen, Wittgensteins Hauptbeispiel ist das Schachspiel, handelt es sich auch bei der Sprache um eine regelgeleitete bzw. bestimmte Regelmäßigkeiten aufweisende Praxis. In diesem Sinne weist der Begriff des Sprachspiels darauf hin, daß die Sprache eine sich an *Regelmäßigkeiten* ausrichtende Tätigkeit ist. Daneben bezeichnet der Begriff des Sprachspiels einfache oder primitive Sprachformen, mit denen z. B. Kinder in die Praxis der Sprache eingeübt werden können. Derart primitive Sprachformen werden von Wittgenstein auch konstruiert; sie dienen als Modelle, die im Kleinen das Ganze der Sprache repräsentieren sollen. An ihnen lassen sich die verschie-

10 Zu den verschiedenen Bedeutungen des Begriffs vgl. die zwar schon ältere, dennoch aber grundlegende Arbeit E.-K. Specht, *The Foundations of Wittgensteins Late Philosophy*, New York 1969, S. 39-62.

denen Funktionsweisen der Sprache demonstrieren. In diesem Sinn wurde der Begriff ursprünglich von Wittgenstein verwendet (vgl. BB 37, 121).

Zwei Beispiele sollen die Art und Weise, in der Wittgenstein den Zusammenhang von Sprache und Praxis thematisiert, demonstrieren. Betrachten wir die beiden primitiven Sprachen, die Wittgenstein zu Beginn seiner *Philosophischen Untersuchungen* konstruiert. Es mag ein Zufall sein, daß beide Beispiele der Sphäre der Ökonomie entnommen sind, denn zunächst wird eine Tauschsituation, sodann eine Produktionssituation geschildert.

»Denke nun an diese Verwendung der Sprache: Ich schicke jemand einkaufen. Ich gebe ihm einen Zettel, auf diesem stehen die Zeichen: ›fünf rote Äpfel‹. Er trägt den Zettel zum Kaufmann; der öffnet die Lade, auf welcher das Zeichen ›Äpfel‹ steht; dann sucht er in einer Tabelle das Wort ›rot‹ auf und findet ihm gegenüber ein Farbmuster; [...] Nun ich nehme an, er *handelt*, wie ich es beschrieben habe« (PU, § 1).

Dieses Beispiel macht nicht nur deutlich, daß die Sprache selbst bereits eine Praxis ist, daneben führt es vor, in welche Handlungszusammenhänge der Gebrauch der Sprache eingebettet ist. Die Wortfolge »fünf rote Äpfel« enthält ihren bestimmten Sinn nur durch die Situation, in der der Zettel herübergereicht wird. Der Kaufmann weiß, daß die Zeichen auf dem Zettel den Wunsch des Kunden bedeuten, fünf rote Äpfel zu erhalten. Der Kunde befindet sich in einem Laden, er nimmt an einer bestimmten gesellschaftlichen Praxis teil und kann so davon ausgehen, daß der Kaufmann die Worte auf dem Zettel versteht.

Denken wir uns die gleiche Situation mit dem entscheidenden Unterschied, daß der Hintergrund – die bestimmte Praxis –, vor welchem das Herüberreichen des Zettels stattfindet, fehlt. Der ›Kaufmann‹, der in dieser Situation eigentlich keiner mehr wäre, könnte gar nicht verstehen, was die Zeichen »fünf rote Äpfel« bedeuten sollen. Im günstigsten Fall wären langwierige und komplizierte Erörterungen erforderlich, um zu klären, was mit den Zeichen gemeint ist. Wir sehen: die Sprache funktioniert nur sofern sie eingearbeitet in eine Praxis ist. Ähnlich das zweite Beispiel:

»Die Sprache soll der Verständigung eines Bauenden A mit einem Gehilfen B dienen. A führt einen Bau auf aus Bausteinen; es sind Würfel, Säulen, Platten und Balken vorhanden. B hat ihm die Bausteine zuzureichen, und zwar nach der Reihe, wie A sie braucht. Zu dem Zweck bedienen sie sich einer Sprache, bestehend aus den Wörtern: ›Würfel‹, ›Säule‹, ›Platte‹, ›Balken‹. A ruft sie aus; – B bringt den Stein, den er gelernt hat auf diesen Ruf zu bringen. – Fasse dies als vollständige primitive Sprache auf« (PU, § 2).

Diese Sprache macht nur innerhalb der Arbeitspraxis des Bauenden A und des Gehilfen B einen Sinn. Die Bedeutungen der Wörter »Würfel«, »Säule« usw. haben ihren ›Sitz‹ in dieser Praxis. Die beiden Sprachspiele führen die Verklammerung von Sprache und Praxis noch einmal eindringlich vor Augen. Wittgenstein selbst hat sein zweites Beispiel kommentiert:

»Wenn das Sprachspiel, die Tätigkeit, z. B. das Bauen eines Hauses (wie in No. 2), die Verwendung eines Wortes fixiert, so ist der Begriff der Verwendung elastisch mit dem der Tätigkeit. Das aber liegt im *Wesen* der Sprache« (LSPP, § 340).

Die Beispiele Wittgensteins lassen sich als Illustrationen einer bereits angeführten Behauptung von Marx und Engels lesen, daß nämlich »die Sprache . . ., wie das Bewußtsein, erst aus dem Bedürfnis, der Notdurft des Verkehrs mit anderen Menschen« entsteht (MEW 3, 30). Mit Marx und Engels lassen sich die Beispiele Wittgensteins zudem wie folgt kommentieren:

»Es zeigt sich also schon von vornherein ein materialistischer Zusammenhang der Menschen untereinander, der durch die Bedürfnisse und die Weise der Produktion bedingt und so alt ist wie die Menschen selbst« (MEW 3, 30).

Die Sprache ist Teil dieses Zusammenhangs und fest mit den dazu gehörenden Tätigkeiten verbunden. Sie ist aber nicht auf ›fundamentalere‹ Praxiszusammenhänge wie die Arbeit zurückzuführen, wie dies einige direkt an Marx anschließende Autoren behaupten.[11] Wittgensteins Analyse zum Zusammenhang von Sprache und Praxis, von Sprache und Arbeit, Sprache und Tausch usw. ist nicht im Sinn der These zu interpretieren, Sprache sei von nichtsprachlicher Praxis abhängig und als idealistischer Überbau zu verstehen. Wäre dem so, dann müßte eine abbildtheoretische Semantik die angemessene Sprachtheorie sein. Wittgenstein selbst hat keine abbildtheoretische Semantik entwickelt und die Sprache auch nicht aus von den ökonomischen Bedürfnissen der Men-

11 Vgl. z. B. K. Holzkamp, *Sinnliche Erkenntnis. Historischer Ursprung und gesellschaftliche Funktion der Wahrnehmung*, Kronberg ³1976, S. 147 ff.

schen diktierten Handlungszusammenhängen abgeleitet. Er hat lediglich darauf aufmerksam gemacht, daß der Gebrauch der Sprache in verschiedenen Handlungskontexten als Bedingung der Möglichkeit von Sprache bzw. des Sprachverstehens gelten muß. Sprache ist als Form menschlicher Praxis ebenso fundamental wie etwa die Arbeit in ihrer Bedeutung als Praxisform.

3. Zur welterschließenden Funktion der Praxis als Sprache

Als Grundform der menschlichen Praxis ist die Sprache für die Welterfahrung des Menschen konstitutiv; sie ist nicht nur erst auf dem Hintergrund von Praxis verstehbar und nicht nur mit dieser verklammert, sondern sie selbst ist eine Praxis, welche die Erkenntnis und Welterfahrung des Menschen strukturiert. Sie übernimmt bei Wittgenstein genau diejenige Funktion, die in den klassischen Ansätzen zur Praxisphilosophie der Arbeit zukommt. Wittgenstein hat die Einsicht in den erfahrungskonstitutiven Charakter der Sprache sehr deutlich artikuliert:

»Ich weiß jetzt nur etwa wie Menschen dieses Wort gebrauchen [...]. Ich weiß nicht, warum sie so handeln, wie die *Sprache* in ihr Leben eingreift. Ist denn die Bedeutung wirklich nur Gebrauch des Worts? Ist sie nicht die Art, wie dieser Gebrauch in das Leben eingreift? Aber ist denn sein Gebrauch nicht Teil unseres Lebens?!« (PG, § 29)

Das dialektische Verhältnis von Sprache und Praxis kommt in Wittgensteins suchendem und tastendem Fragen plastisch zum Ausdruck. Der Gebrauch der Sprache ist nicht nur ein Teil unseres Lebens, sondern er *greift* gleichzeitig in unser Leben ein. *Die Sprache ist eine Form konstitutiver Praxis*, mit dem norwegischen Philosophen Kjell S. Johannessen kann formuliert werden: »Der Praxisbegriff wird deshalb zum Begriff unserer Konstitution der Welt durch Sprache.«[12] Damit ist der entscheidende Schritt auf dem Weg zu einer praxisphilosophischen Rekonstruktion Witt-

12 K. S. Johannessen, »Sinnkonstitution und Wissenschaftsgeschichte. Zur Formulierung der Grundzüge einer Historiographie der Wissenschaften«, in: D. Böhler/T. Nordenstam/G. Skirbekk (Hg.), *Die pragmatische Wende. Sprachspielpragmatik oder Transzendentalpragmatik?*, Frankfurt am Main 1986, S. 59.

gensteins gemacht. Die welterschließende Funktion der bei Marx primär als Arbeit bestimmten Praxis findet sich bei Wittgenstein in der primär als Sprache bestimmten Praxis wieder.[13]
Wie ist die konstitutive Funktion der Sprache näherhin zu beschreiben? Gerät der, welcher sie einräumt, nicht in die Nähe eines linguistischen Relativismus? Steht ein starker Sprachtranszendentalismus nicht im Widerspruch zu den systematischen Grundorientierungen der doch eher materialistisch ansetzenden Praxisphilosophie? Läßt sich der Ort der Konstitutionsproblematik bei Wittgenstein terminologisch festmachen?
Die zuletzt aufgeworfene Frage ist mit einer Analyse der Bedeutung des Wortes »grammatisch« bei Wittgenstein zu beantworten. »Philosophie« ist dem Verständnis Wittgensteins zufolge eine »Verwalterin der Grammatik« (PB, § 54). Wie ist dieser Satz zu verstehen? Wittgenstein gebraucht den Begriff der Grammatik nicht so, wie er in den Sprachwissenschaften verwendet wird. Dort bezeichnet er im engeren Sinn ein System syntaktischer und morphologischer Regeln, die eine Anweisung darüber enthalten, wie sich aus einzelnen Elementen der Sprache, den Morphemen und Wörtern, ganze Sätze und größere Text- bzw. Redeeinheiten bilden lassen. Im weiteren Sinn nennt man alle sprachphilosophischen Untersuchungen grammatisch, auch dann, wenn sie sich mit phonologischen und semantischen Fragen beschäftigen. Bei Wittgenstein treten die Begriffe »Grammatik« und »grammatisch« an die Stelle der in der Philosophie seit Kant geläufigen Begriffe »Konstitution« bzw. »konstitutiv«.[14] Mit diesem etwas unge-

13 Zu einer ›transzendentalphilosophischen‹ Deutung der Spätphilosophie Wittgensteins vgl. K.-O. Apel, »Wittgenstein und das Problem des hermeneutischen Verstehens«, in: ders., *Transformation der Philosophie*, Bd. I: *Sprachanalytik, Semiotik, Hermeneutik*, Frankfurt am Main 1976, S. 335-377; ders., »Die Entfaltung der »sprachanalytischen« Philosophie und das Problem der »Geisteswissenschaften«, in: ders., *Transformation der Philosophie* Bd. II: *Das Apriori der Kommunikationsgemeinschaft*, Frankfurt am Main 1976, S. 28-95; J. Habermas, *Zur Logik der Sozialwissenschaften*, Frankfurt am Main 1970, S. 220-251.

14 Vgl. dazu F. Kambartel, »Wittgensteins späte Philosophie. Zur Vollendung von Kants Kritik der wissenschaftlichen Aufklärung«, in: ders., *Philosophie der humanen Welt. Abhandlungen*, Frankfurt am Main 1989, S. 146-159; ferner E.-K. Specht, a.a.O., S. 141-190.

wöhnlichen Gebrauch des Wortes »grammatisch« macht Wittgenstein darauf aufmerksam, daß der von Kant als Konstitution bezeichnete Vorgang sich in erster Linie als sprachliche Konstitution vollzieht. Die Sprache ist es, die »unsere Erfahrung in bestimmte Kanäle leitet [...]« (BGM IV, § 33).

Im § 251 der *Philosophischen Untersuchungen* trifft Wittgenstein die Unterscheidung zwischen *Erfahrungssätzen* und *grammatischen* bzw. *grammatikalischen* Sätzen. Ein grammatischer Satz wird von ihm auch als ein Satz a priori bezeichnet. Mit einem grammatischen Satz wird nicht nur über die Objekte der Erfahrung gesprochen, sondern auch über die Bedingungen, die einen Vergleich des Satzes mit der Wirklichkeit erst ermöglichen (vgl. PG, § 45). Wittgenstein formuliert:

»Die Grammatik ist keiner Wirklichkeit Rechenschaft schuldig. Die grammatischen Regeln bestimmen erst die Bedeutung (konstituieren sie) und sind darum keiner Bedeutung verantwortlich und insofern willkürlich« (PG, § 133).

Der Begriff »Grammatik« bezieht sich in der zitierten Passage auf die philosophische Grammatik, welche die Konstitution der Gebilde der menschlichen Welt in der Sprachpraxis analysiert. Den Ausdruck »Bedeutung« benutzt Wittgenstein an dieser Stelle im Sinne der klassischen Bedeutungstheorien, dort heißt der einem Wort ›entsprechende‹ Gegenstand Bedeutung. Die »grammatischen Regeln«, welche die Gegenstände als Bedeutungen erst konstituieren, werden selbst in einer gemeinsamen Praxis konstituiert.

Betrachten wir einige Beispiele. Der Satz »Alle Gegenstände beharren« teilt uns nicht einfachhin einen empirischen Sachverhalt mit. Er behauptet nicht einfach, daß es auf der ganzen Welt keinen Gegenstand gibt, der nicht beharrt. In seinem *grammatischen* Sinn ist dieser Satz weder wahr noch falsch (vgl. PG, § 68). Er sagt nämlich etwas darüber, wie wir das Wort »Gegenstand« gebrauchen. Wir gebrauchen es nämlich so, daß wir uns einen Gegenstand, der nicht beharrt, überhaupt nicht vorstellen können. Auf diese Weise ›regelt‹ der Gebrauch des Wortes unsere Erfahrung der Wirklichkeit; er sagt uns, was Gegenstände sind, denn »die Verbindung zwischen ›Sprache und Wirklichkeit‹ ist durch die Worterklärungen gemacht« (PG, § 55).

Inwiefern nun sagt uns der Gebrauch der Sprache, was Gegenstände sind? Es scheint doch vielmehr, als müsse man, um über Gegenstände sprechen zu können, schon wissen, was Gegenstände sind bzw. was etwas für ein Gegenstand ist. Läßt sich ein Beispiel finden, welches demonstriert, daß erst die Sprache uns sagt, was etwas für ein Gegenstand ist? Betrachten wir einmal das Problem der *Referenz*.

In vielen Fällen – nicht in allen – beziehen wir uns mit Wörtern auf Gegenstände. Wie machen wir das? Spricht nicht bereits die Möglichkeit der sprachlichen Bezugnahme auf einen Gegenstand für eine realistische, abbildtheoretische Sprachauffassung? Nicht ohne Grund steht die *Sprachhandlung* der Referenz im Mittelpunkt der meisten realistischen Sprachtheorien. Man neigt in vielen Fällen dazu, etwa in der modelltheoretischen Semantik, sich das Funktionieren der gesamten Sprache nach dem Muster der Referenz vorzustellen. Die einfachsten Fälle sind diejenigen, bei denen wir uns direkt mit einem Wort auf einen Gegenstand beziehen können; so z. B. mit einfachen Substantiven wie »Tisch«, »Stuhl« oder »Baum«. Angesichts derartiger Fälle, es sind die einfachsten, spricht man auch von singulärer Referenz. Der bloße Hinweis darauf, daß wir uns eben mit einem Wort wie »Tisch« auf einen Tisch beziehen, sagt nicht viel und setzt bereits voraus, was noch zu klären ist.

Wittgenstein diskutiert das Referenzproblem im Zusammenhang mit der *ostensiven* Definition. Mittels einer hinweisenden Definition können wir jemandem, der noch nicht weiß, worauf ein Wort sich bezieht, die ›Bedeutung‹ dieses Wortes erklären, d. h. wir können ihm zeigen, worauf sich das Wort bezieht. Fragt er uns, was das Wort »Tisch« bedeutet, so zeigen wir auf einen Tisch und sagen: »Dies ist ein Tisch«. Damit nun, so könnte man meinen, sei der Fall abgetan. Doch selbst in diesem einfachen Fall verhält es sich komplizierter, als es auf den ersten Blick aussehen mag. Die bloße Zeigehandlung und die sie begleitenden Worte sagen recht wenig. Um mit Wittgenstein zu reden, »die hinweisende Definition kann in *jedem* Fall so und anders gedeutet werden« (PU, § 28). Jemand, der mittels einer hinweisenden Definition in den Gebrauch eines Wortes eingeführt werden soll, kann nicht wissen, ob wir uns mit der Zeigehandlung auf den ganzen Tisch beziehen oder ob wir nur seine Beine oder seine Oberfläche meinen. Alle diese Möglichkeiten bleiben offen, man kann – darauf läuft Wittgensteins Bemerkung hinaus – die ostensive Definition auf verschiedene Weisen deuten.[15] Damit die ostensive Definition funktionieren kann, muß bereits eine ganze Sprache gegeben sein, in der das Wort, welches mittels einer ostensiven Definition eingeführt werden soll, seinen Platz hat (vgl. PU, § 29). Die Sprache erst sagt uns, wie wir uns mit einem Wort auf einen Gegenstand beziehen und wie wir die Sprache mit der Wirklichkeit vergleichen können. Selbst mit einer hinweisenden Definition, wo wir geneigt sind zu glauben, die Zeigehandlung ermögliche einen direkten Zugriff auf die Wirklichkeit, können wir die Sprache nicht verlassen.

Die Individuation eines Gegenstandes, die vorausgesetzt werden muß, damit eine ostensive Definition verstanden werden kann, ist selbst schon grammatischer Natur. Nur dann, wenn wir die Sprache beherrschen, wissen wir, daß wir mit dem Wort »Tisch« den ganzen Tisch meinen und nicht nur seine Beine oder seine Oberfläche. In diesem Sinn ist die Behauptung, daß sich die Möglichkeit der Referenz erst innerhalb einer im Ganzen gegebenen Sprache herstellt, daß die Konstitution der Objekte unserer Erfahrung durch unsere grammatische Praxis geregelt wird, richtig. »Welche Art von Gegenstand etwas ist, sagt die Grammatik« (PU, § 373).

In welchem Verhältnis stehen Wittgensteins Ausführungen zum linguistischen Relativismus? Wittgenstein ist kein Vertreter der vor allem in der Ethnolinguistik verfochtenen These von der sprachlichen Relativität. Seine Überlegungen zur Konstitution der Welt durch Sprache wurden oftmals in diesem Sinne interpretiert, seine gesamte Philosophie gilt vielen Autoren als relativistisch.[16] In seinen *Bemerkungen über die Philosophie der Psychologie* schreibt Wittgenstein:

»Es ist eine wichtige Tatsache, daß wir annehmen, es sei immer möglich, Menschen, die eine andere Sprache als die unsere besitzen, unsere zu lehren. Darum sagen wir, ihre Begriffe seien die gleichen, wie unsere« (BPP I, § 664).

15 Diese Beobachtung führte Quine, der immanente Kritik am empiristischen Paradigma in der Bedeutungstheorie übt, zu seiner spektakulären These von der »Unerforschlichkeit der Referenz«. Vgl W. V. O. Quine, *Ontologische Relativität und andere Schriften*, Stuttgart 1975, S. 56.

16 Vgl. z. B. F. v. Kutschera, *Sprachphilosophie*, München 1975, S. 331; ferner G. Seebaß, *Das Problem von Sprache und Denken*, Frankfurt am Main 1981, S. 380-439.

Ein Relativist würde dieser Behauptung nicht zustimmen können. Er würde vielmehr davon ausgehen, daß die Begriffe anderer Menschen von den unsrigen verschieden seien. In der zitierten Passage formuliert Wittgenstein ein hermeneutisches Sinnkriterium, an welchem er festhält. Relativistische Positionen hingegen versuchen es zu unterlaufen. Um Differenzen im Weltbild verschiedener Sprecher ausmachen zu können, müssen weitreichende Gemeinsamkeiten immer schon unterstellt werden. Dabei sind die Gemeinsamkeiten das Entscheidende und nicht die hier und da auch noch einzuräumenden Differenzen. Der Relativist nimmt zudem an, wir seien vollständig in unserer jeweiligen Sprache und in den durch sie nahegelegten Denkschemata gefangen und die Sprache fungiere als eine Art Korsett oder als eine fest mit uns verbundene ›Erfahrungsbrille‹. Wittgenstein dagegen thematisiert an einigen Stellen die Möglichkeit der Einführung und Herausbildung »neuer Sprachspiele« (vgl. BGM IV, § 23; PU, § 23). Hätte der Relativist recht und könnten wir die uns vorgegebenen Muster nicht auch durchbrechen, könnte es niemals zur Herausbildung neuer Sprachmöglichkeiten kommen. Einzelne Begriffe sind zwar *relativ* zum Ganzen unserer Sprache zu verstehen; einzelne Sprachhandlungen – z. B. die Referenz – machen nur innerhalb unserer ganzen Sprache Sinn, insofern funktionieren auch sie nur relativ zum Ganzen unserer Sprache. Die Rede von »relativ« impliziert allerdings keinen Kulturrelativismus, sie muß im Sinn eines sprachphilosophischen Holismus verstanden werden. Wenn Wittgenstein die Verschiedenheit einzelner Sprachspiele und Lebensformen dennoch thematisiert, so geht es ihm nicht darum, Argumente für den relativistischen Charakter einzelner Lebensformen und gegen eine an den allgemeinen Formen des menschlichen Lebens ausgerichtete Anthropologie zu formulieren. Gegen allzu leichtfertige Verallgemeinerungen und den insbesondere für die okzidentale Rationalität charakteristischen Hang, alles Besondere einem Allgemeinen zu subsumieren, bleibt er an der Vielfältigkeit des Einzelnen orientiert. Ihm an dieser Stelle einen hermeneutischen oder gar moralischen Relativismus zu unterstellen, ist falsch.

Hat die Auseinandersetzung mit der Philosophie Wittgensteins deutlich machen können, daß seine Überlegungen im Sinne einer sprachkritisch transformierten Philosophie der Praxis zu lesen sind? Läßt sich das Praxisverständnis der Praxisphilosophen auf der einen Seite und Wittgensteins auf der anderen Seite aufeinander beziehen? Die Interpretation hat drei systematische Gründe für die praxisphilosophische Rekonstruktion Wittgensteins genannt: (1.) *wird die Sprache als Praxis aufgefaßt*, (2.) *ist der Sprachbegriff Wittgensteins materialistisch, d. h. die Sprache wird in ihrer Verbindung mit anderen Grundformen des menschlichen Lebens betrachtet*, und (3.) *ist die Sprache eine für die Welterfahrung des Menschen konstitutive Praxis*. Alle drei der genannten Aspekte sind strukturell charakteristisch für den praxisphilosophischen Ansatz. Wittgenstein führt konstitutionstheoretische Analysen auf intersubjektivitätstheoretischer Grundlage aus. Damit löst er praxisphilosophische Denkmuster von einer monologischen Begrifflichkeit los. Bislang wurde der Praxisbegriff bei Wittgenstein allerdings nur in seiner Bedeutung für die Welterschließung betrachtet, offen blieb die Frage, ob diesem Begriff auch eine emanzipatorische Funktion zukommt. Erst wenn auch diese Frage bejaht werden kann, ist unser Rekonstruktionsvorschlag vollständig abgedeckt. Der folgende Abschnitt beschäftigt sich mit dem therapeutischen Aspekt der Philosophie Wittgensteins. Im Anschluß an seine Bestimmung der Philosophie als Therapie läßt sich die emanzipatorische Dimension der Sprachkritik herausarbeiten. Damit erhält man einen weiteren Anknüpfungspunkt für eine gesellschaftstheoretisch relevante Lektüre seiner Sprachkritik.

4. Philosophie als Therapie. Zur gesellschaftstheoretischen Dimension der Sprachkritik

Menschliche Praxis ist in der Philosophie Wittgensteins nicht nur in der Perspektive eines sprachanalytischen Pragmatismus Thema. In ihr geht es auch *um* diese Praxis, sie ist darauf in ›ethischer‹ Hinsicht bezogen. Mit Bertolt Brecht läßt sich auch die Philosophie von Wittgenstein – und nicht nur diejenige von Marx – als *eingreifendes Denken* bezeichnen. Es kennzeichnet Wittgensteins Verständnis der Philosophie, sie als eine auf das Leben und Zusammenleben der Menschen bezogene *Tätigkeit* aufzufassen und nicht bloß als eine theoretische Lehre. Er trifft sich daher nicht nur auf der Grundlage seiner pragmatischen Konzeption einer als Praxis verstandenen Sprache mit den Praxisphilosophen, sondern auch mit seinem Verständnis der Philosophie im allgemeinen.

Als Tätigkeit *kämpft* die Philosophie gegen die Verhexung des Verstandes durch die Mittel unserer Sprache (vgl. PU, § 109), sie entdeckt die »Beulen, die sich der Verstand beim Anrennen an die Grenze der Sprache geholt hat« (PU, § 119). Mit solchen Wendungen formuliert Wittgenstein immer wieder von Neuem die Intention und die Zielrichtung seiner Philosophie. Sie richtet sich auf die Analyse der Mechanismen sprachlicher Hypostasierung. Diese Analysen dienen zum einen der Korrektur bestimmter sprachphilosophischer Vorstellungen, z. B. derjenigen, die im Umfeld des Wiener Kreises vertreten wurden, zum anderen aber geht es auch um die Befreiung von verdinglichten Verständnissen des menschlichen Lebens, und zwar solcher, die durch verfehlte Sprachverständnisse nahegelegt werden. Kritisch ist die Philosophie Wittgensteins einerseits als *Philosophiekritik*, andererseits ist sie es als eine direkt auf das Leben der Menschen bezogene Kritik. Als Philosophiekritik ist sie aber keineswegs der positivistischen Abschaffung der Metaphysik bzw. aller nicht sich lediglich mit formalen Prinzipien der Logik befassenden Philosophie verpflichtet, wie es viele Interpreten nahelegen.[17] Ganz im Gegenteil: Wittgenstein hat zwar die der Sprachkritik immanente Dialektik der Selbstaufhebung der Philosophie immer wieder bedacht, doch ohne dabei die Abschaffung angeblich metaphysischer Philosophie zu predigen.

»Aber, wenn so der allgemeine Begriff der Sprache, sozusagen, zerfließt, zerfließt da nicht auch die Philosophie? Nein, denn die Aufgabe der Philosophie ist nicht, eine neue, ideale Sprache zu schaffen, sondern den Sprachgebrauch unserer Sprache – der bestehenden – zu klären. Ihr Zweck ist es, besondere Mißverständnisse zu beseitigen; nicht, etwa, ein eigentliches Verständnis erst zu schaffen« (PG, § 72).

Wichtiger als dieser aus dem tätigen Charakter der Philosophie selbst resultierende philosophiekritische Impuls ist die auf das Leben der Menschen bezogene *therapeutische* Funktion, die Wittgenstein der Sprachkritik einräumt:

»Der Philosoph behandelt eine Frage; wie eine Krankheit« (PU, § 255).
»Es werden Probleme gelöst (Schwierigkeiten beseitigt), nicht *ein* Problem. Es gibt nicht *eine* Methode der Philosophie, wohl aber gibt es Methoden gleichsam verschiedene Therapien« (PU, § 133).

17 So z. B. W. Schulz, *Wittgenstein. Die Negation der Philosophie*, Pfullingen ²1979, S. 106.

Die therapeutischen Maßnahmen der Sprachkritik in Wittgensteins Sinn bestehen in der Zurückführung der Wortbedeutungen von ›ihrer metaphysischen auf ihre alltägliche Verwendung‹ (vgl. PU, § 116). Die Sprache und mit ihren verschiedenen Verwendungsweisen verbundene Bilder werden auf ihren Ursprung in der menschlichen Praxis zurückgeführt. Die konstitutionsanalytische Zurückführung der Gebilde der menschlichen Welt auf die menschliche Praxis bringt die Erzeugnisse menschlicher Praxis erneut in einen Zusammenhang mit dem menschlichen Handeln. Therapeutisch ist dieses Verfahren, da auf diese Weise mit der ›Macht der Gebilde‹ entstandene und verbundene Deformationen aufgelöst werden sollen. Diese Deformationen können recht unterschiedlicher Art sein: sie reichen von lebenspraktisch bedeutsamen Mißverständnissen einzelner Wörter über falsche Verständnisse der Sprache im allgemeinen bis hin zur Verzerrung von Kommunikationssituationen.

Wenn Wittgenstein die Philosophie als Therapie auffaßt, so erkennt er ihr eine emanzipatorische Funktion zu. Ihre Aufgabe besteht in der Befreiung des Menschen von falschen Verständnissen seiner selbst und seiner Sprache. Therapeutische Handlungen lassen sich als Paradigmen emanzipatorischer Praxis verstehen. Der emanzipatorische Aspekt des therapeutischen Umgangs bleibt zunächst auf einzelne Individuen beschränkt. Werden die Analogien zur Praxisphilosophie nicht überstrapaziert? Besitzt die therapeutische Dimension der Philosophie im Sinne Wittgensteins überhaupt eine gesellschaftskritische Reichweite?

Ist die Sprachkritik nicht eine Form philosophischer Therapie, die nur dem Philosophen anempfohlen werden muß, der im Trüben seiner sprachlichen Hypostasen fischt und der Macht des subsumtionslogischen Denkens verfallen ist? Die Sprache prägt in einem ungleich höheren Maß die Verständnisse und Vollzüge unseres Lebens, als es sich dem naiven Denken auf den ersten Blick darstellt.

Die Reichweite der Verzerrungen und Deformationen, die sich aus einem falschen Verständnis unserer Sprache ergeben, ist groß. Die therapeutische Funktion der Sprachkritik betrifft keineswegs nur die Philosophen, auch das ›alltägliche Bewußtsein‹ ist der Macht der Sprache unterlegen.

Eine ähnlich gelagerte Form der Sprachkritik wie bei Wittgenstein findet sich auch bei Marx. Sprachliche Hypostasierungen sind in seinem Verständnis allerdings als Folge der realen Verselbständigung gesellschaftlicher Verhältnisse anzusehen, wie sie Entfremdungstheorem und die Diagnose des Warenfetischismus beschreiben. Marx schreibt:

»Alle Verhältnisse können in der Sprache nur als Begriffe ausgedrückt werden. Daß diese Allgemeinheiten und Begriffe als mysteriöse Mächte gelten, ist eine notwendige Folge der Verselbständigung der realen Verhältnisse, deren Ausdruck sie sind. Außer dieser Geltung im gewöhnlichen Bewußtsein erhalten diese Allgemeinheiten noch eine besondere Geltung und Ausbildung von den Politikern und Juristen, die durch die Teilung der Arbeit auf den Kultus dieser Begriffe angewiesen sind und in ihnen, nicht in den Produktionsverhältnissen, die wahre Grundlage aller realen Eigentumsverhältnisse sehen« (MEW 3, 347).

Auch Marx empfiehlt denjenigen, welche dem »Kultus der Begriffe« verfallen sind, die Zurückführung der Begriffe auf ihren alltäglichen Gebrauch:

»Die Philosophen hätten ihre Sprache nur in die gewöhnliche Sprache, aus der sie abstrahiert ist, aufzulösen, um sie als die verdrehte Sprache der wirklichen Welt zu erkennen und einzusehen, daß weder die Gedanken noch die Sprache für sich ein eignes Reich bilden; daß sie nur *Äußerungen* des wirklichen Lebens sind« (MEW 3, 432 f.).

Mit diesen Bemerkungen wendet Marx seine Grundkonzeption, die er zunächst paradigmatisch mit der Analyse der Ware entwikkelt, auf die Sprache an. Abgesehen von der Parallele in der *Sprachkritik* läßt sich die Marxsche Ideologie- und Gesellschaftskritik insgesamt im Sinne einer therapeutischen Maßnahme verstehen. Die Entsprechungen zwischen institutionellen Zwängen auf gesellschaftlicher Ebene und neurotischen Verhaltensweisen auf individueller Ebene sind auffällig: In beiden Fällen werden der Kritik entzogene und starre Verhaltensmuster produziert.
Wittgenstein erblickt in der Philosophie ein Instrument zur Auflösung von Schwierigkeiten; es geht ihm dabei nicht einfach um die Auflösung theoretischer Rätsel, sondern er versteht die Philosophie als praktische Arbeit an der Befreiung von durch unsere Sprache nahegelegten Mißverständnissen. Als Therapie ist die Philosophie selbst eine Praxis. Der therapeutischen Praxis ist es wesentlich, sich auf die (Wiedererlangung der) Autonomie des anderen Menschen zu richten. Es handelt sich um eine Praxis, der ein emanzipatorischer Sinn innewohnt. Als auf die Autonomie

anderer bezogene Verständigung ist das therapeutische Gespräch Muster des *Gesprächs* überhaupt. Gespräche richten sich, zumindest wenn die ihnen immanente Idee ernst genommen wird und man an den Idealfall denkt, auf die Autonomie des Anderen. Sprache in diesem Sinn ist bei Wittgenstein nicht nur konstitutiv für die Welterfahrung des Menschen, als Therapie und Gespräch besitzt sie eine emanzipatorische Funktion.

Die therapeutischen Maßnahmen der Philosophie richten sich auf die Befreiung der Menschen von ihren Erzeugnissen. Die Verstrickung der Menschen in das »Netz der Sprache« (vgl. PG, 462) läßt sich freilich nicht auflösen; was sich auflösen läßt – zumindest in Teilen –, sind die Deformationen, die sich aus dieser Verstrikkung ergeben können. »Was ist dein Ziel in der Philosophie? – Der Fliege den Ausweg aus dem Fliegenglas zu zeigen« (PU, § 309). Dieses Bild bringt den emanzipatorischen Anspruch der Philosophie Wittgensteins zum Ausdruck. Die Fliege im Glas, das ist nicht nur der sich in die Aporien der Bewußtseinsphilosophie verstrickende Solipsist, sondern sie steht für all jene, die im Dunkel ihrer sprachlichen Hypostasen gefangen sind. Der Ausweg aus dem Fliegenglas ergibt sich mit der Befreiung von verdinglichten Verständnissen, wie sie durch eine falsche Betrachtung der Sprache nahegelegt werden. Lassen sich die Mechanismen und die Struktur sprachlicher Fehldeutungen konkretisieren? Läßt sich der kritische Sinn der als Therapie verstandenen Philosophie noch deutlicher ausarbeiten? Ergeben sich Parallelen zum Zusammenhang von welterschließender Funktion sowie emanzipatorischem Sinn des Praxisbegriffs und der Entfremdungstheorie bei Marx und Lukács?

»Die Philosophie stellt eben alles bloß hin, und erklärt und folgert nichts« (PU, § 126).
»Sie läßt alles, wie es ist« (PU, § 124).

Kann angesichts derartiger Bemerkungen überhaupt von einem kritischen Sinn der Philosophie Wittgensteins gesprochen werden? Weisen sie nicht die Aufgabe kritischer Analyse zumindest für die Philosophie ganz entschieden zurück? Für Herbert Marcuse waren solche Bemerkungen der Anlaß, in Wittgensteins Philosophie einen »Triumph des positiven Denkens«[18] zu erblicken.

18 H. Marcuse, *Der eindimensionale Mensch. Studien zur Ideologie der*

Das Diktum Marcuses blieb lange Zeit bestimmend in den Kreisen marxistisch orientierter Gesellschaftstheoretiker und ersetzte weithin die Auseinandersetzung mit dem sprachanalytischen Denken überhaupt. Urteile, wie das von Marcuse, wird heute niemand mehr allen Ernstes fällen wollen; sie waren Resultate oberflächlicher Wahrnehmung und – dabei ist an den Positivismusstreit zu erinnern – schulspezifischer Verhärtungen.
Vergegenwärtigen wir uns, wie Wittgenstein die Aufgabe seiner Philosophie bestimmt:

»Die Philosophie ist ein Kampf gegen die *Verhexung* unsres Verstandes durch die Mittel unserer Sprache« (PU, § 109; Hervorhebung CD).

Diese Passage enthält im Kern eine Auffassung von der Philosophie, die sich der praktischen und kritischen Dimension des Philosophierens inne ist. In ihr findet man einen Hinweis auf den verdinglichungskritischen Sinn der Sprachkritik. Nicht nur Aufklärung und Kritik gehören zu den Aufgaben der Philosophie, sondern sie ist ein *Kampf*, d. h. sie tritt von vornherein nicht bloß als theoretisches Unterfangen auf, sondern auch als eine auf praktische Veränderungen abzielende Auseinandersetzung mit der Sprache als einer Grundform der menschlichen Praxis. Auffällig in der zitierten Passage ist der Gebrauch des Wortes »Verhexung«, es gehört in das gleiche Wortfeld wie der Begriff des Fetischismus. Dieser leitet sich her von dem portugiesischen Wort »feitiço«, was soviel bedeutet wie »Zauber« und ursprünglich »nachmachen« hieß. Was verzaubert ist, so kann man in vielen Fällen sagen, das ist verhext. Beide Wörter lassen sich nicht immer synonym verwenden. Im Gegensatz zu »verhext« haben die Worte »Zauber« bzw. »verzaubert« im Deutschen auch positive Konnotationen. Wie weit reichen die Gemeinsamkeiten zwischen Marxens Kritik des Warenfetischismus, den Analysen zur Verdinglichung des Bewußtseins von Lukács und Wittgensteins Kampf gegen die Verhexung des Verstandes durch die Mittel der Sprache?
Marx verortete die Fetischisierung im ökonomischen Bereich, Lukács übertrug sie als Verdinglichung auf alle Bereiche des gesellschaftlichen Lebens und schließlich die Philosophie selbst, Wittgenstein sieht sie in der Verselbständigung menschlicher Sprachhandlungen am Werke.

fortgeschrittenen Industriegesellschaft, Darmstadt/Neuwied 1967, S. 184 ff., vor allem S. 198.

Der *ökonomische Fetischismus* ergab sich in dem Moment, in dem die menschliche Praxis nicht mehr als eine die ökonomischen Verhältnisse hervorbringende in den Blick treten konnte und die ökonomischen Verhältnisse ihrerseits die Steuerung des menschlichen Lebens übernahmen. Ähnlich wird das Wort »Fetischismus« zur Beschreibung religiöser und kultischer Praktiken gebraucht: ein Fetisch ist etwas, was die Menschen selbst gemacht haben, z. B. ein Götzenbild, dem sie sich unterwerfen und welches sie anbeten und angesichts dessen sie verkennen, daß sie selbst es waren, welche das angebetete Gebilde in ihrer Praxis hervorgebracht haben.
Für Wittgenstein liegt die Wurzel aller Fetischisierung in der Sprache. Er bekämpft und diagnostiziert *semantische Fetischismen*. Zum Zwecke der Rekonstruktion der Verdinglichungskritik Wittgensteins ist es sinnvoll, zwei in diesem Zusammenhang relevante Phänomene zu unterscheiden: Zum einen die durch die Sprache nahegelegten Verdinglichungen, die sich ergeben, wenn die Sprache ›feiert‹, d. h. nicht mehr in den Kontexten, in denen sie gebraucht wird, angesiedelt werden kann und davon unabhängig eine Bezeichnungsfunktion zu erfüllen scheint; zum anderen die Verdinglichung der Sprache selbst, die in vielen wissenschaftlichen Theorien von der Sprache vorliegt und die sich dann ergibt, wenn die Sprache nicht mehr als eine Form der menschlichen Praxis verstanden wird. Diese beiden Aspekte lassen sich natürlich nicht in der Weise trennen, wie die soeben getroffene Unterscheidung nahelegt. Sie sind vielmehr eng miteinander verbunden bzw. ergeben sich auseinander.
Auch das Marxsche Fetischtheorem im Kontext seiner Ökonomiekritik zielte auf zwei Aspekte: Zum einen auf die Analyse der Verdinglichung der ökonomischen Verhältnisse selbst, zum anderen auf die Kritik der Politischen Ökonomie. Diese wird kritisiert, weil sie als theoretische Darstellung ökonomischer Praxis die dort faktisch vorliegenden ›Realverdinglichungen‹ reproduziert. Im Anschluß an Marx lassen sich zum einen die durch die ökonomischen Verhältnisse nahegelegten Formen der Verdinglichung aufweisen, wie z. B. die Verdinglichung des Menschen, zum anderen ist die Verdinglichung der ökonomischen Verhältnisse selbst Thema. Letztere ist der Aufhänger für Marxens Kritik der Politischen Ökonomie, der Ökonomie als einer Wissenschaft, in der die ›pragmatische‹ Dimension, in der die ökonomischen Verhältnisse sich herausbilden, nicht mehr erkannt wird. In der wirtschaftli-

ches Handeln nicht mehr als eine Praxis erscheint, sondern die menschlichen Handlungen sich zu theoretischen Kategorien verselbständigt haben, welche den Schein der Unabhängigkeit der ökonomischen Verhältnisse von den Menschen befestigen.
Eine ähnliche Struktur findet sich in den Überlegungen Wittgensteins. Bestimmte Auffassungen vom Wesen unserer Sprache führen zu den Verdinglichungen mittels der Sprache. Auffassungen, welche die Sprache nicht mehr als eine Form der Praxis und nicht mehr in ihrem Zusammenhang mit der Praxis begreifen. Dies gilt z. B. für viele der in der einen oder anderen Weise strukturalistischen Sprachtheorien. Dort wird die *Sprache* zu einem Regelsystem verdinglicht und strikt von der *Rede* als sprachlicher Praxis unterschieden. Sprachliche Praxis wird nur noch an den Rändern der Sprachtheorie mitbedacht. Derartige Auffassungen sind Wittgenstein zufolge verantwortlich dafür, daß die Sprache ›feiert‹.
Wittgenstein behandelt die durch ein falsches Verständnis vom Wesen der Sprache hervorgerufenen und reproduzierten Verdinglichungen, die unseren Verstand behexen, im Kontext seiner Kritik an einer *Namenstheorie der Bedeutung*. Im § 1 der *Philosophischen Untersuchungen* nennt er stellvertretend für eine derartige Sprachkonzeption Augustinus. Die einschlägigen Annahmen einer solchen Konzeption sind im wesentlichen auch noch in den gegenwärtigen Sprachtheorien enthalten. Die strukturalistische Linguistik wurde bereits mehrfach erwähnt, als ihr avanciertestes theoretisches Modell kann die Chomskysche Syntaxtheorie gelten. Bedeutungstheoretische Vorstellungen strukturalistischer Art findet man in den verschiedenen Varianten einer modelltheoretischen Semantik, man denke etwa an die Theorien R. Montagues oder M. Cresswells.
Eine Namenstheorie der Bedeutung behandelt alle Wörter einer Sprache so, als seien es Namen, die Gegenstände bezeichnen. Bedeutungen gelten dann als die Gegenstände, welche von den Wörtern bezeichnet werden. Hat man einmal acht auf die Worte, mit welchen Wittgenstein die genannte Auffassung kritisiert, so gewinnt man in der Tat den Eindruck, daß er einen semantischen Fetischismus beschreibt:

»Dies hängt mit der Auffassung des Benennens als eines, sozusagen *okkulten* Vorgangs zusammen. Das Benennen erscheint als eine *seltsame* Verbindung eines Wortes mit einem Gegenstand. – Und so eine *seltsame* Verbindung hat wirklich statt, wenn nämlich der Philosoph, um herauszubringen, was *die* Beziehung zwischen Namen und Benanntem ist, auf einem Gegenstand vor sich starrt und dabei unzählige Male einen Namen wiederholt oder auch das Wort ›dieses‹. Denn die philosophischen Probleme entstehen, wenn die Sprache *feiert*. Und da können wir uns allerdings einbilden, das Benennen sei irgendein *merkwürdiger* seelischer Akt, quasi eine *Taufe* des Gegenstandes« (PU, § 38).

Okkult, seltsam, merkwürdig, feiern, einbilden, Taufe – mit diesen (im Zitat von mir hervorgehobenen) Worten würde vielleicht ein Ethnologe den Ritus eines Naturvolkes beschreiben, in dessen Mittelpunkt die Anbetung eines Fetisches stünde.
Die Namenstheorie der Bedeutung ist, zumal wenn man sie als eine allgemeine Theorie der Sprache versteht, einem semantischen Fetischismus verfallen. Wittgensteins Bestimmung der Sprache als Tätigkeit weist die Rede und Vorstellung von als zusätzlichen Entitäten verstandenen Bedeutungen verdinglichungskritisch zurück:

»Es ist wichtig, festzustellen, daß das Wort ›Bedeutung‹ sprachwidrig gebraucht wird, wenn man damit das Ding bezeichnet, das dem Wort ›entspricht‹« (PU, § 40).

Wo liegen die Konsequenzen einer Theorie, in der alle Wörter einer Sprache behandelt werden, als seien es Namen? Auf welche Weise verbinden sich mit falschen Vorstellungen vom Funktionieren unserer Sprache durch die Sprache nahegelegte Verdinglichungen? Kann der Analyse der Mechanismen sprachlicher Verdinglichung angesichts der auch außersprachlich erfahrbaren verdinglichten und entfremdeten Verhältnisse, in denen die Menschen leben, ein ähnlich weitreichender Stellenwert zuerkannt werden, wie er der Marxschen und Lukácsschen Analyse dieser Phänomene zukommt? Wo liegen die systematisch wichtigen Verbindungen?
Bei der Analyse des Zusammenhangs von Arbeit und Sprache als Grundformen menschlicher Praxis in ihrer konstitutionstheoretischen Bedeutung sowie ihres emanzipatorischen Sinns und einer Theorie der Entfremdung bzw. Verdinglichung war die These leitend, daß die Analyse ganz bestimmter Mechanismen und Strukturen innerhalb moderner Gesellschaften als Entfremdung und Verdinglichung *begrifflich* mit dem konstitutionstheoretischen Ansatz in der Gesellschaftstheorie verbunden ist. Bei Marx und Lukács steht die *Arbeit* im Vordergrund und beide formulieren

die Verdinglichungskritik auf ökonomischer Basis. Im Zentrum der Analysen Wittgensteins hingegen steht die *Sprache* als Grundform der Praxis und er beschreibt Phänomene sprachlicher Verdinglichung.
Die Philosophie kann verzerrte Formen des menschlichen Zusammenlebens selbstverständlich nicht (aus eigener Kraft) abschaffen; sie kann diese lediglich analysieren und Kritik an Verhältnissen, welche Arbeits- bzw. Gesprächssituationen deformieren, üben; dabei hat sie zu zeigen, daß die deformierenden Elemente unserer Sprach- und Arbeitspraxis den in diesen Praxisformen angelegten Autonomieidealen zuwiderlaufen. Sowohl Wittgenstein als auch Marx und die an ihn anknüpfenden Autoren haben die Lösung der Probleme, welche die Menschen bzw. die menschliche Gesellschaft bedrängen, mit einem Aufhören der Philosophie in Verbindung gebracht. Therapeutische Maßnahmen sind in der Regel dann nicht mehr erforderlich, wenn sie wirksam waren und das Ziel der Therapie erreicht werden konnte. Wittgenstein schreibt:

»Die eigentliche Entdeckung ist die, die mich fähig macht, das Philosophieren abzubrechen, wann ich will. – Die die Philosophie zur Ruhe bringt, so daß sie nicht mehr von Fragen gepeitscht wird, die sie *selbst* in Frage stellen« (PU, § 133).

In Frage gestellt hat auch Marx die Philosophie und zwar – womit sich eine tiefgreifende Beziehung zu der Bemerkung von Wittgenstein ergibt – mit philosophischen Fragen. Das Ende der Philosophie ist für beide mit der Realisierung des von der Philosophie Intendierten verbunden. Weder bei Marx noch auch bei Wittgenstein bekundet sich in dieser Erwartung eine antiintellektualistische Tendenz oder die Apologie eines blinden Aktionismus. In ihr drückt sich vielmehr die letztlich utopische Hoffnung und der normative Anspruch aus, daß Philosophie sich einmal überflüssig mache, dann, wenn die von ihr intendierte und die durch sie zu realisierende Aufklärung tatsächlich in die praktischen Verhältnisse der Menschen eingegangen sei.
Nun darf man die Philosophie nicht als schematisch applizierbares, ein den ›Fortschritt im Bewußtsein der Freiheit‹ herbeiführendes Instrument begreifen. Ihre Aufgabe besteht in einer kritischen Analyse, die als die Voraussetzung eines im engeren Sinne politischen Denkens und schließlich auch politischer Praxis ver-

standen werden muß, wobei sie für letztere bestimmte Konsequenzen nahelegt. An dieser Stelle hätte eine philosophische Theorie der Politik anzuknüpfen.

Es hat sich gezeigt, daß Wittgenstein die menschliche Praxis ähnlich wie Marx in das Zentrum seiner Überlegungen rückt. Gegen Interpretationen, welche den bedeutungstheoretischen Kontextualismus Wittgensteins im Sinne eines auch auf ethische und politische Fragen zurückwirkenden Relativismus und Traditionalismus verstehen, kann der Praxisbegriff Wittgensteins wie auch sein therapeutisches Verständnis der Philosophie den Ausgangspunkt für normative Überlegungen bilden, die sich bei ihm als sprachkritisch argumentierende Analysen zum Verdinglichungsproblem artikulieren. Bevor ich den bereits in der Auseinandersetzung mit Hegel angeführten Zusammenhang von Sprachkritik und Sozialphilosophie im Anschluß an Adorno vertiefe, möchte ich im nächsten Kapitel die Leistungsfähigkeit des praxisphilosophischen Paradigmas noch einmal grundsätzlich überdenken. Zu diesem Zweck erfolgt die Auseinandersetzung mit der Theorie des wohl prominentesten Kritikers der Praxisphilosophie: mit Jürgen Habermas. Habermas verdankt sich die sprachkritische Wende in der Gesellschaftstheorie, er hat deutlich gemacht, wo Korrekturen und Ergänzungen der älteren Tradition kritischer Theorie erforderlich sind. Angesichts der von mir vorgeschlagenen Lesart Wittgensteins[19] verlieren einige seiner Argumente, die vor allem die Verabschiedung von konstitutionstheoretischen Denkfiguren und der Verdinglichungstheorie betreffen, ihre Überzeugungskraft.

19 Zu Habermas' Wittgenstein-Rezeption vgl. H. Hastedt, »Das Projekt einer Kritischen Theorie im Spiegel von Wittgenstein«, in: *Allgemeine Zeitschrift für Philosophie* 16 (1991) 1, S. 49-58.

III. Vom ›Bewußtsein‹ zur ›Kommunikation‹. Jürgen Habermas und der Paradigmenwechsel in der Sozialphilosophie

In seinen Arbeiten zur Philosophie und Gesellschaftstheorie hat Habermas über die Jahre hinweg in immer unterschiedlichen Varianten Kritik an praxisphilosophischen Positionen geübt.[1] Mit der in der *Theorie des kommunikativen Handelns* (im folgenden zitiert als TKH) systematisch durchgeführten kommunikationstheoretischen Transformation der kritischen Gesellschaftstheorie haben die Argumente, die Habermas gegen die Praxisphilosophie vorbringt, eine Zuspitzung erfahren. Daß die mit den Begriffen »Bewußtseinsphilosophie« und »Subjektphilosophie« ausgefochtene Kritik an den klassischen Ansätzen zu einer Philosophie der Praxis eng mit den zentralen systematischen Anliegen der Habermasschen Theorie verbunden ist, hat Th. McCarthy deutlich artikuliert:

»Den Schlüssel zu Habermas' Ansatz stellt seine Verwerfung des ›Bewußtseinsparadigmas‹ und der mit ihm verbundenen ›Subjektphilosophie‹ zugunsten des durch und durch intersubjektivistischen Paradigmas des ›kommunikativen Handelns‹ dar.«[2]

Da die Theorie von Habermas für den ›linguistic turn‹ in der Sozialphilosophie einsteht, ihn gegen konstitutionstheoretische Denkfiguren und die klassische Verdinglichungskritik ausspielt, soll die Reichweite der im Zusammenhang mit der kommunikationstheoretischen Wende formulierten Argumente im folgenden überprüft und das begriffliche Niveau dieser Kritik erarbeitet werden.

Dabei werde ich nur die systematisch wesentlichen Aspekte der

1 Zuletzt am deutlichsten in J. Habermas, *Vorstudien und Ergänzungen zur Theorie des kommunikativen Handelns*, Frankfurt am Main 1984, S. 477 ff. (zitiert als VE) und in *Der philosophische Diskurs der Moderne. Zwölf Vorlesungen*, Frankfurt am Main 1985, S. 75-103 (zitiert als PDM).

2 Th. McCarthy, *Kritik der Verständigungsverhältnisse. Zur Theorie von Jürgen Habermas*, Frankfurt am Main 1980 u. 1989, S. 504.

Theorie von Habermas diskutieren[3]: *Rationalitätstheorie, Kritik der Subjektphilosophie* und die Differenzierung von *System* und *Lebenswelt.* Ich betrachte zunächst Habermas' rationalitätstheoretischen Einstieg in die Gesellschaftstheorie (1), bevor ich seine handlungstheoretischen und sprachphilosophischen Grundunterscheidungen behandele (2). Die Rationalitätstheorie ist als Korrektur eines einseitigen Rationalitätskonzepts einerseits und einer totalisierenden Vernunftkritik andererseits ernst zu nehmen. Sie ist zudem das zentrale Movens für die von Habermas vorgeschlagene Weise einer produktiven Aufnahme des ›linguistic turn‹, die ganz anders gelagert ist als jene, die sich im Anschluß an Wittgenstein entwickeln ließ. Habermas nutzt eine Theorie kommunikativer Kompetenz, um normative Orientierungen in der Gesellschaftstheorie zu begründen. Gravierende Einwände lassen sich gegen den aus den wissenschaftstheoretischen Prämissen und den sprachphilosophischen Grundthesen von Habermas folgenden Szientismus, Formalismus und Idealismus erheben (3). Sodann wird seine Kritik von Bewußtseins- (4) und Praxisphilosophie (5) im Vordergrund stehen. Seiner kritischen Destruktion bewußtseinsphilosophischer Fragestellungen ist im allgemeinen recht zu geben. Fragwürdig ist die Feinstruktur seiner Argumentation sowie deren umstandslose Übertragung auf praxisphilosophische Denkfiguren. Eine Diskussion der Unterscheidung von *System* und *Lebenswelt* schließt das vorliegende Kapitel ab (6). Eine ›schwache‹, analytische Version dieser Unterscheidung ist von großem diagnostischen Wert. Eine essentialistische Interpretation derselben allerdings gibt Grundannahmen und -einsichten der Tradition kritischer Theorie preis. Die nach dem von Habermas so massiv vorangetriebenen Paradigmenwechsel kritischer Sozialphilosophie einsetzende *dritte* Revision, die ich im Anschluß an Hegel und Wittgenstein skizziert habe, erweist sich auf diesem Hintergrund als ein Schritt, der die sprachkritische Modifikation der Praxisphilosophie mit der Bewahrung ihrer normativen Grundeinsichten verbindet.

3 Eine Gesamtdarstellung der Theorie und Theorieentwicklung von Habermas liefern neben der Arbeit von Th. McCarthy: H. Gripp, *Jürgen Habermas. Und es gibt sie doch – Zur kommunikationstheoretischen Begründung von Vernunft bei Jürgen Habermas*, Paderborn 1984; A. Honneth, *Kritik der Macht. Reflexionsstufen einer kritischen Gesellschaftstheorie* (mit einem neuen Nachwort) Frankfurt am Main 1989.

1. Rationalität, Rationalisierung und kritische Theorie

Die Formulierung einer differenzierten *Theorie der Rationalität* ist ein wesentliches Motiv der *Theorie des kommunikativen Handelns*.[4] Diese wird nicht um ihrer selbst willen und isoliert von anderen philosophischen Fragen konzipiert, sondern unmittelbar mit gesellschaftstheoretischen Fragestellungen verknüpft. Sie ist das Fundament der von Habermas formulierten Theorie der Moderne. Der rationalitätstheoretische Einstieg in die Analyse der Gesellschaft ergibt sich aus dem Ziel, eine Theorie zu entwickeln, »die sich bemüht, ihre kritischen Maßstäbe auszuweisen« (TKH 1, 7). In der Ausweisung der kritischen Maßstäbe besteht für Habermas die zentrale Differenz zu der klassischen kritischen Theorie. Diese habe sich »hinter die Linien des diskursiven Denkens« zurückgezogen (TKH 1, 516) und in die performativen Widersprüche einer überzogenen Vernunftkritik verwickelt. Habermas möchte die in erster Linie von Horkheimer und Adorno artikulierte Vernunftkritik »anschlußfähig« machen und mit rationalitätstheoretischen Mitteln reformulieren. Ohne das verkürzte Adorno-Verständnis von Habermas in extenso zu kritisieren[5], ist die Intention einer kritischen Grundlegung des Vernunftbegriffs gegen die verschiedenen Varianten einer totalen Vernunftkritik, die sich im Anschluß an Nietzsche und den späten Heidegger vor allem in Frankreich artikuliert hat, in systematischer Perspektive aufrechtzuerhalten und als Motiv der rationalitätstheoretischen Grundlegung kritischer Theorie anzuerkennen.

4 Darauf hat Habermas selbst wiederholt hingewiesen, so in Gesprächen mit A. Honneth, E. Knödler-Bunte und A. Widmann, veröffentlicht unter dem Titel »Dialektik der Rationalisierung«, in: *Die neue Unübersichtlichkeit. Kleine politische Schriften v*, Frankfurt am Main 1985, S. 167-208 (im folgenden zitiert als NU); zum Thema Rationalität vgl. auch H. Schnädelbach, »Transformation der kritischen Theorie«, in: A. Honneth/H. Joas (Hg.), *Kommunikatives Handeln. Beiträge zu Jürgen Habermas' »Theorie des kommunikativen Handelns«*, Frankfurt am Main 1986, S. 15-34.

5 Die Auseinandersetzung mit Adorno führe ich im nächsten Kapitel dieser Arbeit. Zur Interpretation der Philosophie Adornos im Rahmen einer Theorie der Rationalität vgl. A. Thyen, *Negative Dialektik und Erfahrung. Zur Rationalität des Nichtidentischen bei Adorno*, Frankfurt am Main 1989.

Für den rationalitätstheoretischen Einstieg in die Gesellschaftstheorie gibt es ein weiteres Motiv: eine Theorie der Gesellschaft muß rationalitätstheoretisch argumentieren, weil moderne Gesellschaften und ihre Organisation zunächst von Max Weber, sodann von zahlreichen anderen Theoretikern immer wieder mit den Begriffen »Rationalität« und »Rationalisierung« gekennzeichnet wurden. Ohne nun den gesamten kulturtheoretischen Ballast von Max Webers großer Rahmenthese von der Entzauberung der Welt durch Rationalisierung mitzuführen und der in einer jeden Theorie der Moderne kryptisch angelegten und selten direkt mitreflektierten Geschichtsphilosophie zu erliegen, läßt sich an die Auffassung, daß unsere Gesellschaften sich in erster Linie über Rationalitätsgesichtspunkte organisieren, anknüpfen. Vorsicht jedoch ist gegenüber den starken Interpretationen der Max-Weber-These geboten, für die die Entzauberung der Welt das entscheidende Stichwort wurde und die nun die Begriffe »Rationalität« und »Rationalisierung« als Messer benutzen, um einen glatten Schnitt zwischen modernen und vormodernen Weisen gesellschaftlicher Organisation auszuführen. Max Weber selbst hat eine solche Lesart begünstigt und auch die Theorie von Habermas entgeht dieser Gefahr nicht.

Mit den Mitteln einer kommunikationstheoretisch angelegten Theorie der Rationalität möchte Habermas gegen die Diagnose von M. Weber einerseits und gegen die Vernunftkritik von Horkheimer und Adorno andererseits auch die ›positiven‹ Seiten des Prozesses gesellschaftlicher Rationalisierung erfassen; jene Seiten, die Habermas 1981 – freilich nur mit Blick auf die westlichen Industrienationen – zu der Formulierung veranlaßten: »Es ist wirklich etwas besser geworden« (NU, 203). Horkheimer, Adorno und Weber beschreiben Habermas zufolge nur die negativen Seiten des Prozesses gesellschaftlicher Rationalisierung, da sie eine Identifikation von *Rationalisierung* und *instrumenteller Vernunft* vornehmen bzw. Rationalisierung als Sinnverlust deuten. Diese Identifizierung führt Habermas auf das bewußtseinsphilosophische Erbe der genannten Autoren zurück. Mit der Grundlegung eines kommunikationstheoretischen Rationalitätsbegriffs soll zwischen den negativen Folgen gesellschaftlicher Rationalisierung, der Verzerrung und Verdinglichung menschlicher Lebenszusammenhänge und den für gesellschaftliche Emanzipationsprozesse unerläßlichen Weisen der Ausdifferenzierung, die sich ebenfalls dieser Rationalisierung verdanken, unterschieden werden.

2. Handlungstheoretische Grundunterscheidungen, Sprachphilosophie und Theorie der Geltungsansprüche

Im ersten Kapitel der TKH stellt Habermas die Frage, was es bedeute zu sagen, »daß sich Personen in einer bestimmten Lage ›rational‹ verhalten« (TKH 1, 25). Diese Frage weist nicht nur darauf hin, daß wir das Prädikat »rational« faktisch verwenden und damit bestimmte Verhaltensweisen, die sich von anderen durch eben das, was das Prädikat zum Ausdruck bringt, unterscheiden, sondern gleichzeitig macht sie darauf aufmerksam, daß Rationalität, in welchen verzerrten Formen auch immer, in unser alltägliches Leben bereits eingearbeitet ist, worauf sich jeder theoretische Zugriff auf die Rationalitätsproblematik stützen muß:

> »Wir könnten uns der rationalen Binnenstruktur verständigungsorientierten Handelns nicht vergewissern, wenn wir nicht schon, gewiß nur fragmentarisch und verzerrt, die existierenden Formen einer auf symbolische Verkörperung und geschichtliche Situierung angewiesenen Vernunft vor uns hätten« (TKH 1, 9).

Diese immer schon in unseren alltäglich gelebten Verhältnissen verankerte Rationalität ist von einer Theorie der Rationalität auf den Begriff zu bringen. Deskriptiv ist diese Theorie, sofern sie Rationalität nicht vorbei an den gelebten Verhältnissen expliziert. Sie hat die Aufgabe einer »empirische[n] Analyse der Verkörperung und geschichtlichen Entwicklung von Rationalitätsstrukturen« (TKH 1, 17) zu übernehmen. Normativ ist sie, da es in ihr auch um die Explikation der formalen »Bedingungen der Rationalität« (ebd.) geht. In Anbetracht der komplementären Fehler, die ein faktizitätsblinder Idealismus und ein tatsachenbegeisterter Realismus begehen, ist der Hinweis auf den doppelten Anspruch einer Theorie der Rationalität ernst zu nehmen. Wie gelangt Habermas zu einer die normativen Grundlagen einer kritischen Theorie der Gesellschaft ausweisenden Rationalitätstheorie? Er muß zeigen, daß der in unseren Lebensverhältnissen beanspruchten Rationalität eine normative Kraft innewohnt, die sich dazu eignet, als Fundament der in Aussicht gestellten Theorie zu fungieren. Die *Theorie der Geltungsansprüche*, der Kern der Analyse kommunikativer Kompetenz, ist der wichtigste der dazu unternommenen Schritte.

Habermas unterscheidet zwei verschiedene Formen der Rationalität: *kognitiv-instrumentelle Rationalität*, die kennzeichnend für unsere zielorientierten Handlungen ist, und die *kommunikative Rationalität* (vgl. TKH 1, 28), sie ist charakteristisch für unser Sprachhandeln, in einem bestimmten Sinne für unser gemeinsames Handeln überhaupt. Diese Differenzierung ist insbesondere für das Habermassche Werk nicht neu. Mit ihr greift Habermas eine alte Unterscheidung auf, die seine Überlegungen von Anbeginn an geprägt hat: die zwischen *Arbeit* und *Interaktion.* Auch mit Blick auf die Geschichte der Philosophie ist diese Unterscheidung nicht neu, zu denken ist an die an der Wurzel aller Theorien des menschlichen Handelns und den damit verbundenen Rationalitätsformen liegende aristotelische Unterscheidung von Poiesis und Praxis.[6] Neu vielmehr ist der Versuch, Rationalität aus der Innenperspektive des kommunikativen Handelns heraus zu thematisieren und eine dort vorliegende Verknüpfung von Rationalität und normativem Anspruch nachzuweisen. Obschon sich die so vergegenwärtigte ›Normativität des Rationalen‹ auch auf bloß faktische und vorgegebene Orientierungen beziehen kann, versieht Habermas den Begriff der *kommunikativen Rationalität* mit einer ungeheuer emphatischen Komponente, die der Überschwenglichkeit des für die frühe kritische Theorie zentralen Versöhnungsgedankens im Grunde genommen in nichts nachsteht:

»Dieser Begriff *kommunikativer Rationalität* führt Konnotationen mit sich, die letztlich zurückgehen auf die zentrale Erfahrung der zwanglos einigenden, konsensstiftenden Kraft argumentativer Rede, in der verschiedene Teilnehmer ihre zunächst nur subjektiven Auffassungen überwinden und sich dank der Gemeinsamkeit vernünftig motivierter Überzeugungen gleichzeitig der Einheit der objektiven Welt und der Intersubjektivität ihres Lebenszusammenhanges vergewissern« (TKH 1, 28).

Es wird ein ganz ähnliches Bild gezeichnet, wie es z. B. bei Marx nur ein einziges Mal, nämlich im Bilde eines »Vereins freier Menschen«, einer sich selbst transparenten Produktions- und Lebens-

6 Vgl. dazu E. Vollrath, »Überlegungen zur neueren Diskussion über das Verhältnis von Praxis und Poiesis«, in: *Allgemeine Zeitschrift für Philosophie* 14 (1989), S. 1-26.

gemeinschaft, zur Sprache kommt.[7] Soweit also wird die normative Dimension kommunikativer Rationalität zunächst einmal vergegenwärtigt, wobei die normativen Maßstäbe ebensowenig bzw. ebenso ausgewiesen sind wie in anderen kritischen Philosophietraditionen, denen von Habermas vielerorts ein metaphysischer Vernunftsubstantialismus vorgeworfen wird, so etwa bei Hegel, Marx, Lukács, Horkheimer, Adorno, Marcuse oder Sartre.

Was sind die weiteren Schritte auf dem Wege zu einer Explikation der kommunikativen Rationalität? Rational nennt Habermas eine kommunikative Praxis dann, wenn die Teilnehmer einer Kommunikationssituation sich bei ihren Reden auf Gründe stützen, die einer zumindest potentiellen Anerkennung fähig sind. Er unterstellt, daß mit jeder Äußerung bestimmte Ansprüche auf die rationale Geltung dieser Äußerung verknüpft sind und daß solche Ansprüche mit jeder Äußerung implizit erhoben werden. Die Verknüpfung von der Bedeutung von Sprechakten und den mit ihnen implizit erhobenen Geltungsansprüchen versucht die erste Zwischenbetrachtung der TKH nachzuweisen, um so die in Aussicht gestellten normativen Maßstäbe einer Theorie kommunikativer Kompetenz aufzuzeigen.

Um den selbst gestellten Anforderungen Genüge zu leisten, bedient sich Habermas wichtiger Ansätze innerhalb der analytischen Philosophie und Sprachtheorie: im Hintergrund stehen K. Bühlers *Organonmodell der Sprache, wahrheitsfunktionale Semantik* und *Sprechakttheorie.*

Der entscheidene Schritt für die Theorie der Geltungsansprüche ergibt sich mit der Verallgemeinerung einer die klassische, auf Frege zurückgehende Wahrheitssemantik leitenden Auffassung, die diese auch für die Belange einer pragmatischen Bedeutungstheorie fruchtbar macht. Zentral für die Wahrheitssemantik sei, so Habermas, die These, »daß die Bedeutung eines Satzes von dessen Wahrheitsbedingungen determiniert wird« (TKH 1, 374). Entscheidend an dieser Position ist für Habermas, daß

7 Zur Marxschen Utopie und insbesondere zu diesem Bild vgl. vor allem R. Zimmermann, *Utopie-Rationalität-Politik. Zur Kritik, Rekonstruktion und Systematik einer emanzipatorischen Gesellschaftstheorie bei Marx und Habermas*, Freiburg 1985.

»damit [...] der interne Zusammenhang zwischen der *Bedeutung* eines sprachlichen Ausdrucks und der *Geltung* eines mit seiner Hilfe gebildeten Satzes zunächst für die Dimension der sprachlichen Darstellung von Sachverhalten herausgearbeitet«

wird (TKH 1, ebd.). Wenig vorher schon hieß es, und dies ist die These, die hinter dem Habermasschen Konzept einer Universalpragmatik steht:

»Die Bedeutung von Sätzen, und das Verstehen der Satzbedeutung, läßt sich von dem *der Sprache innewohnenden* Bezug zur Gültigkeit von Aussagen nicht trennen« (TKH 1, ebd.; Hervorhebung CD).

In der Grundannahme der klassischen Wahrheitssemantik ist die für die Universalpragmatik wichtige Verknüpfung von Bedeutung und Geltung bereits enthalten. Die Wahrheitssemantik freilich ist mit dem Makel einer Reduktion der Sprache auf ihren Darstellungsaspekt behaftet. In ihr werden alle Äußerungen so behandelt, als handele es sich um Aussagen, die der Darstellung von Sachverhalten dienen. Als Theorie der Sprache ist sie zu eng. Historisch war es diese Verengung, die eine weitreichende Kritik an wahrheitsfunktionalen Semantiken provoziert und zur Ausbildung eines anderen, großen Paradigmas in der Sprachphilosophie geführt hat, zu den verschiedenen – manchmal mit dem Rahmenstichwort »Gebrauchstheorien der Bedeutung« gekennzeichneten – Ansätzen innerhalb der sogenannten ›Philosophie der normalen Sprache‹: Wittgensteins Philosophie ist hier – freilich mit Bedacht – ebenso zu nennen, wie die auf Austin und Searle zurückgehende Theorie der Sprechakte oder die in der Debatte zwischen Russell und Strawson entwickelten präsuppositionstheoretischen Analysen. So hat z. B. Austin die wahrheitssemantische Analyse von nicht auf die Darstellung von Sachverhalten abzielenden Äußerungen als *deskriptivistischen Fehlschluß* bezeichnet. Die von der Wahrheitssemantik formulierte Verknüpfung von Bedeutung und Geltung wird von Habermas aufgegriffen und, darin besteht der eigentliche Witz seiner Überlegungen, von der Beschränkung auf den Darstellungsaspekt der Sprache losgelöst und auf andere Sprachmodi – nämlich auf die von Bühler von der darstellenden Funktion der Sprache unterschiedenen expressiven und appellativen Funktionen – übertragen. Es ist das erklärte Ziel einer Theorie der Verständigung,

»den Begriff der Geltung, über die Wahrheitsgeltung von Propositionen hinaus, zu verallgemeinern und Gültigkeitsbedingungen nicht mehr nur auf der semantischen Ebene für Sätze, sondern auf der pragmatischen Ebene für Äußerungen zu identifizieren« (TKH 1, 375).

Den Hintergrund der Habermasschen Rekonstruktion der Sprechakttheorie bildet die handlungstheoretische Differenzierung zwischen teleologischem, normenreguliertem und dramaturgischem und an anderer Stelle auch zweckrationalem Handeln einerseits und kommunikativem Handeln andererseits.[8] Allen Handlungstypen wirft Habermas ein *einseitiges* Sprachkonzept vor: im teleologischen Handeln bleibe die Verständigung auf den Wunsch der Realisierung eigener Zwecke eingeschränkt, im normenregulierten Handeln gehe es lediglich um die Aktualisierung eines bereits bestehenden und konventionell geregelten Einverständnisses und im dramaturgischen Handeln diene die Verständigung der zuschauerbezogenen Selbstinszenierung.

»Allein das kommunikative Handlungsmodell setzt Sprache als ein Medium unverkürzter Verständigung voraus, wobei sich Sprecher und Hörer aus dem Horizont ihrer vorinterpretierten Lebenswelt gleichzeitig auf etwas in der objektiven, sozialen und subjektiven Welt beziehen, um gemeinsame Situationsdefinitionen auszuhandeln« (TKH 1, 142).

Im kommunikativen Handeln sind alle die – im Zusammenhang mit der Handlungstheorie ausgearbeiteten – Weltbezüge relevant, die von den anderen Handlungstypen lediglich unterstellt, nicht aber selbst reflexiv thematisiert werden. Ein längeres Zitat mag die von Habermas ins Auge gefaßte Sonderstellung des kommunikativen Handelns verdeutlichen:

»Für das kommunikative Handlungsmodell ist Sprache allein unter dem pragmatischen Gesichtspunkt relevant, daß Sprecher, indem sie Sätze verständigungsorientiert verwenden, Weltbezüge aufnehmen, und dies nicht nur wie im teleologischen, normengeleiteten oder dramaturgischen Handeln direkt, sondern auf eine reflexive Weise. Die Sprecher integrieren die drei formalen Weltkonzepte, die in den anderen Handlungsmodellen einzeln oder paarweise auftreten, zu einem System und setzen dieses gemein-

8 Diese Differenzierungen sind bei Habermas nicht immer ganz deutlich. So bleibt insbesondere das Verhältnis von teleologischem, normenreguliertem, dramaturgischem und zweckrationalem Handeln ungeklärt. Ist das zweckrationale Handeln gleichzusetzen mit dem teleologischen Handeln, oder aber sind unter ihm die drei zuerst genannten Handlungstypen noch einmal zusammengefaßt?

sam als einen Interpretationsrahmen voraus, innerhalb dessen sie eine Verständigung erzielen können. Sie nehmen nicht mehr *geradehin* auf etwas in der objektiven, sozialen oder subjektiven Welt Bezug, sondern relativieren ihre Äußerung an der Möglichkeit, daß deren Geltung von anderen Aktoren bestritten wird. Verständigung funktioniert als handlungskoordinierender Mechanismus nur in der Weise, daß sich die Interaktionsteilnehmer über die beanspruchte *Gültigkeit* ihrer Äußerungen einigen, d. h. *Geltungsansprüche*, die sie reziprok erheben, intersubjektiv anerkennen« (TKH I, 148).

Entscheidend ist, daß sich das kommunikative Handeln durch eines auszeichnet: dadurch, daß es die vorherrschenden Handlungsorientierungen, sei es an Zwecken, sei es an Normen, mit dem expliziten, an der Idee der *Verständigung* orientierten Ziel der *Handlungskoordinierung* reflexiv thematisiert. Im Unterschied zu den anderen Formen des Handelns, die primär *erfolgsorientiert* sind, ist kommunikatives Handeln – wie Habermas auch sagt – *verständigungsorientiert* (zu dieser Unterscheidung vgl. TKH I, 385 ff.). An dieser Stelle fällt einmal mehr ins Auge, daß der klassische Versöhnungstopos – ich erinnere an das Marxsche Bild vom Verein freier Menschen – in einer sprachpragmatisch modifizierten Form in die Theorie von Habermas einwandert.

»Verständigung«, so lautet die eigentlich starke und weite Teile der TKH tragende These, »wohnt als Telos der menschlichen Sprache inne« (TKH I, 387). Habermas muß nun zeigen, daß *Verständigung* ein für jede Art von sprachlicher bzw. im weiteren Sinne symbolischer Interaktion grundlegender Modus ist, will er die mit der genannten These verbundenen Beweislasten abtragen. Er muß zeigen, daß auch durch den Hinweis auf die faktischen Sprachhandlungen des Lügens, des Betrugs, der Täuschung, der Überredung und Verführung das in die Sprache eingearbeitete Telos der Verständigung nicht in Frage gestellt werden kann; daß es auch in verzerrten Kommunikationssituationen vorausgesetzt werden muß. Rationalitätstheoretisch betrachtet wäre erst dann der Nachweis erbracht, daß die kommunikative Rationalität sowohl genetisch als auch auf der Ebene der Thematisierung von Geltungsfragen primär ist und andere Formen der Rationalität ihr gegenüber abkünftig sind. Um dies zu zeigen, knüpft Habermas an Austins Theorie der Sprechakte an.

Austin unterscheidet zwischen den *lokutionären*, *illokutionären* und *perlokutionären* Bestandteilen eines Sprechaktes.[9] Während Habermas die Unterscheidung von lokutionären und illokutionären Akten, die er in einer früheren Schrift auf den Begriff einer von ihm für die mit der Sprache gegebene Reflexivität verantwortlich gemachten *Doppelstruktur der Rede* gebracht hatte[10], nun als analytische Unterscheidung interpretiert, welche eine Äußerung in ihre Komponenten: propositionaler Gehalt und illokutionäre Rolle zerlegt[11], ist ihm im vorliegenden Zusammenhang v. a. an der Unterscheidung von *illokutionärer Rolle* und *perlokutionären Effekten* einer Äußerung gelegen. Im Rückgriff auf diese Unterscheidung soll gezeigt werden, daß Verständigung der »Originalmodus« des Sprachgebrauchs ist (vgl. TKH 1, 388). Von einem perlokutionären Akt spricht Austin mit Blick auf die Wirkungen, die ein ausgeführter Sprechakt in der Welt hervorruft. So kann ich etwa durch eine Warnung jemanden einschüchtern, durch ein Geständnis jemanden zur Verzweiflung bringen usw. »Perlokutionäre Effekte«, so Habermas, »sind ein Anzeichen für die Integration von Sprechhandlungen in Zusammenhänge strategischer Interaktion« (TKH 1, 394). Derartige Effekte sind allerdings – dies ist, wenn ich Habermas richtig verstehe, das Entscheidende – nicht konstitutiv für das Gelingen eines Sprechaktes bzw. einer Sprachhandlung, umgekehrt sind vielmehr sie selbst nur auf der Grundlage einer gelingenden illokutionären Sprechhandlung möglich. Daraus schließt Habermas, daß strategisches Handeln (auch verdeckt strategisches Handeln wie Lügen usw.) nur auf der Grundlage von Verständigung möglich ist.

Fraglich bleibt die in diesem Zusammenhang vorausgesetzte ›starke‹ Interpretation der Austinschen Unterscheidungen. Diese sind niemals strikt zu verstehen, sie haben zumeist tentativen Charakter, nicht aus Unsicherheit, sondern um den Bezug zu den von ihnen betroffenen Phänomenen nicht zu verlieren. Prima facie lassen sich illokutionäre und perlokutionäre Akte deutlich voneinander trennen. Auch die in der Interpretation von Habermas akzentuierte Tatsache, daß perlokutionäre Akte nicht mit

9 Vgl. J. L. Austin, *How To Do Things With Words,* Oxford 1962, vor allem die Vorlesung Nr. VIII.

10 J. Habermas, »Was heißt Universalpragmatik?«, in: K.-O. Apel (Hg.), *Sprachpragmatik und Philosophie,* Frankfurt am Main 1976, S. 174-272; hier zitiert nach VE 353-440, vgl. 404 ff.

11 Vgl. dazu J. R. Searle, *Speech Acts,* Cambridge 1969, vor allem Kap. 2.

dem Ausführen einer Sprechhandlung verbunden sein müssen, sondern nur manchmal auftreten können, spricht dafür, diese Differenzierung nicht lediglich im Sinne einer analytischen Zerlegung ein und desselben Aktes in verschiedene Komponenten zu verstehen (wie z. B. die Unterscheidung von lokutionär und illokutionär). Letztlich aber, Austin selbst hat dies deutlich gemacht[12], ist die Ausführung illokutionärer Akte stets mit perlokutionären Effekten verbunden, so daß also diese Unterscheidung sich nicht so ohne weiteres der von Habermas vorgeschlagenen Interpretation fügt. Wenn ich etwas tue, indem ich etwas sage, hat dies – zumindest in der Regel – bestimmte Wirkungen.

Eine für die Überlegungen von Habermas wesentliche Frage ist noch nicht beantwortet: *woher eigentlich beziehen Sprechhandlungen ihre handlungskoordinierende Kraft* (vgl. TKH 1, 399)? Wie ist es möglich, daß Sprechakte Handlungen koordinieren? Die Beantwortung dieser Fragen zielt auf den Punkt, an dem die direkte Verbindung von Sprachphilosophie und Handlungstheorie erfolgt, auf den systematischen Kern der Theorie des kommunikativen Handelns. Um eine Antwort auf diese Fragen zu erhalten, ist es erforderlich, noch einmal die illokutionäre Rolle von Sprechakten genauer zu betrachten. In Analogie zur bedeutungstheoretischen Grundauffassung der Wahrheitsbedingungensemantik – wir verstehen einen Satz dann, wenn wir die Bedingungen angeben können, die erfüllt sein müssen, damit dieser Satz wahr ist – formuliert Habermas für die von ihm anvisierte Universalpragmatik: *Wir verstehen einen Sprechakt, wenn wir wissen, was ihn akzeptabel macht*« (TKH 1, 400).[13] Die Verknüpfung von *Bedeutung* und *Geltung* ist also nicht allein in bezug auf die Wahr-

12 So heißt es an einer Stelle der angeführten Schrift von Austin, nämlich in der Vorlesung Nr. IX, die sich explizit mit den Problemen der Unterscheidung von illokutionären und perlokutionären Akten beschäftigt: »Unless a certain effect is achieved, the illocutionary act will not have been happily, successfully performed« (Austin, a.a.O., S. 116).

13 Zu den im engeren Sinne bedeutungstheoretischen Folgeproblemen der Konzeption von Habermas vgl. A. Wellmer, »Was ist eine pragmatische Bedeutungstheorie. Variationen über den Satz ›Wir verstehen einen Sprechakt, wenn wir wissen, was ihn akzeptabel macht‹«, in: *Zwischenbetrachtungen. Im Prozeß der Aufklärung*, hg. von A. Honneth, Th. McCarthy, C. Offe und A. Wellmer, Frankfurt am Main 1989, S. 318-370.

heitsbedingungen im Sinne der klassischen Semantik feststellbar, sondern, dies ist der Sinn der zitierten Bemerkung, sie findet sich ebenso in den mit dem Ausführen von Sprechakten verbundenen *Akzeptabilitätsbedingungen,* die sich aus *Bindungseffekten* ergeben, welche die illokutionäre Rolle einer Äußerung für die an einer Sprechhandlung Beteiligten hervorruft. Diese Bindungseffekte hinwiederum beruhen auf den mit dem Äußern von Sprechakten implizit gestellten Geltungsansprüchen. Wer eine Aussage macht, der verbindet damit den Anspruch auf *Wahrheit,* wer einen expressiven Sprechakt vollzieht, beansprucht *Wahrhaftigkeit,* bei der Thematisierung normativer Fragen wird *Richtigkeit* in Anspruch genommen (vgl. TKH 1, 410 ff.). Selbstverständlich werden mit jedem Sprechakt alle drei Geltungsansprüche erhoben, einer jedoch ist jeweils dominant. Im Rückgriff auf die prinzipiell unterstellte Kritisierbarkeit von Geltungsansprüchen und die damit verbundenen Rechtfertigungs- und Begründungspflichten expliziert Habermas einen normativ gehaltvollen Begriff kommunikativen Handelns:

»Kommunikatives Handeln zeichnet sich gegenüber strategischen Interaktionen dadurch aus, daß alle Beteiligten illokutionäre Ziele vorbehaltlos verfolgen, um ein Einverständnis zu erzielen, das die Grundlage für eine einvernehmliche Koordinierung der jeweils individuell verfolgten Handlungspläne bietet« (TKH 1, 397 f.).

Auf dieser Grundlage wird der Begriff *kommunikativer Rationalität* entfaltet. Die verschiedenen, im Anschluß an Bühlers Organonmodell der Sprache entwickelten Typen kommunikativen Handelns dienen Habermas dazu, unterschiedliche Aspekte der Handlungsrationalität zu eruieren, so daß ein reichhaltiger Rationalitätsbegriff entwickelt werden kann, der die bloße Orientierung an der Darstellungsfunktion der Sprache und den Aussageinhalten hinter sich läßt. Auf diese Weise wird dem klassischen Begriff der Zweckrationalität der Begriff kommunikativer Rationalität, der Vernunft unverkürzt zur Geltung bringen soll, gegenübergestellt. An die Seite der instrumentellen Rationalität treten moralisch-praktische und ästhetische Rationalität, die als normative Folie für die Kritik eines eindimensionalen Rationalitätsverständnisses fungieren und an denen sich die den Prozessen gesellschaftlicher Rationalisierung tatsächlich innewohnende Vernunft zu bemessen hat. Die Auseinandersetzung mit der Sprechakttheorie, der für den Gesellschaftstheoretiker ungewöhnliche Umweg über die Sprachphilosophie, muß als die methodisch gesicherte Explikation eines Gedankens verstanden werden, den Habermas bereits 1965 zum ersten Mal ausgesprochen hat:

»Das Interesse an Mündigkeit schwebt nicht bloß vor, es kann a priori eingesehen werden. Das, was uns aus Natur heraushebt, ist nämlich der einzige Sachverhalt, den wir seiner Natur nach kennen können: *die Sprache*. Mit ihrer Struktur ist Mündigkeit *für uns* gesetzt. Mit dem ersten Satz ist die Intention eines allgemeinen und ungezwungenen Konsensus unmißverständlich ausgesprochen.«[14]

3. Rekonstruktionismus, Formalismus, Idealismus: Einwände gegen die Theorie kommunikativer Rationalität

Es sollen nun einige Einwände diskutiert werden, welche die wichtigsten der mit dem Ansatz von Habermas verbundenen Schwierigkeiten vor Augen führen. Es kann dabei nicht darum gehen, den Habermasschen Ansatz in toto zu verwerfen. Die Kritik versteht sich vielmehr als *immanente Kritik*, die zeigt, an welchen Stellen sich die von Habermas gewählten theoretischen Mittel als ungeeignet für die Realisierung seiner Intentionen erweisen. Die Einwände hängen alle miteinander zusammen. Auf eine bestimmte Weise bezeichnen sie verschiedene Aspekte des gleichen Problems, welches sich auf den Begriff eines *phänomenologischen Defizits* bringen läßt. Damit ist eine die Verselbständigung theoretischer Kategorien betreffende Tendenz angesprochen, die in Teilen sowohl für die moralphilosophischen als auch für die stärker gesellschaftstheoretisch argumentierenden Passagen des Werkes von Habermas kennzeichnend ist. Termini und Unterscheidungen werden nicht mehr an Beispielbereiche zurückgebunden, sie bleiben in der Luft hängen. Das phänomenologische Defizit führt dazu, daß sich verkürzte Blicke auf eine stilisierte menschliche Welt ergeben. Viele der gerade für die von Habermas gestellten Fragen relevanten Phänomene geraten auf diese Weise aus dem Blick. Die mit der spezifischen Fassung des Rationalitätsbegriffs verbundene *Wissensorientierung*, der *Formalismus* und *Idealismus*

14 J. Habermas, *Technik und Wissenschaft als ›Ideologie‹*, Frankfurt am Main 1968, S. 163.

seiner Theorie sind Beispiele für solche sich auf der Grundlage phänomenologischer Defizite ergebenden Stilisierungen. Die phänomenologischen Defizite der Theorie werden durch den methodologischen Status der Universalpragmatik als *rekonstruktiver Wissenschaft* ein Stück weit verdeckt bzw. selbst nicht zum Problem. Rekonstruktive Wissenschaft dispensiert sich davon, ihre Theoreme an einem Gegenstandsbereich zu überprüfen. Die Objekte der Rekonstruktion sind nicht eindeutig ausweisbar.
Anders als die hermeneutischen Disziplinen und die empirischen Naturwissenschaften richten sich rekonstruktive Theorien auf die *rationale Rekonstruktion* vortheoretischen oder impliziten Wissens.[15] Rekonstruktive Theorien finden sich in der Linguistik und der modernen Psychologie. Für Habermas z. B. ist die Chomskysche Syntaxtheorie das Paradigma einer rekonstruktiven Wissenschaft. Rekonstruktiven Theorien geht es darum, ausgehend von einem beobachtbaren Verhalten, in diesem Fall dem Sprach- und Urteilsverhalten von Sprechern – Chomsky hat dafür den Begriff »Performanz« gewählt –, Schlüsse auf das diesem Verhalten zugrundeliegende Regelwissen zu ziehen und die dem Verhalten zugrundeliegenden »Kompetenzen« zu rekonstruieren, um damit das in Frage stehende Verhalten gegebenenfalls zu erklären bzw. dieses Verhalten betreffende philosophische Überlegungen von empirischer Seite »quasitranszendental« zu stützen.[16]
Die Idee rekonstruktiver Wissenschaft wurde in der kritischen Absicht entwickelt, neben den empirischen Wissenschaften und den hermeneutischen Disziplinen einen Wissenschaftstypus zu etablieren, dem ein ›schwach transzendentaler‹ Stellenwert zukommt. Rekonstruktive Wissenschaften übernehmen damit die Funktion von Argumentationsmustern der klassischen Philosophie, ohne sich in die Aporien einer prima philosophia zu verstricken. Können sie dieser Aufgabe nachkommen?

15 Vgl. zu diesen Problemen v. a. den Aufsatz von Habermas »Was heißt Universalpragmatik?«, a.a.O., S. 363-385; ausführlichere Darstellungen zum Status rekonstruktiver Wissenschaft bei Habermas finden sich in den Arbeiten von H. Gripp, a.a.O., S. 36-55 und Th. McCarthy, a.a.O., S. 309-330.
16 Noch deutlicher als mit der Theorie der Universalpragmatik wird dies mit der Rezeption der Entwicklungspsychologie. Vgl. die in J. Habermas, *Moralbewußtsein und kommunikatives Handeln*, Frankfurt am Main 1983 gesammelten Aufsätze.

In Frage steht ein unser Verhalten steuerndes Regelwissen. Im Rückgriff auf die aus der strukturalistischen Linguistik stammende Unterscheidung von *Sprache* und *Rede* argumentiert Habermas dafür, daß »die pragmatische Dimension der Sprache« auch einer anderen als »ausschließlich empirischen Analyse« – eben einer rekonstruktiven – unterzogen werden muß (vgl. VE 359). Die Notwendigkeit einer jenseits empirischer Analyse liegenden Betrachtung der Sprache leuchtet ein. Doch wie sieht eine rekonstruktive Analyse im einzelnen aus und was analysiert sie? »Rekonstruktionen«, so Habermas,

»stellen gewissermaßen einen *essentialistischen Anspruch* ... sie müssen, wenn sie wahr sind, genau den Regeln entsprechen, die im Gegenstandsbereich operativ wirksam sind, d. h. die Erzeugung von Oberflächenstrukturen tatsächlich bestimmen« (VE 373).

Der essentialistische Anspruch rekonstruktiver Theorien führt nun zu einer ›quasiempirischen‹ Deutung ihrer Gegenstände. An dieser Stelle stellt sich in der Tat die Frage, ob die Konzeption rekonstruktiver Wissenschaft leisten kann, was sie leisten soll. In Abgrenzung von den Verfahren empirischer Wissenschaft entwikkelt, wandern nun doch empirische Elemente – denken wir an die auf der Ebene einer Tiefenstruktur operierenden Regeln – in sie ein. Von den vermeintlichen facts der naturwissenschaftlichen bzw. empirischen Forschung unterscheiden sie sich lediglich durch ihren relativ unbestimmten Charakter. Ganz deutlich ist dies bei der Syntaxtheorie Chomskys zu sehen. In einer bestimmten Lesart führt die Postulierung einer das menschliche Verhalten steuernden und von Regeln geleiteten Tiefenstruktur zur Hypostasierung einer Art *Mentalmechanik.* Was hier, freilich in einer den Standards unserer modernen wissenschaftlichen Kultur entsprechenden Form, wiederkehrt, ist eine von G. Ryle als *Dogma vom Gespenst in der Maschine* bezeichnete Variante mentalistischer Metaphysik, welche die Kategorienfehler und Verdopplungsstrategien des klassischen cartesianischen Mentalismus wiederholt.

Der angeführte Fehler ist freilich nicht notwendig mit einem kompetenztheoretischen Ansatz verbunden, insofern gar nicht einmal charakteristisch für die Idee rekonstruktiver Wissenschaft. Doch es gibt zu denken, wenn Habermas, der sich zu Recht häufig sehr skeptisch gegenüber dem Chomskyschen Mentalismus verhält[17], in bezug auf das Programm rekonstruktiver Theorien formuliert:

»Daher ist Chomskys Korrelationsannahme, derzufolge die linguistische Grammatik auf seiten des Sprechers durch eine genau entsprechende mentale Grammatik repräsentiert ist, zunächst einmal konsequent« (VE, 373).

Bemerkenswert ist diese Stellungnahme insofern, als die Konzeption rekonstruktiver Theorie ja ursprünglich eingeführt wurde, um den Fundamentalismus der klassischen Transzendentalphilosophie zu vermeiden und dennoch geltungstheoretisch von empirischen Theoriebefunden unabhängige Argumente für die normativ gehaltvollen Voraussetzungen unseres Sprachhandelns formulieren zu können. Metaphysische Argumentationsmuster werden aber trotzdem nicht deutlich zurückgewiesen (siehe die mentalistische Korrelationsannahme) und der Gegenstandsbereich wird empirisch gedeutet.[18] Kritisch gegenüber der empirischen Wissenschaft und einer mit transzendentalen Argumenten arbeitenden Philosophie verlieren sich die Konturen der Idee rekonstruktiver Wissenschaft. Zugegeben, man muß die Konzeption rekonstruktiver Wissenschaft nicht in der Weise problematisieren, wie es hier geschehen ist. Habermas hat oftmals eine – vor allem in bezug auf das Mentalismusproblem – völlig harmlose Variante derselben im Sinn. Ein Problem aber bleibt: die Unbestimmtheit des Gegenstandsbereichs rekonstruktiver Wissenschaft.

Ein spezielleres Problem stellt die zu guter letzt doch wieder einseitige Fassung des Rationalitätsbegriffs von Habermas dar.[19] H. Schnädelbach und in seiner Folge A. Thyen haben auf die Probleme dieses Begriffs aufmerksam gemacht. Sie beklagen dessen

17 Vgl. z. B. VE 374-379.

18 Zur Kritik der Chomsky-Linguistik vgl. F. Kambartel/P. Stekeler-Weithofer, »Ist der Gebrauch der Sprache ein durch ein Regelsystem geleitetes Handeln? – Das Rätsel der Sprache und die Versuche seiner Lösung«, in: A. v. Stechow/M. T. Schepping (Hg.), *Fortschritte in der Semantik*, Weinheim 1988, S. 201-223. Eine Reihe der dort entwickelten Argumente läßt sich auf die Konzeption rekonstruktiver Wissenschaften im allgemeinen übertragen.

19 Habermas hat inzwischen erneut auf diesen Einwand reagiert (J. Habermas, *Erläuterungen zur Diskursethik*, Frankfurt am Main 1991, vor allem S. 131 f.). Die Grundstruktur seiner Argumentation scheint mir aber nach wie vor unverändert zu sein.

»kognitivistischen« Einschlag, den sie aufgeben möchten.[20] Zur Einschätzung dieses Einwandes ist es zunächst sinnvoll, einen *Kognitivismus in der Ethik* und einen *Kognitivismus in der Rationalitätstheorie* zu unterscheiden. Eine kognitivistische Position in der Ethik geht aus von der These, daß »praktische Fragen grundsätzlich argumentativ entschieden werden können« (TKH 1, 40). Emotivistische Verständnisse unseres moralischen Handelns werden zurückgewiesen. Im Kontext der rationalitätstheoretischen Diskussion bedeutet der Kognitivismusbegriff, der von Haus seinen Platz in einer moralphilosophischen Debatte hat, etwas anderes. Mit diesem Begriff weisen Schnädelbach und Thyen auf das relativ enge, an Wissen und Wahrheit gebundene Habermassche Verständnis von Rationalität hin. Gleich zu Beginn seiner TKH formuliert Habermas: »Wann immer wir den Ausdruck ›rational‹ verwenden, unterstellen wir eine enge Beziehung zwischen Rationalität und Wissen.« (TKH 1, 25). Um Verwechslungen mit dem moralphilosophischen Kognitivismus vorzubeugen, schlage ich vor, im rationalitätstheoretischen Kontext nicht von einem *kognitivistischen*, sondern von einem *wissensorientierten* Begriff der Rationalität zu reden. Der Gebrauch eines solchen Rationalitätsbegriffes in der Ethik ist problematisch. Diesem zufolge sind nämlich Handlungen nur dann ›rational‹ zu nennen, wenn die Annahmen, Situationsdeutungen und Weltinterpretationen, auf denen sie beruhen, richtig sind. Dies ist vor allem deshalb problematisch, da wir das Prädikat ›rational‹ nicht einfach nur *deskriptiv*, sondern immer auch bereits in einem bestimmten Sinne *normativ* verwenden. Nun sind Handlungen nicht deshalb rational, zumal nicht in einem normativen Sinn, weil sie richtige Situationsdeutungen zu ihrer Voraussetzung haben. Hier teile ich die Auffassung Schnädelbachs, der feststellt, daß Handlungen und Äußerungen auch dann rational sein können, wenn sie auf irrigen Annahmen beruhen.[21] Fraglich ist zudem die Habermassche These, daß die Rationalität einer Äußerung oder Handlung auf ihre »Kritisierbarkeit und Begründungsfähigkeit« zurückzuführen ist (vgl. TKH 1, 27), fragwürdig ist auch die Behauptung, daß die Kritisierbarkeit und Begründungsfähigkeit einer Äußerung bzw. Handlung in der Tatsache, sie verkörpere fehlbares Wissen, gründe (vgl. TKH 1, 26).

20 H. Schnädelbach, a.a.O., S. 22; A. Thyen, a.a.O., S. 246 ff.
21 Ebd., S. 22.

Nun gibt es Fälle, in denen ein deutlicher Zusammenhang zwischen Wissen und der Rationalität einer Handlung besteht. Allerdings in einer anderen Weise als Habermas unterstellt. Wenn ich weiß, daß mein Wagen fahruntüchtig ist und ich mich trotzdem ans Steuer setze, um loszufahren, ist diese Handlung irrational. Weiß ich es nicht und begehe die gleiche Handlung, so klingt es eigenartig, von ›rational‹ bzw. ›irrational‹ zu reden. Ich habe mich einfach getäuscht und einen Fehler gemacht. Einen Fehler machen ist aber etwas anderes als irrational zu handeln. Im ersten Fall ist die Handlung deshalb irrational, da ich trotz richtiger Situationsdeutung (Fahruntüchtigkeit des Wagens) eine in bezug auf die Situationsdeutung falsche Handlung (Fahrversuch) begehe. Im Falle moralischen bzw. moralisch relevanten Handelns werden Handlungen primär nicht deshalb kritisiert, weil sie irrational sind, wie im diskutierten Fall, sondern darum, weil sie mit falschen Situationsdeutungen und daraus entstehenden Meinungen verbunden sind (z. B. Pogrome gegen Juden wurden gerechtfertigt im Rückgriff auf nachweislich falsche Rassetheorien).
Aus der engen Fassung des Rationalitätsbegriffs ergeben sich weitere Probleme. Eine *Beschreibung* von Gründen impliziert laut Habermas bereits deren *Bewertung:*

»Deshalb kann ein Interpret Äußerungen, die über kritisierbare Geltungsansprüche mit einem Potential an Gründen verknüpft sind und somit Wissen repräsentieren, nicht deuten, ohne zu ihnen Stellung zu nehmen. Und er kann nicht Stellung nehmen, ohne *eigene* Standards der Beurteilung anzulegen [...] (TKH 1, 170).

Ist dies tatsächlich der Fall? Ich kann Gründe doch auch dann verstehen und beschreiben, wenn ich sie selbst nicht als rational deute, d. h. auch dann, wenn ich sie nicht als Gründe bewerte.[22] Denken wir z. B. einmal an die bei einigen Eskimostämmen verbreitete Praxis, Alte und Kranke auszusetzen und sie so ihrem Tod zu überlassen. Mangelnde Versorgungsmöglichkeiten für den Rest der Bevölkerung, durch die Pflege der Kranken für die Bevölkerung entstehende unzumutbare Härten sind Gründe, welche diese Praxis hermeneutisch verstehbar machen. Nun kann ich diese Gründe bewerten, kann sie akzeptieren oder verwerfen, aber ich muß sie nicht bewerten, um sie zu verstehen.[23]

22 Auch dieses Argument wird von Schnädelbach und Thyen formuliert.
23 Dies bemerkt im übrigen auch Habermas selbst. Er schreibt, daß sich

Die Verbindung von Rationalität und Wissen, die Verzahnung der Beschreibung und Bewertung von Gründen führt auf eine weitere zentrale Schwierigkeit des in Frage stehenden Rationalitätsbegriffes: auf die Gleichsetzung von Rationalität und *Begründungsrationalität.*

Damit kommt es zu einer auf die gesamte Theorie zurückwirkenden Verengung, die v. a. deshalb ins Gewicht fällt, da der Begriff kommunikativer Rationalität ursprünglich eingeführt wurde, um die Grenzen herkömmlicher Verständnisse von Rationalität zu sprengen und sie auf überzeugende Weise zu kritisieren. Als ›rational‹ kann die Theorie kommunikativer Kompetenz lediglich den formalen Aspekt des Begründens auszeichnen. Übersehen wird, daß die Rationalität einer Begründung nicht mit der Rationalität des mit Hilfe der Begründung Begründeten identisch ist. Das Problem des *Formalismus* der Habermasschen Theorie ist damit benannt. So schreibt Habermas selbst:

»Der diskursethische Grundsatz nimmt auf eine *Prozedur*, nämlich die diskursive Einlösung von normativen Geltungsansprüchen Bezug; insofern läßt sich die Diskursethik mit Recht als *formal* kennzeichnen. Sie gibt keine inhaltlichen Orientierungen an, sondern ein Verfahren: den praktischen Diskurs.«[24]

Begründet ist eine Handlung oder Äußerung dann, wenn gute Gründe für sie beigebracht werden können. Alles hängt hier allerdings davon ab, was man denn unter ›guten Gründen‹ versteht. Für Habermas sind gute Gründe nur solche, die einer objektiven Beurteilung zugänglich sind, die in einer bestimmten Weise intersubjektiv oder transsubjektiv als gute Gründe anerkannt und vor dem Hintergrund eines verfügbaren Wissens auch als solche beurteilt werden können. Grund ist, was innerhalb eines bestimmten Verfahrens der Begründung als Grund geltend gemacht werden kann.

Gründe nicht beschreiben lassen ohne »zustimmende, ablehnende oder enthaltende Reaktion« (TKH 1, 169). Diese Bemerkung scheint mir der These, daß Beschreibungen von Gründen deren Bewertung implizieren, zu widersprechen. Es sei denn, man versteht auch die »enthaltende Reaktion« als Bewertung, was keinen rechten Sinn ergibt.

24 J. Habermas, »Diskursethik – Notizen zu einem Begründungsprogramm«, in: ders., *Moralbewußtsein und kommunikatives Handeln*, a.a.O., S. 53-125, 113 (zit. als DE).

»Der Diskursethik zufolge darf eine Norm nur dann Geltung beanspruchen, wenn alle von ihr möglicherweise Betroffenen als *Teilnehmer eines praktischen Diskurses* Einverständnis darüber erzielen (bzw. erzielen würden), daß diese Norm gilt« (DE, 76).

Aber ist uns nicht das Verständnis des Verfahrens allererst über unser Verständnis von Gründen gegeben, so daß es nicht nachträglich als Maßstab der Beurteilung von Gründen fungieren kann? Und ist es nicht falsch, anzunehmen, neben unseren üblichen Weisen des Begründens stünde noch einmal ein davon abgelöstes allgemeines Verfahren der Begründung? F. Kambartel hat, im Zusammenhang mit einer Kritik am ethischen Pluralismus und ethnischen Relativismus, darauf aufmerksam gemacht, daß die Rede von »Gründen« und »Begründungen« nur paradigmatisch verstanden werden kann. Daß man sich aufgrund der Tatsache, daß moralische Orientierungen in allgemeinen Sätzen formuliert werden können, nicht zu der Annahme verleiten lassen solle, neben unseren überzeugenden praktischen Begründungen gäbe es noch einmal so etwas wie ein Prinzip, gemäß welchem begründet würde.[25] Ein Prinzip, welches uns die philosophische Ethik als Theorie der Moral an die Hand geben könnte. Solche Vorstellungen gehören zu den Illusionen, Zurechtstellungen und Stilisierungen, die zur Verengung der Theorie von Habermas beitragen und ihren ethischen Formalismus bedingen. Eine Theorie, welche allgemeine Bedingungen der Rationalität expliziert, reicht für ein Verständnis moralischer Begründungen nicht hin. Hier ist es unumgänglich, auf paradigmatisch gegebene Begründungen zu rekurrieren. Sonst tritt an die Stelle der Frage nach der Begründung und Begründbarkeit einzelner Orientierungen, die bei Habermas auf der Beispielebene hin und wieder eine Rolle spielen, so im Falle des ein Glas Wasser holenden Seminarteilnehmers und des Bier heranschaffenden Bauarbeiters, die Frage nach einem Prinzip der Begründung. Welcher Preis muß für den Formalismus gezahlt werden?

»Wenn wir praktische Fragen als Fragen des ›guten Lebens‹ definieren, die sich jeweils auf das Ganze einer partikularen Lebensform oder auf das Ganze einer individuellen Lebensgeschichte beziehen, ist der ethische

25 F. Kambartel, »Begründungen und Lebensformen. Zur Kritik des ethischen Formalismus«, in: W. Kuhlmann (Hg.), *Moralität und Sittlichkeit*, Frankfurt am Main 1986, S. 85-100, besonders S. 95 f.

Formalismus in der Tat einschneidend: der Universalisierungsgrundsatz funktioniert wie ein Messer, das einen Schnitt legt zwischen ›das Gute‹ und ›das Gerechte‹, zwischen evaluative und streng normative Aussagen« (DE, 113).

Der Preis besteht in der strikten Trennung von Fragen ›des Guten‹ und solchen ›des Gerechten‹. Die Diskursethik steht mit der von ihr durchgeführten Reduktion von Rationalität auf Begründungsrationalität wie jede formalistische Ethik vor dem Problem, wie denn die mit ihrem Grundsatz – heiße er nun *kategorischer Imperativ* oder *Universalisierungsgrundsatz* – zusammenhängende *Moralität* mit der praktisch gelebten *Sittlichkeit* zu vermitteln sei. Fragen nach dem Verhältnis der materialen Orientierungen zu den formalen bleiben ausgeklammert.

Darin liegt der *Idealismus* der Habermasschen Theorie. Dieser manifestiert sich nicht nur als *rationalitätstheoretischer*, sondern auch als *linguistischer* und *gesellschaftstheoretischer* Idealismus. Der rationalitätstheoretische Aspekt des Idealismus besteht darin, daß Rationalität jenseits menschlicher Lebensverhältnisse angesiedelt und die diesen Lebensverhältnissen bereits innewohnende Rationalität nicht zum Thema gemacht bzw. aufgewiesen wird. Habermas verfehlt damit seine eigenen Intentionen. Einem *linguistischen* Idealismus erliegt die Diskurstheorie, weil sie eine hochstilisierte Form des Gesprächs – den herrschaftsfreien Diskurs – aus der Fülle der Möglichkeiten des Umgangs miteinander – auch des redenden Umgangs – heraushebt. Der *gesellschaftstheoretische* Idealismus hängt mit der Orientierung an einem von allen Schlakken menschlicher Praxis gereinigten Sprachbegriff zusammen.

Auf dem Hintergrund unserer kritischen Darstellung der Habermasschen Kommunikationstheorie ist die Anknüpfung an praxisphilosophische Traditionen, zumal im Anschluß an die materialistische Sprachauffassung Wittgensteins und das von ihr implizierte Modell der Intersubjektivität, eine die zentralen Schwächen der Kommunikationstheorie hinter sich lassende Alternative. Doch vergewissern wir uns zunächst der Gründe, welche eine Theorie des kommunikativen Handelns gegen die Anknüpfung an die genannten Traditionen ins Feld führt und überprüfen wir, unabhängig von den bereits diskutierten Problemen der Kommunikationstheorie selbst, ihre Stichhaltigkeit.

4. Kommunikatives Handeln und Bewußtsein

Mit der Theorie des kommunikativen Handelns verbindet sich die Forderung nach einem Paradigmenwechsel in der Philosophie: bewußtseinsphilosophische Fragestellungen und die damit verbundenen Vorstellungen und Probleme sollen in der Perspektive der Habermasschen Kommunikationstheorie preisgegeben werden.[26] Insbesondere der klassische Marxismus und mit ihm die gesamte Tradition kritischer Gesellschaftstheorie sind zufolge Habermas, er bezieht sich in erster Linie auf Horkheimers und Adornos *Dialektik der Aufklärung*, »an der Erschöpfung des Paradigmas der Bewußtseinsphilosophie gescheitert« (TKH I, 518). Was kennzeichnet die von Habermas immer wieder aufs schärfste kritisierte Bewußtseins- bzw. Subjektphilosophie?[27] Trifft seine Kritik die genannten Positionen? Bietet seine Theorie selbst tatsächlich einen Ausweg aus den Problemen und Irrwegen der Bewußtseinsphilosophie? Ist letztlich nicht doch die im Anschluß an Wittgenstein ausgeführte intersubjektivitätstheoretische Transformation der Praxisphilosophie der Kommunikationstheorie überlegen?

Ist die Kritik an der Bewußtseinsphilosophie in der TKH vor allem mit Blick auf die neue Grundlegung einer kritischen Theorie der Gesellschaft ausgeführt und von der Frage ›Welche Zäsur bedeutet das Ende der Subjektphilosophie für die Gesellschaftstheorie?‹ (vgl. TKH I, 532) bestimmt, so tritt sie in den Vorlesungen zum *Philosophischen Diskurs der Moderne* in den Vordergrund, dies wohl auch deshalb, weil, wie Habermas im Vorwort zur 3. Auflage der TKH bemerkt, »die Bewußtseinsphilosophie [...] gegen den eingeleiteten Paradigmenwechsel verteidigt« (TKH I, 3) wird.

Eine der präzisesten Bestimmungen des bewußtseins- bzw. subjektphilosophischen Paradigmas lautet:

26 Vgl. das in Anmerkung 2 angeführte Zitat von Th. McCarthy.

27 Habermas trennt nicht deutlich zwischen dem Gebrauch der Begriffe Bewußtseins- und Subjektphilosophie. Wir werden sehen: dies hat einen theoriestrategischen Grund. Argumente gegen die Bewußtseinsphilosophie können so umstandslos auf nicht bewußtseinsphilosophische, aber subjektphilosophische Positionen übertragen werden. Ein Beispiel für eine nicht bewußtseinsphilosophische Subjektphilosophie findet man etwa in der existenzialen Analytik Heideggers.

»Unter ›Objekt‹ versteht die Subjektphilosophie alles, was als seiend vorgestellt werden kann; unter Subjekt zunächst die Fähigkeiten, sich in objektivierender Einstellung auf solche Entitäten in der Welt zu beziehen und sich der Gegenstände, sei es theoretisch oder praktisch, zu bemächtigen. Die beiden Attribute des Geistes sind Vorstellen und Handeln. Das Subjekt bezieht sich auf Objekte entweder, um sie so, wie sie sind, vorzustellen, oder so, wie sie sein sollen, hervorzubringen. Diese beiden Funktionen des Geistes sind ineinander verschränkt: die *Erkenntnis* von Sachverhalten ist strukturell auf die Möglichkeit von *Eingriffen* in die Welt als der Gesamtheit von Sachverhalten bezogen; und erfolgreiches Handeln verlangt wiederum Kennntnis des Wirkungszusammenhangs, in den es interveniert« (TKH 1, 519).

Damit sind die Charakteristika der Subjektphilosophie genannt: in ihrem Zentrum steht entweder ein die Objekte vorstellendes Subjekt, hier ist an die Tradition der neuzeitlichen Erkenntnistheorie zu denken, oder aber ein sich an den Objekten abarbeitendes Subjekt, hier hat man an die Marxsche Tradition der Praxisphilosophie zu denken und das für diese konstitutive »Produktionsparadigma« (vgl. dazu PDM, 95-103).
Nun lassen sich schlichte Fassungen des Subjekt-Objekt-Modells, welches die gesamte Tradition der neuzeitlichen Erkenntnistheorie geprägt hat und so gegensätzliche Autoren wie Locke und Leibniz, Descartes und Berkeley miteinander verbindet, auf eine überzeugende Weise kritisieren. Eine Kritik der genannten Positionen beginnt denn ja auch bereits mit Hegel, Marx, Nietzsche, Kierkegaard und hat in unserem Jahrhundert durch die Arbeiten von Frege, Wittgenstein und Heidegger, um nur die wichtigsten zu nennen, bedeutsame und weitreichende Fortsetzungen erfahren. Habermas gehört in diese Tradition, und mit ihr ist ihm recht zu geben. Er muß offensichtlich aber noch etwas anderes im Sinne haben als die bloße Wiederholung der weithin verbreiteten Kritik am Subjekt-Objekt-Modell der Erkenntnis bzw. des Handelns. Welchen Sinn hätte sonst die fortwährende Akzentuierung des von einer Theorie der Kommunikation eingeleiteten Paradigmenwechsels? Betrachten wir noch einmal das angeführte Zitat. Dort ist die Rede davon, daß im bewußtseinsphilosophischen Denkmodell sich ein Subjekt »in objektivierender Einstellung« auf etwas in der Welt – auf Gegenstände im allgemeinen Sinne – bezieht. Liefert der Hinweis auf die »objektivierende Einstellung« ein Kriterium zur Unterscheidung der beiden Philosophieparadigmen?

Dies kann nicht gemeint sein, denn in einem bestimmten Sinne bezieht sich selbstverständlich alle Philosophie in objektivierender Einstellung auf die Welt, auf Gegenstände in der Welt oder auf das menschliche Leben: die Vorsokratiker ebenso wie Platon und Aristoteles, die Philosophen des Mittelalters in der gleichen Weise wie Leibniz, Descartes oder Kant, Lotze und Frege ebenso wie Wittgenstein oder Dummett. Wollte man alle diese Ansätze unterschiedslos als ›Bewußtseinsphilosophie‹ bezeichnen, was, denkt man an die Habermassche Bemerkung, daß die Bewußtseinsphilosophie »mit Ausnahme von Austin auch für die analytische Philosophie maßgebend geblieben ist« (PDM, 365), zuweilen nahegelegt wird, würde diese Kategorie keinen Sinn mehr ergeben, sie verlöre ihre analytische Kraft. Auch die historischen Einordnungen, die Habermas vornimmt, bleiben eine Antwort auf die Frage nach der Bewußtseinsphilosophie schuldig. Mal reicht das bewußtseinsphilosophische Paradigma von Descartes bis Kant (vgl. TKH 1, 519; PDM 362), mal reicht es von Kant bis in die Gegenwart (vgl. NU, 134; PDM, 365).

Selbst wenn man die analytischen und historischen Probleme, die sich mit dem Titel »Bewußtseinsphilosophie« bzw. »Subjektphilosophie«, so wie er von Habermas gebraucht wird, verbinden, einmal beiseite läßt und sich fragt, ob die Kritik überhaupt den systematischen Gehalt der von ihr kritisierten Positionen betrifft, bleiben wichtige Fragen offen. J. Grondin hat darauf hingewiesen, daß der Gehalt der Subjektphilosophie verfehlt wird, »wenn sie auf das Modell des einsamen, monologischen Subjekts reduziert wird«.[28] So läßt sich z.B. die kantische Subjektkonzeption, die zum Teil auch für den nachkantischen Idealismus bestimmend geblieben ist, zwar in vielerlei Hinsicht kritisieren, aber was man Kant nicht vorwerfen kann, ist, daß er sich zum Vertreter einer schlichten Form des Monologismus mache. Die Redeweise von einem »transzendentalen Subjekt« wird meines Erachtens gerade gegen monologisch-solipsistische Positionen eingeführt. Das transzendentale Ich der kantischen Philosophie ist ein allgemeines und allen Subjekten zukommendes Ich, mit diesem Begriff wird – ebenso wie mit dem Begriff der Kommunikation – gerade die intersubjektive Verfassung unserer Weltorientierung gegen krude

28 J. Grondin, »Hat Habermas die Subjektphilosophie verabschiedet?«, in: *Allgemeine Zeitschrift für Philosophie* 12 (1987), S. 25-37, 33.

und unhaltbare Solipsismen akzentuiert. Kant bleibt zwar einerseits subjektphilosophischen Denkmustern verhaftet, treibt sie allerdings an entscheidenden Stellen über sich hinaus.
Schließlich verbindet sich mit dem sogenannten ›linguistic turn‹ in der Philosophie kein radikaler Bruch mit klassischen Philosophietraditionen. Der ›linguistic turn‹ muß vielmehr als ein, obgleich wesentlicher, Schritt in der Gesamtentwicklung der Philosophie, zu der die klassischen Traditionen nach wie vor ebenso gehören wie die kontemporären, verstanden werden. Letztlich konnte sich auch der ›linguistic turn‹ allein auf dem Boden bewußtseinsphilosophischer Fragestellungen vollziehen[29], so daß die reifizierende Verselbständigung der verschiedenen Ansätze zu inkommensurablen Paradigmen unangebracht ist und sich gegen eine philosophiehistorisch sensible Argumentation nur apodiktisch aufrechterhalten läßt. Letzteres bemerkt im übrigen Habermas selber, wenn er etwa schreibt: »Ich habe [...] bereits *suggeriert*, daß das Paradigma der Erkenntnis von Gegenständen [abgelöst werden muß] durch das Paradigma der Verständigung [...]« (PDM, 345). Als *suggestiv* läßt sich seine von sehr allgemeinen Argumenten getragene Polemik gegen die Bewußtseinsphilosophie in der Tat kennzeichnen.
Mit seiner Polemik möchte Habermas nicht eigentlich eine Tradition wie die neuzeitliche Erkenntnistheorie oder z.B. die kantische Transzendentalphilosophie treffen, sondern konstitutionstheoretische Ansätze in der Gesellschaftstheorie wie etwa die gesamte Tradition der Praxisphilosophie kritisieren. Wie lauten seine darauf bezogenen Argumente?

29 Die Zusammenhänge zwischen der klassischen Philosophie und dem ›linguistic turn‹ hat zumindest für das 19. Jahrhundert M. Dummett, *Ursprünge der analytischen Philosophie*, Frankfurt am Main 1988 analysiert.

5. Zur Kritik der Praxisphilosophie

A. Honneth hat auf die Verwirrung hingewiesen, die der von Habermas »polemisch« verwendete Titel Praxisphilosophie hervorgerufen hat.[30] Es sind die fortwährend unternommenen Angleichungen von Bewußtseins-, Subjekt- und Praxisphilosophie und fehlende Differenzierungen, welche einen erheblichen Teil zu dieser Verwirrung mit beigetragen haben. Unter dem Titel »Praxisphilosophie« faßt Habermas so heterogene Positionen wie die Marxsche Philosophie der Arbeit, den Hegelmarxismus von Lukács, den Heideggermarxismus von Marcuse und Sartre, die frühe kritische Theorie, hier insbesondere die Position Adornos, Autoren im Umfeld der jugoslawischen Praxisgruppe, die Budapester Schule, radikaldemokratische Spielarten des Pragmatismus bei Mead und Dewey, schließlich auch aus der Auseinandersetzung mit analytischer Philosophie und Strukturalismus resultierende avancierte Positionen wie z. B. die Ansätze von Ch. Taylor und C. Castoriadis zusammen. Von der Praxisphilosophie heißt es:

> »Sie bleibt eine Variante der Subjektphilosophie, die die Vernunft zwar nicht in der Reflexion des erkennenden, aber doch in der Zweckrationalität des handelnden Subjektes ansiedelt« (PDM, 82).

Alle im Zusammenhang der Auseinandersetzung mit der Bewußtseinsphilosophie entwickelten Überlegungen werden in nur geringfügig modifizierter Form auf die Praxisphilosophie übertragen. Dabei ist die Auffassung leitend, daß schon der Aufweis der subjektphilosophischen Grundlagen der genannten Theorietradition eine Anknüpfung an sie verbiete.

Der Haupteinwand ist damit zur Sprache gekommen: der Verweis auf die subjektphilosophischen Grundlagen der Praxisphilosophie und den ihr unterstellten Monologismus. Laut Habermas erliegt Marx wie Hegel den grundbegrifflichen Zwängen der Subjektphilosophie. Läßt sich diese Behauptung schon mit Blick auf Hegel bestreiten, dessen Ausführungen zu einer Theorie der Anerkennung bereits in den »Jenaer Systementwürfen« und der *Phänomenologie des Geistes* Grundzüge zu einer Theorie der Intersubjektivität erkennen lassen, welche selbst in der *Logik* noch einmal

30 A. Honneth, *Kritik der Macht. Reflexionsstufen einer kritischen Gesellschaftstheorie*, Frankfurt am Main 1985; mit einem Nachwort zur Taschenbuchausgabe: 1989, dort S. 401 f.

zum Thema werden[31], so ist sie angesichts der Marxschen Überlegungen überhaupt nicht aufrechtzuerhalten. Bei der Marxschen Zurückweisung der Bewußtseinsphilosophie in Gestalt des philosophischen Idealismus handele es sich – folgt man den Ausführungen von Habermas – um eine bloße Transformation des idealistischen Reflexionsbegriffs in den materialistischen Begriff der Praxis.

»Die Reflexionsphilosophie, die die Erkenntnis privilegiert, begreift den Bildungsprozeß des Geistes [...] als Bewußtwerdung; die Praxisphilosophie, die die Beziehung zwischen dem handelnden Subjekt und der Welt manipulierbarer Gegenstände privilegiert, begreift den Bildungsprozeß der Gattung [...] als Selbsterzeugung« (PDM, 80).

Schon die parallel geführte Formulierung von Habermas läßt »Reflexionsphilosophie« und »Praxisphilosophie« als verschiedene Varianten des gleichen Grundansatzes erscheinen. Die Kategorie *Selbstbewußtsein* werde einfachhin und ohne eingreifende strukturelle Veränderungen durch die Kategorie *Arbeit* ersetzt (vgl. PDM, 75). Ausgangspunkt bleibe auf diese Weise weiterhin ein einzelnes, isoliertes Subjekt, so daß nur eine naturalistische Transformation des Idealismus gelinge und das monologisch-subjektzentrierte Fundament der Bewußtseinsphilosophie weiterhin in Geltung bleibe. Mit der Orientierung am Subjekt und dem eingeräumten Monologismus hängt nun das vermeintliche Grundproblem der praxisphilosophischen Ansätze zusammen: die Unausgewiesenheit ihrer normativen Grundlagen. Habermas bemerkt,

»daß die normativen Grundlagen der Praxisphilosophie, vor allem die Leistungsfähigkeit des Praxisbegriffs für die Aufgaben einer kritischen Gesellschaftstheorie niemals befriedigend geklärt worden sind« (PDM, 84).

Der normative Gehalt der praxisphilosophischen Ansätze steckt in erster Linie in den vielschichtigen Analysen zum Problem der Verdinglichung, welche sich aus deren konstitutionstheoretischen Aspekten ergeben:

31 Wie man die *Logik* Hegels auf diesem Hintergrund interpretieren kann, zeigen die Arbeiten von M. Theunissen, *Sein und Schein. Zur kritischen Funktion der Hegelschen Logik*, a.a.O.; ferner H. Fink-Eitel, *Dialektik und Sozialethik. Kommentierende Untersuchungen zu Hegels »Logik«*, Meisenheim am Glan 1978.

»Diese reflexionsphilosophischen Bestimmungen können von der Praxisphilosophie unmittelbar naturalistisch umgesetzt werden, sobald die idealistische Denkfigur der Erzeugung oder Konstituierung einer Welt materialistisch, d.h. buchstäblich als Produktionsvorgang begriffen wird« (PDM, 98).

Eine konstitutionstheoretisch argumentierende Philosophie der Gesellschaft begeht nach Habermas einen entscheidenden Fehler, sie stellt sich Gesellschaften nach dem Muster von Subjekten als Großsubjekte vor und beklagt jede gesellschaftliche Ausdifferenzierung als Verdinglichung. Um aber – so Habermas – die normativen Grundlagen einer Theorie der Gesellschaft in einer Weise zu entwickeln, daß eine Unterscheidung zwischen den die Moderne prägenden rationalen Ausdifferenzierungen und den irrationalen Deformationen des menschlichen Lebens möglich wird, bedürfe es der Überwindung monologisch-subjektzentrierter Begriffszwänge. Letzteres ist ohne Zweifel zuzugestehen, doch muß man sich fragen, ob nicht das Kind mit dem Bade ausgeschüttet wurde, denn die gesamte Argumentation hängt hier an der unterstellten Koinzidenz von Subjektphilosophie und Konstitutionstheorie, eben diese ist – zumindest in systematischer Perspektive – fraglich: *Konstitutionstheoretische Ansätze müssen nicht mit subjektphilosophischen Grundannahmen verbunden sein*, wie uns die Lektüre Wittgensteins gelehrt hat.
Die Philosophie von Marx wird von dem angeführten Einwand nicht betroffen, denn Marx strebt schließlich nachweislich eine Sprengung der subjektzentrierten Fundamente überlieferter Philosophie und Theorie zumindest an, obgleich ihm dazu noch nicht alle – ja erst durch die analytische Philosophie bereitgestellten – begrifflichen Mittel zur Verfügung stehen. Man denke etwa an seine Kritik ökonomischer Robinsonaden, die sich zuweilen schon wie eine Präfiguration des Wittgensteinschen Privatsprachenargumentes lesen. Entscheidend aber ist letztlich, womit das Habermassche Argument, welches die Strukturgleichheit von Reflexionsphilosophie und Praxisphilosophie behauptet, zurückgewiesen werden kann, daß es mit der Ablösung der Kategorie Selbstbewußtsein durch die Kategorie Arbeit sehr wohl zu wichtigen und weitreichenden Veränderungen auch struktureller Art kommt. Mit der Kategorie Arbeit wird zwar nicht die Idee der Selbstbezüglichkeit aufgegeben, die auch für die Kategorie Selbstbewußtsein konstitutiv ist. Die Idee der Selbstbezüglichkeit aller-

dings wird auch nicht mit der Kommunikationstheorie und ihrer Orientierung an der für alle Weltbezüge konstitutiven Intersubjektivität aufgegeben. Im Diskurs mit anderen beziehen wir uns ebenso auf uns selbst wie in der Arbeit, über die Menge von Teilnehmern eines Diskurses ebenso wie über eine Menge von gemäß zweckrationalen Prinzipien organisierten Objekten. Was aufgegeben wird, und zwar sowohl von der Praxisphilosophie wie der Kommunikationstheorie, ist die Auffassung, *Selbstbezüglichkeit sei der Stiftungsakt der Subjektivität.*

Ein weiterer von Habermas vorgebrachter Einwand, der auf Ch. Taylors Analysen zum romantischen Handlungsbegriff[32] zurückgeht, wirft der Praxisphilosophie ein am Paradigma künstlerischer Produktion orientiertes Handlungsverständnis vor (vgl. VE 477-490). Ich zitiere die Kernstelle:

> »Was die Praxisphilosophen einklagen, ist das Erbe einer in der deutschen Klassik entzündeten Vision, das Ideal der sich schöpferisch verwirklichenden Individualität« (VE, 483).

Einflußhermeneutisch betrachtet ist diese These richtig. Aber mit dem Hinweis auf die Genese der normativen Grundlagen des Praxisbegriffs ist ja nicht die Gültigkeit dieser Gehalte selbst in Frage gestellt. Es kommt darauf an, wie diese verstanden werden. Im Anschluß an Taylor weist Habermas darauf hin, daß ein *expressivistisches* – so der für die fragliche Auffassung gewählte Terminus – Verständnis menschlicher Handlungen aus einer aktivistisch-idealistischen Umdeutung des aristotelischen Formbegriffs und einer an der Schwelle von Klassik und Romantik geleisteten Vermittlung von aristotelischem und ästhetischem Formbegriff resultiert. Daß sich das Wesen von Individuen in der Produktion entfaltet und Werke als Entäußerungen der Subjektivität und als Ausdrucksgestalten des menschlichen Bildungsprozesses betrachtet werden müssen, sind die den Expressivismus leitenden Thesen. Marx nun und mit ihm andere Praxisphilosophen, so lautet die speziell auf Marx zurechtgeschnittene Form des Einwandes, verallgemeinere diese produktionsästhetische Form des Handelns und übertrage sie auf die Tätigkeit des Arbeitens im engeren Sinne. So formuliert ist dieser Einwand falsch. Richtig ist, daß eine bestimmte Form gelungener und nicht deformierter Praxis als Folie für die Kritik einer deformierten Tätigkeit verwendet wird,

32 Ch. Taylor, *Hegel*, Frankfurt am Main 1983, S. 28-49.

künstlerische Produktion fungiert als Folie für die Kritik entfremdeter Arbeit. Damit aber ist keine Angleichung oder gar eine Vermengung unterschiedlicher Tätigkeitsbereiche erfolgt. Habermas selbst verfährt auf ähnliche Weise, wenn »kontrafaktisch« der ideale Diskurs als kritisches Leitmotiv für die Kritik deformierter Interaktionsprozesse unterstellt werden muß.

Der nächste Einwand zielt geradewegs in die entgegengesetzte Richtung, der Praxisphilosophie wird eine Engführung des Praxisbegriffs am Paradigma ökonomischer Produktion vorgeworfen. Der gleiche Begriff, der scheinbar kreativ überhöht ist, soll nun technizistisch verkürzt sein. Durch diese Orientierung erhalte der Praxisbegriff eine lediglich naturalistische bzw. empirische Bedeutung und lasse keine normativen Überlegungen mehr zu (vgl. PDM, 99), da alle gesellschaftlichen Äußerungsformen nach dem Muster ökonomischer Produktionsvorgänge begriffen würden. Hinzu kommt, daß Habermas in Anbetracht eines historisch absehbaren Endes der Arbeitsgesellschaft[33] von einem *Veralten des Produktionsparadigmas* spricht (Vgl. dazu vor allem PDM, 95-103).

Um einen derartigen Einwand zu formulieren, muß man hinter bereits von Marx selbst und auch von anderen Praxisphilosophen getroffene Unterscheidungen zurückfallen. Schon im Anschluß an Marx lassen sich verschiedene Bedeutungen des Arbeitsbegriffs voneinander differenzieren.[34] Zu unterscheiden sind ein Begriff der Arbeit im engeren Sinn und ein Begriff der Arbeit im weiteren Sinn, wobei ersterer durchaus mehr umfaßt als die bloße Sphäre der Produktion. Sofern nun die Begriffe *Arbeit* und *Praxis* synonym gebraucht werden, was zugegebenermaßen ein ungenauer Sprachgebrauch ist, ist die Arbeit im weiteren Sinn gemeint, so daß von einer produktivistischen Engführung eigentlich nicht ge-

33 Dabei stützt Habermas sich auf eine nicht weiter problematisierte These C. Offes. Vgl. C. Offe, »Arbeit als soziologische Schlüsselkategorie?«, in: J. Matthes (Hg.), *Krise der Arbeitsgesellschaft? Verhandlungen des 21. Deutschen Soziologentages in Bamberg*, 1982, Frankfurt am Main/New York 1983, S. 38-65.

34 Vgl. dazu A. Honneth, »Arbeit und instrumentales Handeln. Kategoriale Probleme einer kritischen Gesellschaftstheorie«, in: A. Honneth/U. Jaeggi (Hg.), *Arbeit Handlung Normativität. Theorien des Historischen Materialismus 2*, Frankfurt am Main 1980, S. 185-233.

sprochen werden kann.[35] Der angeführte Einwand basiert auf einer bestimmten Lesart der Marxschen Texte, die dem Arbeits- und Praxisbegriff eine reduktionistische Bedeutung unterstellt. Der Marxsche Begriff der Arbeit enthält aber bereits wesentlich mehr, als z. B. Habermas annimmt.[36] Habermas selbst muß, um seine Gegenüberstellung von *instrumentellem* und *kommunikativem* Handeln plausibel machen zu können, den Marxschen Begriff der Arbeit bzw. Praxis produktivistisch und technizistisch verkürzen. Arbeit im weiteren Sinn wird auf instrumentales Handeln reduziert, um anschließend das im Marxschen Arbeitsbegriff bereits enthaltene, aber von Habermas herausdefinierte normative und emanzipatorische Potential über den Begriff des kommunikativen Handelns wieder einführen zu können. Der Vorwurf technizistischer Verkürzung gründet also in der ihrerseits fragwürdigen dualistischen Einführung der Begriffe instrumentelles und kommunikatives Handeln.

Abschließend ist trotz aller Kritik, die an den Habermasschen Einwänden gegen die Praxisphilosophie geübt werden konnte, zu fragen: Besitzt seine Argumentation nicht dennoch einen berechtigten Kern? Welche Positionen sind von seiner Kritik tatsächlich betroffen? Vor welchen Fehlern möchten seine Ausführungen bewahren? Er richtet sich gegen Positionen, welche die Auffassung vertreten, der Aufbau von Gesellschaften sei nach dem Muster unmittelbarer Sozialbeziehungen zu denken. Wer gesellschaftliche Organisation mit Hilfe ähnlicher Prinzipien wie die Familie oder etwa (um eine weniger naturwüchsige Form des Zusammenlebens zu nennen) eine Wohngemeinschaft steuern möchte, der artikuliert in der Tat nur die auf der Ebene sozialer Ordnung irreführende Sehnsucht nach Unmittelbarkeit. Nun vertreten nicht alle Praxisphilosophen eine derartige Position, obschon einige zu einem familiaristischen Mißverständnis der Gesellschaft neigen. In systematischer Perspektive allerdings vermag auch eine Philoso-

35 Zudem bedarf es eines behutsameren Umgangs mit dem Begriff der Produktion, der nicht nur ökonomisch, sondern auch philosophiehistorisch von großer Bedeutung ist. Vgl. dazu die Arbeit von F. Albers, *Zum Begriff des Produzierens im Denken von Karl Marx,* Meisenheim am Glan 1975.

36 So auch J. P. Arnason, »Marx und Habermas«, in: A. Honneth/U. Jaeggi (Hg.), a.a.O., S. 137-184; R. Zimmermann, *Utopie – Rationalität – Politik,* a.a.O., S. 259 ff.

phie der Praxis den die Moderne prägenden gesellschaftlichen Ausdifferenzierungen gerecht zu werden, ohne, wie dies mit der Einführung einer systemischen Perspektive geschieht, ihre normativen Orientierungen aufzugeben.

6. Anmerkungen zu System und Lebenswelt

Die dualistische Konstruktion der beiden Handlungsbegriffe, dem *instrumentellen* und dem *kommunikativen Handeln*, denen mit der *Zweckrationalität* und der *kommunikativen Rationalität* unterschiedliche Rationalitätstypen zugeordnet werden, ist zusammen mit den von Habermas vorgenommenen Anleihen bei einer empirischen Theorie sozialer Evolution verantwortlich für die Zweistufigkeit des Habermasschen Gesellschaftskonzeptes und die Einführung der Ebenen von *System* und *Handlung*. Aus ihr ergibt sich die für den gesellschaftstheoretischen Teil der TKH charakteristische Verschränkung von *handlungstheoretischer* und *systemtheoretischer* Perspektive. Diese in der zweiten Zwischenbetrachtung der TKH (TKH II, 171-293) systematisch ausgeführte Verschränkung ist es, welche seine Kritik an der Praxisphilosophie wesentlich motiviert. Letztlich nämlich zielt die Kritik von Habermas nicht so sehr auf eine Position, in der die Konstitution und Reproduktion einer Gesellschaft nach dem »Modell einer Beziehung des Menschen auf sich selbst vorgestellt wird« und gegen die sich mit den Mitteln der analytischen Philosophie relativ leicht argumentieren läßt, sondern auf eine Tradition, in der die Konstitution und Reproduktion von Gesellschaften »handlungstheoretisch erklärt werden soll«[37] und gegen die nur mit Mitteln aus dem Lager von Systemtheorie und Funktionalismus argumentiert werden kann. Habermas bezeichnet beide Positionen als Praxisphilosophie und wegen der so in diesem Begriff angelegten Äquivokation kann er Argumente gegen die Bewußtseinsphilosophie scheinbar auf alle im weitesten Sinne handlungstheoretisch argumentierenden Ansätze übertragen, was seiner eigenen Theorie – vor allem was die Anleihen beim Funktionalismus betrifft – indirekt einen systematischen Rückhalt verschafft. Argumente gegen den hermeneutischen Idealismus einer von der

37 Vgl. dazu A. Honneth, *Kritik der Macht*, a.a.O., S. 401.

phänomenologischen Tradition inspirierten Soziologie (Schütz/Luckmann) werden umstandslos auf praxisphilosophische Denkfiguren übertragen. Mit einer Schiffsmetapher macht er selbst seine Argumentationsstrategie explizit:

»Die sprachpragmatisch durchgeführte Kritik der Bewußtseinsphilosophie beleuchtet die Szene, auf der auch soziologische Handlungstheorien heute operieren müssen: das leckgeschlagene Schiff der Praxisphilosophie dürfte sich auch mit Ersatzteilen aus dem Trockendock von symbolischem Interaktionismus und Sozialphänomenologie nicht wieder flott machen lassen« (ENT 377).[38]

Praxisphilosophische Ansätze sind in den Augen von Habermas nicht deshalb verfehlt, weil sie auf bewußtseins- bzw. subjektphilosophischen Denkfiguren fußen, sondern weil sie nur eine handlungstheoretische Ebene der Gesellschaftsbeschreibung zulassen bzw. auch die sogenannte ›systemische Ebene‹ nur in handlungstheoretischer Perspektive thematisieren und sie nicht als ›normfreie Sozialität‹ allein unter funktionalen Gesichtspunkten fassen. So ist die Praxisphilosophie nicht allein gegen den Vorwurf, sie beerbe die Bewußtseinsphilosophie zu verteidigen, sondern gegen ein Zweistufenmodell der Gesellschaft und gegen die »Versuchungen der Systemtheorie« (Th. McCarthy).

Kaum eine Unterscheidung der TKH hat so viele Kritiken provoziert, wie die Unterscheidung von *System* und *Lebenswelt;* Kritiken, die von sachlicher Auseinandersetzung bis hin zu polemischer Stellungnahme reichen.[39]

Man kann diese Unterscheidung und die Theorie der Zweistufigkeit der Gesellschaft, die neben der Rationalitätstheorie das zweite systematische Kernstück der TKH ausmacht, in sehr verschiedener Weise verstehen. Handelt es sich um eine analytische Unterscheidung und sind mit den Begriffen »System« und »Lebenswelt« lediglich verschiedene Perspektiven bezeichnet, die gegenüber demselben Gegenstand eingenommen werden können;

38 J. Habermas, »Entgegnung«, in: A. Honneth/H. Joas (Hg.), *Kommunikatives Handeln*, a.a.O., S. 327-405.

39 Vgl. die in A. Honneth/H. Joas (Hg.), *Kommunikatives Handeln*, a.a.O., enthaltenen Beiträge von H. Joas, Th. McCarthy, H.-P. Krüger und J. Berger, S. 144-277; eher polemisch sind die Beiträge des Bandes von G. Bolte (Hg.), *Unkritische Theorie. Gegen Habermas,* Lüneburg 1989, dort vor allem der Aufsatz von R. Johannes, »Über die Welt, die Habermas von der Einsicht ins System trennt«, ebd., S. 39-66.

oder aber ist die Unterscheidung sozialontologisch bzw. essentialistisch gemeint, sollen mit den Begriffen unterschiedene Schichten des gesellschaftlichen Seins bezeichnet werden, zwischen denen eindeutig markierbare Grenzen existieren?

Eingeführt wird die Unterscheidung in einer analytischen Bedeutung: einmal wird – so lautet die These von Habermas – »die Gesellschaft aus der *Teilnehmerperspektive* (Hervorhebung CD) handelnder Subjekte als *Lebenswelt einer sozialen Gruppe* konzipiert«, sodann kann sie »aus der *Beobachterperspektive* (Hervorhebung CD) eines Unbeteiligten nur als ein *System von Handlungen* begriffen werden.« (TKH II, 179) So verstanden, ist die Unterscheidung unproblematisch; sie dient dazu, den Gegenstandsbereich »Gesellschaft« auf unterschiedliche Weise zu konzeptualisieren und unterschiedliche Sprachen für seine Beschreibung zu finden und leistet auf diese Weise einen Beitrag zur analytischen und dialektischen Schärfung des gesellschaftstheoretischen Begriffsinstrumentariums. Zudem können einseitige, ob nun hermeneutisch oder funktionalistisch verfahrende Ansätze in der Soziologie auf überzeugende Weise kritisiert werden. Eine problematische Form nimmt die Unterscheidung dort an, wo suggeriert wird, in der handlungs- wie systemtheoretisch konzeptualisierbaren ›Gesellschaft‹ gäbe es den unterschiedlichen Konzepten entsprechende Bereiche. Entgegen der oben zitierten analytischen Einführung der Begriffe wird die zuletzt genannte Lesart durch die im Zusammenhang mit der Unterscheidung von System und Lebenswelt relevante Theorie sozialer Evolution nahegelegt; nahegelegt wird sie auch durch die – zwar von Habermas später zurückgewiesene (vgl. ENT, 379) – trotzdem aber tendenziell vorgenommene Vermengung von »Handlungssystemen mit Handlungstypen«, durch die Parallelisierung der beiden Handlungsformen mit den Bereichen System und Lebenswelt: die Lebenswelt, die ja explizit als »Komplementärbegriff« zum kommunikativen Handeln eingeführt wird, wird strukturiert durch kommunikatives Handeln und Interaktion, im systemischen Bereich hingegen herrscht die Macht der Mechanismen und mit ihr dominiert das zweckrationale und strategische Handeln. Versteht man die Unterscheidung in diesem strikten Sinne, dann drängt sich in der Tat der Verdacht auf, die Lebenswelt sei die zur gesellschaftstheoretischen Kategorie hypostasierte und philosophisch geadelte »Familien-« und »Freizeitwelt«, wohingegen mit System die zwar deformierten, aber notwendigen Zusammenhänge der »Arbeitswelt« gemeint seien.[40]

Im Zusammenhang mit der frühen, von Habermas in *Technik und Wissenschaft als ›Ideologie‹* entwickelten Technokratiethese ist A. Honneth auf die Probleme, die sich aus einer Abbildung analytischer Differenzierungen auf die Ebene der Prozesse gesellschaftlicher Reproduktion selbst ergeben, eingegangen. Habermas versteht sein Zweistufenmodell zwar als Ausweg aus den mit der Technokratiethese verbundenen Schwierigkeiten (vgl. ENT, 378 f.), doch führt nicht eine evolutionstheoretisch aufgeblähte Lesart des Zweistufenmodells dazu, »daß am Ende die Fiktion einer in kommunikativ und zweckrational organisierte Handlungsbereiche gespaltenen Gesellschaft steht«?[41]

Vor diesem Hintergrund wird insbesondere die These von der Entkopplung von System und Lebenswelt, mit welcher Habermas klassische Analysen zum Problem der Verdinglichung reformulieren zu können vermeint, fragwürdig. Auch sie nämlich legt eine sozialontologische und damit starke Lesart der Unterscheidung nahe. Insbesondere mit der Redeweise von einer »Kolonialisierung der Lebenswelt durch das System« muß man eine sozialontologische Deutung der Unterscheidung von System und Lebenswelt voraussetzen; es wird deutlich, daß Habermas die von Honneth zu Recht bemängelte Fiktion präsupponieren muß, um das Verdinglichungsproblem überhaupt innerhalb seiner Theorie in Angriff nehmen zu können. Abgesehen von der sich damit ergebenden Reifizierung der Unterscheidung von System und Lebenswelt selbst führt der Versuch, das Verdinglichungsproblem auf diesem Wege zu reformulieren, zu einer massiven Abschwächung der ursprünglich mit ihm gegebenen normativen Perspektive.[42]

Wegen der strikt dichotomisch-dualistischen Ausrichtung der Habermasschen Grundunterscheidungen, die seine gesamte Theorie durchstrukturieren und deren Architektonik prägen – so finden sie sich auf handlungstheoretischer, rationalitätstheoretischer und gesellschaftstheoretischer Ebene – kann man, und dies

40 Vgl. dazu den zitierten Aufsatz von R. Johannes, ebd., S. 54.

41 A. Honneth, *Kritik der Macht*, a.a.O., S. 282; vgl. auch S. 328.

42 Vgl. auch R. Dannemann, »Das Verdinglichungsproblem und Habermas' Versuch einer Reformulierung«, in: ders. (Hg.), *Georg Lukács. Jenseits der Polemiken. Beiträge zur Rekonstruktion seiner Philosophie*, Frankfurt am Main 1986, S. 105-124.

gilt vor allem für die Unterscheidung von System und Lebenswelt, von einem (gesellschaftstheoretischen) Cartesianismus sprechen, der die fundamentalen normativen Perspektiven der klassischen Praxisphilosophie und der dort formulierten Analysen zum Problem der Verdinglichung aufhebt. Der systemische Bereich wird als eigene und dem normativen Urteil entzogene Welt normfreier Sozialität vorgestellt. Die Entkopplungsthese impliziert bereits begrifflich die von Habermas als Sozialpathologie diagnostizierte Dominanz systemischer Imperative in der Lebenswelt. Auf dieser Grundlage kann die Reformulierung der klassischen, marxistischen Verdinglichungstheorie nicht gelingen. Die Verdinglichung ergibt sich Habermas zufolge, wenn kapitalistische Marktlogik und bürokratische Sachzwänge auf die symbolische Reproduktion der Lebenswelt übergreifen. Mit der Entkopplung von System und Lebenswelt und der Ausdifferenzierung *greifen* Marktlogik und Bürokratie auf die Lebenswelt über. Die kategorialen Probleme der Theorie von Habermas ergeben sich aus seiner evolutionstheoretischen Deutung der Systemtheorie.

An die Stelle einer pragmatischen bzw. praktischen und handlungsbezogenen Umdeutung der klassischen Transzendentalphilosophie, mit der sich z. B. Marx, Heidegger, Lukács und auch Wittgenstein eine fundamentale Verdinglichungskritik ermöglichen, tritt bei Habermas die Auseinandersetzung mit empirischen Theoriebefunden. Die starke Orientierung an den Einzelwissenschaften rechtfertigt meines Erachtens die Rede von einem gemäßigten Szientismus, der das jüngere Werk von Habermas insgesamt prägt und der die festgestellte Abschwächung der normativen Perspektive mitbedingt. Nun ist die Orientierung an der einzelwissenschaftlichen Forschung in der Philosophie weitverbreitet und sicherlich auch sinnvoll. Wollte man jeden philosophischen Rückgriff auf die Ergebnisse einer Einzelwissenschaft als Szientismus brandmarken, ginge man zu weit und hielte allzu unkritisch an der Idee einer prima philosophia fest, unterliefe zudem Grundsätze eines philosophischen Materialismus. Philosophische Argumente können durch den Verweis auf die Ergebnisse einzelwissenschaftlicher Forschung gestützt und korrigiert werden. Szientistisch wird der Rückgriff auf die Einzelwissenschaften erst dann, wenn er unkritisch erfolgt und die begrifflichen Grundlagen der jeweiligen Wissenschaft nicht mehr mitbedacht werden. Es ergeben sich schnell reduktionistische Ansätze, wenn der Verweis auf empirische Theoriebefunde an die Stelle philosophischer Beschreibung und Phänomenanalyse tritt. Der Verzicht auf die analytisch-deskriptive Arbeit der Philosophie und der leichtfertige Rekurs auf empirische Theorien sind zentrale Ursachen eines in der gegenwärtigen Philosophie weit verbreiteten anthropologischen und phänomenologischen Reduktionismus, der es oftmals nicht erlaubt, die Intentionen philosophischer Kritik zu bewahren, da er das normative Potential philosophischen Nachdenkens psychologistisch oder soziologistisch depotenziert und verfehlt und den mehr oder minder virtuosen Umgang mit einem Theorievokabular an die Stelle tatsächlicher Analyse treten läßt. Diese Tendenz zeigt sich auch bei der von Habermas angestrebten Wiederaufnahme der klassischen Verdinglichungskritik.

Daß an die Stelle der beiden Grundmotive der Praxisphilosophie – des konstitutionstheoretischen Praxisbegriffs und des normativ gehaltvollen Verdinglichungsbegriffs – bei Habermas einzelwissenschaftliche Theoriebefunde treten, basiert auf einem falschen Verständnis des Verhältnisses von Philosophie und Einzelwissenschaft. Begriffliche Argumentation läßt sich nicht empirisch überbieten. Als Korrektiv gegen unkritische Rekurse auf die Ergebnisse der Einzelwissenschaften ist an der kritischen Idee einer prima philosophia festzuhalten.

Ein Einwand allerdings möchte zurückbleiben: ist das zweistufige Gesellschaftsmodell gegenüber den in praxisphilosophischen Ansätzen dominanten Vorstellungen nicht allein deshalb vorzuziehen, da es von größerer analytischer Kraft ist und eine ganz wesentliche Erweiterung des begrifflichen Instrumentariums mit sich bringt? Dieser Einwand ist nur dann stichhaltig, wenn praxisphilosophische Denkmittel auch eine »schwache«, analytische Version des Zweistufenmodells ausschlössen. Daß dem nicht so ist, hat für die Marxsche Theorie H. Brunkhorst[43] und für die Analysen von Lukács K. Beiersdörfer[44] gezeigt. Lukács z. B. konzipiert eine kritische Systemtheorie des Kapitalismus, die auf den praxisphilosophischen Grundansatz zurückbezogen wird und ge-

43 H. Brunkhorst, »Paradigmakern und Theoriendynamik der Kritischen Theorie der Gesellschaft«, in: *Soziale Welt* XXXIV (1983), S. 22-56, 50ff.

44 K. Beiersdörfer, *Max Weber und Georg Lukács. Über die Beziehung von Verstehender Soziologie und Westlichem Marxismus*, Frankfurt am Main/New York 1985, vor allem S. 178ff.

rade deshalb als Theorie der Verdinglichung formuliert werden kann. Mit der analytischen Differenzierung von System und Lebenswelt also lassen sich die angeführten Ansätze sehr wohl vereinbaren, so daß auch der Hinweis auf die Zweistufigkeit kein Grund sein kann, der Praxisphilosophie den Rücken zu kehren.

In einem ersten Schritt wurden die Motive für eine rationalitätstheoretische Grundlegung der Gesellschaftstheorie betrachtet, bevor die Habermassche Theorie der Rationalität selbst und die damit einhergehenden sprach- und moralphilosophischen Analysen rekonstruiert wurden. Der Formalismus im besonderen und die phänomenologischen Defizite im allgemeinen waren die wichtigsten Gründe für die Kritik der Theorie kommunikativer Kompetenz. Die von mir im Anschluß an Wittgenstein vorgeschlagene sprachkritisch modifizierte Form der Praxisphilosophie bietet eine Alternative zur rationalitätstheoretischen Einführung der Grundbegriffe kritischer Gesellschaftstheorie bei Habermas. Die vor dem Hintergrund der Kommunikationstheorie ausgeführte Kritik an der Bewußtseinsphilosophie wurde überprüft, eine genaue Betrachtung der einzelnen Argumente machte erhebliche Modifikationen erforderlich. Auch die Habermassche Kritik an der Praxisphilosophie konnte entkräftet werden, sowohl der Vorwurf des bewußtseinsphilosophischen Erbes als auch der Hinweis auf die Grenzen handlungstheoretischer Analyse erwiesen sich als fragwürdig. Systematische Probleme der diese Kritik im wesentlichen motivierenden Unterscheidung von System und Lebenswelt konnten benannt werden. So hat die Auseinandersetzung mit Habermas zwar die Probleme und Gefahren vor Augen geführt, die sich aus einem konstitutionstheoretischen Ansatz ergeben können, mit dem Hinweis auf mögliche Probleme allein aber ist noch kein überzeugendes Argument gegen die Konzeption einer sprachkritisch transformierten Philosophie der Praxis formuliert.

Im nächsten Kapitel möchte ich den auch in sozialphilosophischer Perspektive kritischen Sinn der Sprachkritik weiter präzisieren. Neben Wittgenstein ist es die Philosophie Adornos, die einen geeigneten Anknüpfungspunkt bietet. Seine sozialphilosophischen Reflexionen sind kategorial in einer Kritik der Sprache verankert.

IV. Sprache und Verdinglichung. Anmerkungen zu Wittgenstein und Adorno

Nicht nur der Begriff der Praxis in seiner konstitutionstheoretischen Fassung erlaubt die Rekonstruktion der Philosophie Wittgensteins im Rahmen einer kritischen Theorie der Gesellschaft. Wittgenstein formuliert zudem eine sprachanalytische Variante der Verdinglichungskritik, die auf die praxisphilosophischen Analysen zum Verdinglichungsproblem bezogen werden kann. Die Grundlinien zu einer in diesem Sinne kritischen Sprachphilosophie skizziert der erste Abschnitt (1). Die folgenden Abschnitte beschäftigen sich mit der Philosophie Th. W. Adornos. Bei ihm hat sich, komplementär zu der sich aus dem Ansatz Wittgensteins ergebenden Integration der Sprachphilosophie in den Rahmen einer kritischen Philosophie des Sozialen, eine Annäherung von sprachkritischer Reflexion und gesellschaftstheoretischer Analyse von der anderen Seite her – der einer kritischen Theorie – vollzogen. Adorno hat das Marxsche Fetischtheorem sprachkritisch gewendet und ist damit – freilich auf anderen Wegen – zu einer mit Wittgensteins Position konvergenten Konzeption vorgedrungen. Adorno entwickelt die Sprachkritik als Verdinglichungskritik, Wittgenstein formuliert die Verdinglichungskritik in erster Linie sprachkritisch.

In Anbetracht des gegenwärtigen Standes der Adorno-Rezeption mag diese Feststellung überraschen. Im Zusammenhang mit dem mit J. Habermas verbundenen Paradigmenwechsel in der Sozialphilosophie werden immer wieder Argumente formuliert, die Adorno eine sprachphilosophische Naivität vorwerfen und ihn als Vertreter der Bewußtseinsphilosophie kritisieren. Meine Rekonstruktion Adornos im Sinne einer auch sprachkritisch ansetzenden Philosophie versteht sich als Beitrag zur Korrektur solcher Interpretationen.[1] Im Rückgriff auf die zentralen *sprachphiloso-*

1 In bezug auf Adorno haben bislang folgende Interpreten mit dem Begriff der Sprachkritik operiert: H. Gripp, *Theodor W. Adorno. Erkenntnisdimensionen negativer Dialektik*, Paderborn 1986, S. 132 ff.; R. Kager, *Herrschaft und Versöhnung. Einführung in das Denken*

phischen Passagen der *Dialektik der Aufklärung* und der *Negativen Dialektik*[2] werden die Eigenarten der Adornoschen Sprachphilosophie und deren gesellschaftstheoretisch relevanter Gehalt herausgearbeitet (2), sodann erfolgt eine Auseinandersetzung mit Adornos Stellung zur sog. Subjektphilosophie (3). Ein weiterer Abschnitt beschäftigt sich mit seinem Begriff der Erfahrung, führt die Diskussion um Adornos Verhältnis zur Subjektphilosophie fort (4). Schließlich erläutere ich im Anschluß an Adornos Konzept der Mimesis das der Kritik verzerrter Sprachgebräuche zugrundeliegende normative Ideal (5).

1. Sprachkritik als Verdinglichungskritik: Das Substantiv »Zeit« und das Pronomen »ich« als Beispiele

In seinem gesamten Werk weist Wittgenstein durchgängig auf einen Kardinalfehler des sprachphilosophisch naiven Denkens hin, der zu einer Art von Kategorienfehlern führt, die eine ähnliche Struktur wie die im Kontext des Marxschen Fetischtheorems diskutierten besitzen. Dieser Fehler besteht in der Suche nach »Dingen«, die den Worten als deren Bedeutungen entsprechen sollen. In vielen Fällen führt diese Suche zu sprachlichen Hypostasierungen, die mit gleichartigen Deformationen des menschlichen Lebens verbunden sein können, wie sie auch die Marxsche Ökonomiekritik aufzuweisen bestrebt war (vgl. dazu BB, 15, 21 f., 49 ff., 265; BPP I, § 149; BPP II, § 603; PG, §§ 75, 77, 112; PU, vor allem §§ 45).

Th. W. Adornos, Frankfurt am Main/New York 1988, S. 13, 203 ff.; U. Müller, *Erkenntniskritik und negative Metaphysik bei Adorno. Eine Philosophie der dritten Reflektiertheit*, Frankfurt am Main 1988, z. B. S. 147 ff; A. Wellmer, *Zur Dialektik von Moderne und Postmoderne. Vernunftkritik nach Adorno*, Frankfurt am Main 1985, vor allem S. 48-114; zur Sprachphilosophie Horkheimers vgl. G. Schmid-Noerr, *Das Eingedenken der Natur im Subjekt. Zur Dialektik von Vernunft und Natur in der Kritischen Theorie Horkheimers, Adornos und Marcuses*, Darmstadt 1990, vor allem S. 115-140.

2 M. Horkheimer/Th. W. Adorno, *Dialektik der Aufklärung. Philosophische Fragmente*, Frankfurt am Main 1986 (zitiert als DA); Th. W. Adorno, *Negative Dialektik*, Frankfurt am Main 1982 (zitiert als ND).

Die durch falsche Vorstellungen vom Wesen unserer Sprache nahegelegten Hypostasierungen – in diesem Fall durch den Glauben, alle Wörter der Sprache funktionierten wie Namen – sind für Wittgenstein nicht nur eine Hauptquelle philosophischer Probleme, sondern sie bilden auch die Wurzel vieler das menschliche Leben betreffender falscher Vorstellungen im allgemeinen. Mit seiner Kritik an den Mechanismen sprachlicher Hypostasierung formuliert er darüber hinaus eine radikale Wissenschaftskritik.
Er kritisiert essentialistische Theorieansätze, die eine »verächtliche Haltung gegenüber dem Einzelfall« (BB, 39) an den Tag legen; es sind ja vor allem diese, welche – um eine berühmte Passage aus dem Vorwort zu den *Philosophischen Bemerkungen* zu zitieren – den Geist »des großen Stromes der europäischen und amerikanischen Zivilisation« ausmachen, einer Metaphysik der Präsenz, dem Wittgenstein sich eben nicht verpflichtet fühlt (PB 7, vgl. auch VB, 458-460).
Zwei Beispiele sollen die verdinglichungskritische Absicht von Wittgensteins Sprachkritik verdeutlichen.
Was ist die Zeit? Bereits in dieser Frage sieht Wittgenstein eine Tendenz zur Verdinglichung angelegt (vgl. BB, 22). Das Substantiv »Zeit« suggeriert die Vorhandenheit einer außersprachlich anzusiedelnden Entität; eines Dinges, welches diesem Wort entspricht. Die Zeit erscheint in der auf diese Weise formulierten Frage zudem als eine vom Handeln der Menschen unabhängige Entität. Die Formulierung einer Frage wie »Was ist die Zeit?« läßt als Antwort eine allgemeine Definition erwarten, die bündig darüber Auskunft gibt, was die Zeit ist.
In der Geschichte der Philosophie wurde die Zeitproblematik immer wieder diskutiert. Generationen von Philosophen haben versucht, eine Antwort auf die Frage nach dem Wesen der Zeit zu geben. So unterschiedlich diese Antworten im einzelnen auch waren, man denke an die Augustinische Unterscheidung zwischen subjektiver und objektiver Zeit, an die Zeit als eine reine Form der Anschauung in Kants *Kritik der reinen Vernunft*, an Bergsons psychologische Fundierung der Zeit als Dauer oder an die Zeitanalysen Husserls; sie alle basieren auf derselben Voraussetzung, strenggenommen nämlich resultieren die dort gestellten Fragen und die gegebenen Antworten aus der Hypostasierung des Wortes »Zeit«, binden die Zeitvorstellung in einen präsenzmetaphysischen Rahmen ein.

Aufgrund der sprachlich gegebenen Struktur kann die Frage nach der Zeit formuliert werden wie jede beliebige Frage nach der Beschaffenheit eines Objekts: »Was ist das für ein Ding?« Bei der Beantwortung so gestellter Fragen sind in der Regel physikalistische Gesichtspunkte leitend. Die *Oberflächengrammatik* – um mit Wittgenstein zu reden – macht zwischen der Zeit und irgendeinem beliebigen physikalischen Objekt keinen Unterschied. Die Vorstellung von der Zeit als einem Ding legt eine diese quantifizierende Auffassung nahe. Besonders ausgeprägt ist die Quantifizierung der Zeit in der physikalistischen Zeitvorstellung.

Wie läßt sich die physikalistische Zeitauffassung charakterisieren? Die physikalische Zeit ist diejenige, die sich mit den Uhren messen läßt. Metaphorisch wird sie zumeist als eine Linie oder als ein in eine bestimmte Richtung weisender Pfeil vergegenwärtigt – in diesem Zusammenhang muß man an die für das ›Vergehen der Zeit‹ zentrale Metapher des Fließens denken. Auf der ›Zeitlinie‹ können die verschiedenen Aspekte der Zeit Vergangenheit, Gegenwart und Zukunft als verschiedene ›Zeitpunkte‹ eingetragen werden. Bei der physikalistischen Auffassung von der Zeit handelt es sich um ein zugerichtetes, den technischen Erfordernissen der Welt angepaßtes Zeitverständnis. Außerhalb dieses im weiteren Sinne technischen bzw. pragmatistischen Rahmens werden die Grenzen der physikalistischen Zeitauffassung schnell sichtbar. So kann z. B. das Phänomen unterschiedlich erlebter Dauer überhaupt nicht in die Thematisierung der Zeit miteinbezogen werden, Zeit ist diesem Verständnis zufolge immer ›gleich lang‹. Das menschliche Leben in seiner Verfaßtheit als Zeitlichkeit tritt überhaupt nicht in den Blick. Dennoch ist die physikalistische Zeitauffassung auch für viele unserer alltäglichen Zeitverständnisse leitend, was deutlich wird, wenn man sich verschiedene Situationen, in denen wir mit der Zeit ›umgehen‹, vergegenwärtigt:

– Wieviel Uhr ist es? – Es ist schon 9.30, jetzt muß ich mich beeilen, da ich keine Zeit mehr habe.

– Ich werde noch einige Stunden arbeiten, um die mir heute noch verbleibende Zeit sinnvoll zu nutzen.

– Wenn wir morgen mit dem Auto nach Stuttgart fahren und nicht den Zug nehmen, können wir Zeit sparen.

– Wer Zeit hat, der hat Geld.

– Nachdem du nun einige Monate nicht wußtest, was du tun solltest, hast du viel Zeit vergeudet.

Die Beispiele machen deutlich, daß sich mit der Vorstellung von der Zeit als einem Ding ihre Quantifizierung verbindet. Selbstverständlich ist nicht mit jeder Art der ›Zeitquantifizierung‹ eine Deformation menschlicher Lebenszusammenhänge verbunden. In vielen Kontexten jedoch drängen sich Verzerrungen auf. Zeit kann man haben, man kann sie nicht haben, sie kann gespart und verloren werden. Es ist kein Zufall, daß nicht nur Wittgenstein sich in sprachkritischer Perspektive mit der Verdinglichung der Zeit beschäftigt hat. Die Verdinglichung der Zeit wurde mit ihren deformierenden Konsequenzen auch innerhalb der marxistischen Philosophie diskutiert.[3] Dies ist einmal mehr ein Indiz dafür, daß Sprachanalyse und kritische Gesellschaftstheorie zur Analyse der gleichen Phänomene führen können. Auf die Möglichkeit einer ›werttheoretischen‹ Analyse der Zeit macht bereits der Gemeinspruch *Zeit ist Geld* aufmerksam, der zudem die praktischen Konsequenzen der Verdinglichung der Zeit trefflich vergegenwärtigt. Vollends quantifiziert ist die Zeit in kapitalistischen Produktionszusammenhängen als *Arbeitszeit*. Über die Arbeitszeit als bloßes Quantum der Arbeit schreibt Marx in seiner Auseinandersetzung mit Proudhons *Philosophie des Elends*, daß sie voraussetzt,

»daß das Pendel der Uhr der genaue Messer für das Verhältnis der Leistungen zweier Arbeiter geworden ist, wie er es für die Schnelligkeit zweier Arbeiter geworden, wie er es für die Schnelligkeit zweier Lokomotiven ist. So muß es nicht mehr heißen, daß eine (Arbeits-)Stunde eines Menschen gleichkommt der Stunde eines anderen Menschen, sondern daß vielmehr ein Mensch während einer Stunde soviel wert ist wie ein anderer Mensch während dieser Stunde. Die Zeit ist alles, der Mensch ist nichts mehr, er ist höchstens noch die Verkörperung der Zeit. Es handelt sich nicht mehr um die Qualität. Die Quantität allein entscheidet alles: Stunde gegen Stunde, Tag gegen Tag« (MEW 4, 85).

Als Arbeitszeit ist die Zeit ›wirklich‹ zu einem quantitativ meßbaren Ding erstarrt, sie ist dem Raum assimiliert.[4] Die Verdinglichung der Zeit in der Arbeitszeit bildet die ›reale‹ Entsprechung zu der Hypostasierung des Begriffes der Zeit. Die Quantifizierung der Zeit bleibt allerdings nicht nur auf die Zeit der Arbeit

3 Die Zeitproblematik im Kontext einer Philosophie der Praxis diskutiert M. Montanari, *La libertà e il tempo. Osservazioni sulla democrazia tra Marx e Gramsci*, Roma 1991.

4 Diese These diskutiert G. Lukács, *Geschichte und Klassenbewußtsein. Studien über marxistische Dialektik*, Berlin 1923, z. B. S. 101.

beschränkt, sie dringt in alle Bereiche des menschlichen Lebens vor und organisiert die Biographien der Individuen.[5] Die Erfahrung der Zeit während der Arbeit wird zu einer paradigmatischen Zeiterfahrung.

Die als Ding mißverstandene und unter Kategorien der Handhabbarkeit und Verfügbarkeit getretene Zeit führt zu verschiedenen Formen der Verdinglichung des Menschen, wie sie bereits bei der Rekonstruktion des Marxschen Fetischtheorems diskutiert wurden. Da die Zeit ›kostbar‹ ist, ›haben‹ die Menschen keine Zeit mehr für sich und füreinander. Das Leben wird in eine Abhängigkeit von einer ökonomisch und sprachlich verdinglichten, quantifizierten Zeit gebracht. Es wird auf einen Zeitfaktor reduziert, wobei es keine *qualitativen*, sich auf die Erlebnisbasis stützenden Bezüge mehr besitzt. Verdinglichungskritisch kann sowohl die sprachkritische Analyse als auch eine Theorie wie die Marxsche die leitenden Mißverständnisse kritisieren und ihre Genese aufweisen. Zugegebenermaßen führen Wittgensteins sprachkritische Analysen nicht unmittelbar die aufgewiesenen Elemente mit sich, müssen sie systematisch auf Probleme der Gesellschaftstheorie bezogen werden. Allein jedoch die Möglichkeit, die Kritik semantischer Hypostasierungen auf eine ökonomisch fundierte Verdinglichungskritik zu beziehen, reicht zunächst einmal aus für die Behauptung der in der angeführten Weise bestehenden Kompatibilität von Sprachkritik und Gesellschaftstheorie. Beispiele wie das diskutierte können als Bausteine zu einer sprachkritisch transformierten Philosophie der Praxis dienen, welche das Verdinglichungstheorem nicht preisgibt und anders als die Kommunikationstheorie von Habermas als normative Basis einer kritischen Theorie ernst nimmt. Ein weiteres Beispiel wird die verdinglichungskritische Absicht der Sprachkritik einmal mehr demonstrieren.

Bereits in den *Philosophischen Bemerkungen* schreibt Wittgenstein: »Eine der am meisten irreführenden Darstellungsweisen unserer Sprache ist der Gebrauch des Wortes ›ich‹ [...]« (PB, § 57). Auch das Wort »ich« veranlaßt uns zu der Auffassung, von ihm sei

5 In soziologischer Perspektive wird das Zeitproblem in bezug auf die Organisation des Alltags diskutiert von H. Nowotny, *Eigenzeit. Entstehung und Strukturierung eines Zeitgefühls*, Frankfurt am Main 1989, S. 105-133.

etwas bezeichnet. Was Wittgenstein schon angesichts des Zeitproblems formulierte, gilt auch hier:

»Wir sind in größter Versuchung zu denken, daß wir es hier mit verborgenen Dingen zu tun haben, etwas, das wir von außen sehen, aber in das wir nicht hineinschauen können. Aber nichts dergleichen ist der Fall« (BB, 22).

Bei dem Personalpronomen »ich« handelt es sich um einen Indikator, Indikatoren können nur situationsabhängig gebraucht werden.[6] In einer Sprechsituation bezieht sich ein Sprecher mit dem Wort »ich« auf sich selbst, er meint sich mit diesem Wort, sofern es sich bei ihm in dieser Situation um den Sprecher einer Äußerung handelt. Ausdrücke wie »ich«, »er«, »du« differenzieren pragmatisch die an einer Redesituation Beteiligten.
In der Geschichte der Philosophie hat das Wort »ich« immer wieder zu recht abstrusen Vorstellungen Anlaß gegeben. Irregeleitet durch Verwendungen dieses Wortes in Äußerungen wie »ich denke« oder »ich empfinde« wurde das Ich (!) als eine Art Behälterraum vorgestellt, in dem das Denken sich ereignet, in dem die Empfindungen sitzen. Mit dem Wort »ich« meinte man über den Ort zu sprechen, »wo das Denken stattfindet« (BB, 23). Die Hypostasierung des Wortes »ich« führt die Vorstellung von einem zur Entität verdinglichten Ich mit sich, welche die Grundlage der gesamten *introspektiven Psychologie* bildet, die fest mit der neuzeitlichen Erkenntnistheorie verbunden ist.[7]
Der cartesianische Mythos vom Gespenst in der Maschine gehört ebenso dazu wie die empirischen ›Wachstäfelchentheorien‹ der Erkenntnis. Eine in diesem Kontext relevante Fundamentalunterscheidung, die auf Descartes zurückgeht, ist die zwischen dem zur *res cogitans* verdinglichten Geist und der *res extensa* – der Natur. In Analogie zur Physik Newtons, welche eine Theorie der Gesetze der äußeren Welt war, konzipierte man die Erkenntnistheorie als eine Theorie von der Innenwelt des Subjektes. Die Innenwelt versuchte man mit gegenstandstheoretischen Mitteln zu fassen, um eine Art ›Physik des Geistes‹ formulieren zu können.
Selbst noch die gegenwärtigen mentalistischen bzw. kognitivistischen Repräsentationstheorien des menschlichen Geistes sind die-

6 W. Kamlah/P. Lorenzen, *Logische Propädeutik. Vorschule des vernünftigen Redens*, Mannheim ²1973, S. 111 ff.
7 Vgl. dazu G. Ryle, *The Concept of Mind*, London 1949.

sen Vorstellungen verhaftet. Durch verhaltensbeschreibende Redeweisen (sogenannte dispositionale Prädikate) sehen sich die Kognitionstheoretiker dazu veranlaßt, mentale Entitäten zu hypostasieren, die als im Kopf des Menschen anzusiedelnde Ursachen seines Verhaltens gelten. In Verbindung mit Erkenntnissen bzw. mehr oder minder experimentell abgesicherten Theoriestükken aus der Neurophysiologie und Humanbiologie werden die im Kopf des Menschen angesiedelten Ursachen seines Verhaltens zuweilen identifiziert mit den neurophysiologischen Vorgängen, welche als vermeintlich materielle Substrate den jeweiligen Verhaltensweisen korrelieren.[8] Wie verfehlt derartige Auffassungen sind, zeigt die Betrachtung einiger Beispiele.

Sagen wir z. B. von jemandem, er sei in der Lage ein Brot zu backen, so beziehen wir uns damit nicht auf geheimnisvolle Vorgänge in seinem Kopf, die, wie auch immer, die Bewegungen seiner Hände sowie die Abfolge der einzelnen Abläufe, die nötig sind, um ein Brot zu backen, koordinieren und steuern. Wir beziehen uns darauf, daß er tatsächlich Brote backt und daß es ihm meistens gelingt, ein schmackhaftes Brot herzustellen.

Oder wir wissen, x liebt y. Zu diesem Wissen gelangen wir nicht vermittels einer Einsicht in den Kopf von x, in dem immer dann, wenn er y sieht, ganz seltsame Transmitterbewegungen beobachtbar sind und es zu einer Reizung bestimmter Fasern kommt, wir beziehen uns vielmehr auf unsere Kenntnis der Art und Weise, in der x y behandelt, wir hören den Tonfall seiner Stimme und beobachten die Zärtlichkeit seiner Gesten.

Theorien wie die oben angeführten, ergeben sich auf der Grundlage einer Hypostasierung des Wortes »ich«, mit ihnen verbinden sich die gleichen Aporien wie mit der neuzeitlichen Erkenntnistheorie. So entstehen Bilder vom Menschen, welche den genuinen Sinn seiner Handlungen und seiner Praxis physikalistisch, biologistisch oder mentalistisch verfehlen. Die sprachanalytische Verdinglichungskritik kann szientistische Mißverständnisse und Selbstmißverständnisse des Menschen aufdecken und die durch sie bedingten Deformationen des menschlichen Lebens aufzeigen. Selbst wenn man einmal von den wissenschaftlichen Fehldeutungen absieht, die sich mit der Hypostasierung des Wortes »ich«

8 Thesen solcher Art hat z. B. N. Chomsky, *Regeln und Repräsentationen*, Frankfurt am Main 1981, nahegelegt.

ergeben können und sich alltäglichen Verständnissen zuwendet, so ist auch hier die Macht der Hypostasierungen zu sehen. Man kann ganz emphatische Vorstellungen von der menschlichen Subjektivität finden – die Philosophie hat mit der Konzeption eines erkenntnistheoretischen Solipsismus nicht unwesentlich dazu beigetragen –, die sich mit der Theorie vom Geist des Menschen als einer privaten Entität verbinden. Diese können sich in praktischer Hinsicht als privatistische Individualismen oder in Form ausschließlich der Selbstsorge gewidmeter hedonistischer Orientierungen ausdrücken. Ein isoliertes Individuum erscheint als der einzige Fluchtpunkt aller menschlichen Orientierungen und Entwürfe, der *einzelne* Mensch wird zum Maß aller Dinge. Die Verdinglichung des Ichs führt auf diese Weise zu einem anarchistischen Individualismus, der der Gesellschaftlichkeit des Menschen auf keine Weise mehr Rechnung tragen kann und auch auf keine Weise mehr Rechnung trägt.

Nicht ohne Grund haben Marx und Engels unermüdlich gegen die Konzeption M. Stirners polemisiert (vgl. MEW 3, 101-436). Stirners Position macht deutlich, daß ein philosophischer Solipsismus und der anarchistische Individualismus zwei Seiten derselben Münze sind. Stirners Überlegungen sind gerade deshalb lehrreich, weil in ihnen die praktischen Konsequenzen, welche die Hypostasierung des Wortes »ich« mit sich führen kann, in einer extremen Form durchkonzipiert werden. In der Marxschen und Engelsschen Stirnerkritik ist das Motiv der sprachanalytischen Kritik an einer Hypostasierung des Wortes »ich« enthalten.

Auch die sogenannte Subjekt- bzw. Bewußtseinsphilosophie erhebt sich auf der Grundlage eines bestimmten, überzogenen Verständnisses des Wortes »ich« und der damit verbundenen Vorstellungen. Die Verdinglichungskritik kann solche Verständnisse kritisch destruieren und auf die ihnen zugrundeliegenden Fehlverständnisse hinweisen. Es ist also nicht so, wie z. B. Habermas meint, daß sich verdinglichungskritische Analysen nur auf der Grundlage subjektphilosophischer Annahmen ausführen lassen[9], im Gegenteil, die Kritik an der Subjektphilosophie kann als Teil einer allgemeineren Verdinglichungskritik formuliert werden.

Die beiden Beispiele mögen die ideologiekritische Reichweite der sprachanalytischen Verdinglichungskritik demonstriert haben,

9 Vgl. dazu das vorhergehende Kapitel.

deutlich wurde, daß sie in einen gesellschaftstheoretischen Rahmen eingefügt werden kann. Die Kritik gesellschaftlicher Verdinglichungsphänomene läßt sich in einer Reihe von Fällen als Analyse von Pathologien unseres Sprachgebrauchs vornehmen. Mit der anwachsenden Bedeutung der Sprache als Medium gesellschaftlicher Reproduktion innerhalb der Entwicklung hin zu einer postindustriellen Gesellschaft, von der man in den Sozialwissenschaften spricht[10], ist der sprachanalytischen Kritik der Verdinglichung ein der klassischen, marxistischen Theorie der Verdinglichung vergleichbares Gewicht zu verleihen. Eine sprachkritische Transformation des für eine kritische Theorie der Gesellschaft wesentlichen Topos der Verdinglichungskritik, wie ich sie im Anschluß an Wittgenstein skizziert habe, findet sich denn auch bereits, so meine die nächsten Abschnitte leitende These, bei Th. W. Adorno.

2. Der sprachphilosophische Ansatz Adornos

Die *Dialektik der Aufklärung* – von Adorno und Horkheimer 1944 unter dem nachhaltigen Eindruck des Faschismus im amerikanischen Exil fertiggestellt – gilt als eines der umstrittensten Dokumente kritischer Theorie. Nicht nur ist es deren ›schwärzestes Buch‹, gleichzeitig distanziert es sich, anders als die vorausgegangenen im Umfeld des Instituts für Sozialforschung entstandenen Schriften, von den formalen Erfordernissen des Wissenschaftsbetriebes und präsentiert sich vordergründig als eine lockere Sammlung von Essays, Exkursen und Fragmenten. Seine Kritik an der Idee der modernen Wissenschaft dokumentiert es auf diese Weise auch formal. »*Schon der Mythos ist Aufklärung, und: Aufklärung schlägt in Mythologie zurück*« (DA, 6), so lautet die Kernthese des Buches, welches die Genesis der okzidentalen Rationalität in Termini von Regression, Repression und Unglück schreibt. Erzählt wird, so A. Wellmer, »die Geschichte vom Glanz und Elend der Aufklärung«.[11]

10 Z. B. A. Touraine, *Die postindustrielle Gesellschaft,* Frankfurt am Main 1972.

11 A. Wellmer, *Zur Dialektik von Moderne und Postmoderne*, a.a.O., S. 137.

Adorno und Horkheimer machen deutlich, daß der Prozeß der Aufklärung immer regressive Momente mitenthält, die sich gegen deren ursprüngliche Intentionen kehren; daß Vernunft auch dort, wo sie sich nicht offenkundig instrumentellen Zwängen unterordnet, von eben diesen nicht frei ist. Die folgenden Überlegungen betrachten die Grundlinien des Buches von Adorno und Horkheimer in einer vielleicht ungewöhnlichen Perspektive: auf dem Hintergrund der dort en passant mitgeführten Sprachphilosophie. In dieser, dies soll gezeigt werden, ist die für die DA zentrale Verdinglichungs- und Instrumentalismuskritik verankert.

Die DA beschreibt die Geschichte der abendländischen Rationalität, die Heraufkunft instrumenteller Praktiken der Naturbeherrschung, die Urbarmachung der Welt ausdrücklich im Zusammenhang mit der Genesis der menschlichen Sprache. Folgt man den Ausführungen von Adorno und Horkheimer, so vollzieht sich die Loslösung des Menschen von der Natur, der Prozeß seiner Emanzipation von bloßer Naturwüchsigkeit im wesentlichen mit den Mitteln der Sprache. Mythische und mimetische Verhältnisse zur Natur, die der archaische Mensch ausbildet, um sich seiner Umwelt zu bemächtigen und seine Ängste zu kontrollieren, werden mit der Herausbildung einer *begrifflichen,* d. h. hier: allgemeinen, repräsentierenden Sprache überwunden. Die Existenz einer begrifflichen Sprache ist die wichtigste Voraussetzung für die Erfahrung der Natur als einer einem identischen Subjekt gegenübergestellten Einheit; ohne sie ist weder strukturierte Wahrnehmung möglich, noch auch der Rekurs auf ein mit sich identisches Subjekt. Nicht nur die *Betrachtung* der Natur, sondern auch der *praktische Umgang* mit ihr und den in ihr vorfindlichen Dingen, schließlich auch die Selbstsorge sind allererst auf der Grundlage einer begrifflichen Sprache möglich.

Erst mit der Entstehung einer allgemeinen Begrifflichkeit ist die Möglichkeit gegeben, vom Konkreten und Einzelnen zu abstrahieren, sich über es zu verständigen und über es zu verfügen. Adorno und Horkheimer zufolge ist die Herrschaft des Menschen über die Natur und über sich selbst eng mit dem Prozeß der Versprachlichung verbunden. Die Geschichte der Versprachlichung betrachten sie als Geschichte der Herrschaft des Menschen.

»Die Menschen distanzieren denkend sich von Natur, um sie so vor sich hinzustellen, wie sie zu beherrschen ist. Gleich dem Ding, dem materiellen Werkzeug, das in verschiedenen Situationen als dasselbe festgehalten wird und so die Welt als das Chaotische, Vielseitige, Disparate vom Bekannten, Einen, Identischen scheidet, ist der Begriff das ideelle Werkzeug, das an die Stelle an allen Dingen paßt, wo man sie packen kann« (DA, 46).

Mit Werkzeugen und Begriffen erfolgt die Zurichtung der ›inneren‹ und ›äußeren‹ Natur des Menschen. Wie das Werkzeug nivellieren Begriffe die Dinge der Welt, reduzieren deren Vielfältigkeit auf einzelne Aspekte und machen sie dem menschlichen Nutzen verfügbar. Adorno und Horkheimer vertreten offenbar eine in der Tradition der deutschen Romantik, später dann von Nietzsche aufgegriffene, ›vitalistische‹ Theorie des Begriffs, derzufolge die einmaligen Gestalten des Lebens mit den Mitteln des Begriffs uneinholbar sind. Sie deuten die

»erkenntnistheoretische Trias von Subjekt, Objekt und Begriff als ein Unterdrückungs- und Überwältigungsverhältnis, wobei die unterdrückende Instanz – das Subjekt – zugleich zum überwältigten Opfer wird«.[12]

Sie machen damit auf *einen* Aspekt des begrifflichen Denkens aufmerksam; auf einen Mißbrauch, von welchem unsere Sprache ständig bedroht ist. Wer in dieser Möglichkeit des Mißbrauchs das Wesen der begrifflichen Sprache erblickt, der verkennt die im Medium des Begrifflichen angesiedelten ›positiven‹ Elemente. Eine Theorie des Begriffs, welche die Geltung der Begriffe allein in terms of *Gleichgültigkeit* und *Herrschaft* rekonstruiert und selber eine fragwürdige Identifikation vornimmt, diejenige des begrifflichen Denkens mit den Schemen der formalen Logik, greift zu kurz. Sie verspielt eine für eine kriterial ausweisbare Kritik des identitätslogischen Denkens wesentliche Möglichkeit: die Möglichkeit zu unterscheiden zwischen den Fällen, in denen die begriffliche Sprache in einem schlechten Sinne identifizierend verfährt und jenen, in welchen dies anders ist.

Aus der Einsicht in das Mißverhältnis zwischen begrifflichem Allgemeinen und dem darunter subsumierten Besonderen lassen sich verschiedene Konsequenzen ziehen. Naheliegend ist die romantische Flucht in den Unsagbarkeitstopos, welcher der gewöhnlichen Sprache gar keine adäquate Beschreibung und Erfassung der

12 Ebd., S. 72.

jeweils in Rede stehenden Gegenstandsbereiche mehr zutraut und die Möglichkeit einer angemessenen Thematisierung der Welt nunmehr nur noch der Kunst zubilligen möchte. Obschon sich viele der Bemerkungen von Adorno und Horkheimer in diesem Sinne verstehen lassen, muß man ihre Begriffstheorie nicht auf der Folie dieses romantischen Sprachtheorems interpretieren. Die »Aufklärung der identitätslogischen Vernunft über ihren eigenen Herrschaftscharakter«[13], die Kritik am Mißbrauch der begrifflichen Sprache muß selbst begriffliche Mittel in Anspruch nehmen, will sie nicht lediglich dumpfes Beschwören des mit den Mitteln der Sprache Uneinholbaren sein. Ich schlage vor, die Sprachphilosophie Adornos und Horkheimers im Sinne einer Kritik unreflektierter Sprachgebräuche zu rekonstruieren, die sich von der Intuition leiten läßt, daß es die Bewußtlosigkeit identifizierender Rede ist, der irreflexive Gebrauch einer repräsentierenden Sprache, welchen die im Sinne des die DA methodisch leitenden Prinzips der *Übertreibung* allgemein als Elemente begrifflicher Sprache beschriebenen Deformationen innewohnen.
Festzuhalten ist: die Verdinglichung, welche Marx als aus der Struktur der Ware resultierendes Kennzeichen der kapitalistischen Wirtschaftsform analysiert hat, die Lukács als Kategorie auf bestimmte Formen des neuzeitlichen Rationalismus übertragen und für eine Theorie der Moderne fruchtbar gemacht hat, begreifen Adorno und Horkheimer als strukturelles Moment der okzidentalen Rationalität selbst. Der Herausbildung einer begrifflichen Sprache räumen sie dabei einen besonderen Stellenwert ein und die Verdinglichungskritik der DA erfolgt in sprachkritischer Perspektive. Adorno und Horkheimer benutzen eine ähnliche Argumentationsfigur wie Lukács in *Geschichte und Klassenbewußtsein.* Auch sie argumentieren in zwei Richtungen: sprachkritisch und gesellschaftstheoretisch bzw. sozialphilosophisch. Die Klammer bildet eine beide Bereiche umfassende Verdinglichungskritik, die sich primär als Kritik an der begrifflichen Sprache artikuliert. In der ND wird diese zu einem systematisch differenzierten Grundmotiv. Wie lassen sich deren Grundlinien skizzieren? Lassen sich die vor allem mit Blick auf Wittgenstein formulierten Überlegungen zur gesellschaftstheoretischen Relevanz der Sprachkritik dort wiederfinden?

13 Ebd., S. 75.

In einem Sinne kann die ND gelesen werden als Versuch zu einer *Rettung des Individuellen,* des *Einzelnen,* welches von den am Paradigma instrumentellen Handelns orientierten Schemata des Verstandes in der naturwissenschaftlichen Theorie ebenso nivelliert wird wie von den Verwertungsinteressen des Kapitals auf dem Markt. Für die Sprachphilosophie Adornos spielt dieses Motiv eine große Rolle, es ist aber nicht das einzige. Adorno verknüpft seine sprachphilosophischen Grundintentionen, die vor allem Fragen der Vermittlung sprachlichen Sinns betreffen, mit Marxens Analysen zum Fetischismus der Ware zu einer materialistisch argumentierenden Kritik der (szientistischen) Vernunft und den in dieser angelegten Mechanismen der Verdinglichung.

Im Zentrum seiner sprachphilosophischen Überlegungen steht nach wie vor eine kritische Theorie des Begriffs, die auf das Mißverhältnis zwischen seiner allgemeinen Bezeichnungsfunktion und dem von ihm Bezeichneten hinweist. Diesem Mißverhältnis trägt bereits Adornos Dialektikverständnis Rechnung:

»Ihr Name (der Dialektik, CD) sagt zunächst nichts weiter, als daß die Gegenstände in ihrem Begriff nicht aufgehen, daß diese in Widerspruch geraten mit der hergebrachten Norm der adaequatio« (ND, 16f.).

Adorno richtet sich in der ND gegen eine *bestimmte* Vorstellung vom Funktionieren unserer Begriffe; gegen jene, die Wittgenstein als ›Namenstheorie der Bedeutung‹ bezeichnet hat und die für die gesamte Tradition des abendländischen Denkens kennzeichend ist. Insbesondere bildet sie die Basis aller realistischen Wahrheitssemantiken. Deshalb kann Adorno seine Kritik der im Begriff angelegten Identifikation von Allgemeinem und Besonderem direkt mit einer Kritik an der Adäquationstheorie verbinden.

Den Widerspruch, der sich (in bestimmten Fällen, so muß modifiziert werden) zwischen der allgemeinen Bezeichnungsfunktion der Sprache und der sprachlich uneinholbaren Vielfalt des Einzelnen ergibt, versucht negative Dialektik, wo nicht zu überwinden, so doch deutlich zu machen. Sie möchte sich der Anstrengung unterziehen, mit dem Begriff über den Begriff hinauszugelangen (vgl. ND, 21). Darin unterscheidet sie sich als Philosophie von der Kunst, vor allem von der Musik, die, obschon sie für die Philosophie Adornos in verschiedener Hinsicht als Modell fungiert, begriffslos ist.[14] Der in der Auseinandersetzung mit Adorno im-

14 Vgl. dazu L. Sziborsky, »Dialektik aus dem Geist der Musik. Verbor-

mer wieder erhobene Vorwurf, er trete die Erkenntnisansprüche der Philosophie an die Kunst ab und assimiliere jene dieser, basiert auf einem Mißverständnis.[15] Kunst und Philosophie teilen sich zwar wesentliche Intentionen, die sie beide in eine Opposition zur science stellen, realisieren diese allerdings auf unterschiedliche Weise. Philosophie verbleibt im Medium des Begriffs.[16] Sie versucht, mit begrifflichen Mitteln der Diskrepanz zwischen Begriff und Sache auf die Spur zu kommen. Dieses Unternehmen läßt sich auf mindestens zwei Weisen verstehen und ausführen. Eine starke Variante, die sich noch nicht vollständig von der ›vitalistischen‹ Identifikation von begrifflichem Denken und Herrschaft losgelöst hat, ist von einer schwächeren Variante, auf diese hat A. Wellmer in seiner Metakritik der Vernunftkritik Adornos aufmerksam gemacht[17], zu unterscheiden. Im Sinn der starken Variante muß man die Aufgabe der Philosophie aporetisch verstehen und den mit dem Sich-Verstricken in die immer gleichen Widersprüche gegebenen Negativismus aushalten. Man gesteht zu, daß auch die Philosophie teil hat an einem verdinglichenden Sprachgebrauch. Die schwächere Version läßt zwei prinzipiell unterscheidbare Ebenen des Redens zu und stellt unserem normalen Sprachgebrauch noch eine Redeebene zur Seite, auf welcher die Thematisierung eben dieser Sprachgebräuche möglich ist. Die zuletzt genannte Variante erlaubt der Philosophie, und in diesem Sinne hat sie Wittgenstein verstanden, auf verfehlte und ›gewaltsame‹ Sprachgebräuche aufmerksam zu machen und, wie Wellmer

gene werkgeschichtliche Voraussetzungen der Negativen Dialektik«, in: J. Naeher (Hg.), *Die negative Dialektik Adornos. Einführung – Dialog,* Opladen 1984, S. 90-129.

15 Adorno selbst hat das mit aller Deutlichkeit formuliert: »Die Affinität der Philosophie zur Kunst berechtigt jene nicht zu Anleihen bei dieser, am wenigsten vermöge der Intuitionen, die Barbaren für die Prärogative der Kunst halten ... Philosophie, die Kunst nachahmte, von sich aus Kunstwerk werden wollte, durchstriche sich selbst« (ND, 26). Vgl. auch die leitende Rezeptionsmißverständnisse endlich einmal korrigierende Arbeit von U. Müller, *Erkenntniskritik und negative Metaphysik bei Adorno,* a.a.O., vor allem S. 187ff.

16 Zur These, Adorno wolle die Philosophie in der Kunst aufheben vgl. die Adorno-Interpretation Honneths in *Kritik der Macht,* a.a.O., S. 70-111, vor allem S. 78, 80; U. Müller richtet sich zu Recht gegen diese Auffassung.

17 A. Wellmer, a.a.O., S. 85ff.

sagt, sprachliches Unrecht zu benennen. Beide Varianten haben Vor- und Nachteile. Erstere verstrickt sich in Selbstwidersprüche, man könnte sie als sprachphilosophischen ›Purismus‹ oder gar ›Moralismus‹ bezeichnen, während letztere zwar mit dem eher diskursiven Methodenideal neuerer Kritiken am Szientismus, etwa einiger Vertreter der Erlanger Schule oder jüngerer Vertreter der kritischen Theorie Frankfurter Prägung wie J. Habermas, übereinstimmt, dabei aber die Sensibilität für ihre eigene Anfälligkeit gegenüber dem von ihr Kritisierten verliert. Obwohl man sich auf dem Hintergrund der mit der starken Variante verbundenen Probleme wohl für die schwache entscheiden muß, gilt es die genannte Sensibilität wach zu halten.

Als Kritik der begrifflichen Sprache wird die Philosophie in der ND aber nicht auf ihre Funktion als Sprachkritik – klassisch ausgedrückt: kategoriale Analyse – reduziert, vielmehr soll sie gerade als solche auch eine »Ontologie des falschen Zustandes« (ND, 22) sein. Gemäß dem Verständnis Adornos ist die Reflexion auf die eigenen Sprachmöglichkeiten immer schon eine kritische Theorie, die durch ihre Analyse unserer (philosophischen) Sprachgewohnheiten hindurch die jeweils in Frage stehenden Gegenstandsbereiche beleuchtet. Sie ist so Theorie der Erkenntnis, des Wissens, der Gesellschaft und spürt die in all diesen Bereichen vorliegenden Verzerrungen und Fetischisierungen auf. »Die Entzauberung des Begriffs ist das Gegengift der Philosophie« (ND, 24). In vielleicht verblüffender Nähe zu Wittgenstein bestimmt Adorno mit dieser Bemerkung die Aufgabe der Philosophie. Redet jener von der ›*Verhexung* des Verstandes durch die Mittel unserer Sprache‹, so sieht dieser in der ›*Entzauberung* des Begriffs‹ eine der dringlichsten Aufgaben der Philosophie. ›Gegengifte‹ werden eingesetzt, um die Wirkung von bereits zur Ausbreitung gelangten Giften zu neutralisieren; gegen semantische Vergiftungen und deren Wucherungen mobilisiert Adorno die Philosophie. In welchem Sinne ist die These von den Identifikationszwängen des Begrifflichen zu verstehen? Wie funktioniert die Sprachkritik als Ontologie des falschen Zustandes?

Selbstverständlich ist unsere Sprache, gemessen an dem idealen Anspruch einer gültigen Erfassung des Wirklichen, nicht in der Lage, die Vielfalt des Einzelnen, das Konkrete in seiner Vielschichtigkeit unmittelbar und in all seinen Abschattungen auf den Begriff zu bringen. Immer sind es *einzelne* Aspekte, die hervorgehoben werden, andere, die vernachlässigt werden. In einem schlichten Sinne identifizierend ist die Sprache dort, wo sie Verschiedenes als gleichartig klassifiziert; wo komplexe Erfahrungen mittels sprachlicher Schablonen und Klischees klassifiziert werden oder auch dort, wo Kategorienfehler vorliegen wie z. B. in der Vorstellung von einem durch das Substantiv »Zeit« bezeichneten Ding.

Wenn wir sprechen, kommen wir kaum umhin, zu identifizieren. Wir sind auf identifizierendes Reden angewiesen, benötigen es im Sinne eines für die Verständigung mit anderen (und auch mit uns selbst) unabdingbaren Koordinatensystems, wobei wir uns – in der Regel jedenfalls – über dessen Unzulänglichkeiten und über die Ein- und Beschränkungen der Rede im klaren sind. Für unsere normalen, alltäglichen Zwecke ist die Sprache völlig ausreichend, zumal strukturell bedingte Beschränkungen und offenkundig sprachliches Fehlverhalten thematisiert werden können. Solche Fälle kann Adorno sinnvollerweise nicht im Auge gehabt haben. Mit A. Wellmer ist vielmehr davon auszugehen, daß der Gegenstand von Adornos Kritik der identitätslogischen Vernunft nicht unsere ›normalen‹ Sprachgebräuche sind, sondern durch die identifizierenden Tendenzen der Sprache nahegelegte Denkzwänge, Pathologien, Vorurteile, Blockierungen, Perversionen.[18] Und genau in dem Sinn einer Analyse und Kritik der genannten Verzerrungen ist die Philosophie als Sprachkritik *Ontologie des falschen Zustandes.* Wellmer nennt drei Beispieltypen, in welchen die Gewalt des identifizierenden Denkens erfahrbar wird, in welchen sich die Diskrepanz von allgemeinem Begriff und besonderem Sachgehalt auf je unterschiedliche Weise manifestiert[19]: *die Sprachlosigkeit gegenüber der eigenen Erfahrung, allgemeine Klassifikationsschemata* und *Systemzwang* bzw. *Systematisierungsdrang*. Hinzufügen möchte ich dem jenen Typus sprachlicher Pathologie, der sich z. B. aus der Hypostasierung des von Substantiven Bezeichneten zu Entitäten ergibt und den man als präsenzorientierten *Kategorienfehler* bezeichnen kann.

Die Sprachlosigkeit gegenüber der eigenen Erfahrung ist ein Phänomen, welches die Erfahrung oftmals begleitet. Man will etwas in Worte fassen, setzt immer wieder von neuem an und muß be-

18 Vgl. ebd., S. 88.
19 Vgl. ebd., S. 89 ff.

merken, daß es nicht gelingt, die Nuancen des Erlebten angemessen auf den Begriff zu bringen. So schreibt z. B. Heinrich von Kleist nach einer Schilderung seines Zustandes in einem Brief an seine Schwester Ulrike:

»Sei zufrieden mit diesen wenigen Zügen aus meinem Innern. Es ist darin so wenig bestimmt, daß ich mich fürchten muß, etwas aufzuschreiben, weil es dadurch in gewisser Art bestimmt *wird.*«[20]

Paradigmatisch thematisiert Kleist die Sprachlosigkeit und die identifizierende Macht des Wortes. Die Sprachlosigkeit gegenüber der eigenen Erfahrung findet sich aber nicht nur im Fall der Beschreibung einer Empfindung, einer psychischen Verfassung, sondern sie ist eine prinzipiell immer mögliche Einschränkung der Versprachlichung unserer Welterfahrung.
Allgemeine Klassifikationsschemata sind vor allem in den Wissenschaften zu finden; mit der noch immer anwachsenden Bedeutung des Expertenwissens für die Organisation auch des Alltagslebens der Menschen sind sie bis in alle Poren der menschlichen Lebenswelt vorgedrungen. Besonders weitreichende Denkzwänge rufen sie dort hervor, wo ihnen eine normative Kraft zukommt wie z. B. in Medizin und Psychiatrie. Menschen werden nach Katalog klassifiziert und dementsprechend behandelt bzw. interniert. Am Beispiel der Klassifikation nach Krankheiten oder auch nach Lebensaltern und Geschlechtszugehörigkeit und der Folgen, die solche Klassifikationen besitzen, wird die deformierende Gewalt einer identifizierenden Sprache besonders deutlich. Die Institutionalisierung allgemeiner Schemata der Klassifikation zu gesellschaftlich wirksamen *Diskursen* spielt als Instrument der Macht eine wichtige Rolle.[21] Systematisierungszwänge und die von Adorno

20 H. v. Kleist, *Sämtliche Werke und Briefe*, hg. von H. Sembdner, München 1982, Bd. IV, S. 654 f.

21 Vgl. Wellmer, a.a.O., S. 90 f., der dies am Beispiel einer Erzählung Thomas Bernhards diskutiert; theoretisches Rahmenprogramm ist die Analyse institutionalisierter Diskurse als Instrumente der Macht in der späteren Philosophie Foucaults. Vgl. vor allem *Überwachen und Strafen. Die Geburt des Gefängnisses*, Frankfurt am Main 1977; *Dispositive der Macht. Michel Foucault über Sexualität, Wissen und Wahrheit*, Berlin 1978. Zu Adorno und Foucault vgl. A. Honneth, »Foucault und Adorno. Zwei Formen einer Kritik der Moderne«, in: ders. *Die zerrissene Welt des Sozialen. Sozialphilosophische Aufsätze*, Frankfurt am Main 1990, S. 73-92.

sogenannte *Wut aufs Nichtidentische* sind in den öffentlichen Räumen der modernen Gesellschaft ebenso verbreitet wie in den ›privaten‹ Lebensverhältnissen Einzelner. Alles wird in allgemeine Strukturen eingefügt und vereinheitlicht, gehört dazu oder aber nicht dazu, hat sich dem Zwang zur Kohärenz zu fügen, wird bekämpft, falls es anders ist. Zu denken ist dabei an die Praktiken kultureller Assimilation oder auch an das für nicht wenige Menschen charakteristische Zwangsverhalten, jede ihrer Regungen ihrem Leitbild vom mit sich identischen Selbst unterordnen zu wollen, oder die Organisation ihrer unmittelbaren Sozialbeziehungen (wie Liebe und Freundschaft) dem Zwang einer entwicklungslosen Identität zu unterwerfen.

Können die Grundlinien der Sprachtheorie Adornos noch eingehender skizziert werden? Welche sprachtheoretischen Vorstellungen bilden die Grundlage seiner Kritik am identifizierenden Denken? Adornos Sprachphilosophie ist auf einer knappen Seite der Einleitung zur ND in nuce enthalten. Dort heißt es zunächst:

»In Wahrheit gehen alle Begriffe, auch die philosophischen, auf Nichtbegriffliches, weil sie ihrerseits Momente der Realität sind, die zu ihrer Bildung – primär zu Zwecken der Naturbeherrschung – nötigt« (ND, 23).

Idealismus- und formalismuskritisch richtet sich der zitierte Passus gegen die Auffassung, Sprache könne als ein selbstgenügsames und von der menschlichen Praxis, von Handlungen und Zwecken losgelöstes Zeichensystem verstanden werden. Ganz im Gegenteil: niemals ist sie eine ›sich selbst genügende Totalität‹ (vgl. ND, 23), weder in der Philosophie im allgemeinen, noch auch in den formalen Sprachsystemen der Logiker. Begriffe bleiben stets an Nichtbegriffliches gebunden und erhalten erst vom Nichtsprachlichen her ihren Sinn. Gerade in der Philosophie ist ja die Gefahr der Verselbständigung von Terminologien besonders groß, philosophische Diskussionen lösen sich oftmals von ihren phänomenologischen, in den Sachen gründenden Grundlagen ab und leben dann fort als scholastische Scheingefechte um Worte, die kaum mehr etwas bedeuten. Daß dem anders sein sollte, ruft Adorno mit dem Zusatz »auch die philosophischen« in Erinnerung. Daneben weist die angeführte Bemerkung die Begriffstheorie Adornos als *materialistisch* aus, sofern sie nämlich deutlich macht, daß die *Realität* bzw. die Auseinandersetzung mit der Realität zur Bildung von Begriffen, zur Ausbildung der Sprache nötigt, und zwar vorrangig im Zusammenhang mit Zweck-Mittel-Orientierungen. Eine kritische Betrachtung der Sprache zeichnet sich dadurch aus, daß sie Begriffe nicht abgelöst von den Kontexten ihrer Bildung betrachtet, sondern vielmehr den Prozeß ihrer Konstitution in der menschlichen Praxis verfolgt.

»Begriffe wie der des Seins am Anfang der Hegelschen Logik bedeuten zunächst emphatisch Nichtbegriffliches; sie meinen, mit Lasks Ausdruck, über sich hinaus. Zu ihrem Sinn gehört, daß sie in ihrer eigenen Begrifflichkeit nicht sich befriedigen, obwohl sie dadurch, daß sie das Nichtbegriffliche als ihren Sinn einschließen, es tendenziell sich gleichmachen und damit in sich befangen bleiben« (ND, 23).

Der erste Satz des vorliegenden Zitats weist darauf hin, daß Begriffe nicht für sich selber stehen, sondern auf etwas außer ihnen Bezug nehmen. Die Anführung der Laskschen Rede vom ›Über-sich-hinaus-Meinen‹ macht darauf aufmerksam, daß Begriffe, obwohl sie, wie Adorno sagt, »emphatisch Nichtbegriffliches« bedeuten, dieses in letzter Instanz – und dies ist die grundlegende der in Adornos Sprachphilosophie entfalteten Paradoxien – nicht bedeuten können, da es ihnen immer transzendent bleibt. Im ›Über-sich-hinaus-Meinen‹ liegt ein verzweifeltes Anrennen gegen die Grenzen der Sprache. Die im Zitat unmittelbar folgenden Sätze verschärfen diese Paradoxie: gerade weil Begriffe auf Nichtbegriffliches als auf ihren Sinn zielen, müssen sie sich dieses assimilieren, sonst wären sie trivialerweise bedeutungslos. Damit aber bleiben sie im Grunde genommen gänzlich in ihrer Sphäre gefangen und drohen sich vor allem dort zu verselbständigen, wo sie ihr ›Über-sich-hinaus-Meinen‹ nicht einmal mehr erinnern. Letzteres wäre einer der scheinbar einfachsten Auswege aus der Grundaporie. Die Entzauberung des Begriffs vollzieht sich, indem Philosophie sich des »Nichtbegrifflichen im Begriff« (ND, 23) versichert, d.h. sprachliche Figuren zurück auf ihre Konstitution in der menschlichen Praxis bezieht, sie auf die Situationen ihrer Verwendung zurückführt. Der Philosophie fällt die Aufgabe zu, die Verwobenheit von Begriff und Realität aufzuzeigen.

»Philosophie, die das erkennt, die Autarkie des Begriffs tilgt, streift die Binde von den Augen. Daß der Begriff Begriff ist, auch wenn er von Seiendem handelt, ändert nichts daran, daß er seinerseits in ein nichtbegriffliches Ganzes verflochten ist, gegen das er durch seine Verdinglichung einzig sich abdichtet, die freilich als Begriff ihn stiftet« (ND, 23 f.).

Adorno konzipiert die Philosophie als eine Form der Sprachkritik, welche Begriffe auf die Situationen ihrer Verwendung zurückführt und ihre Arbeitsweise analysiert, wobei stets das »nichtbegriffliche Ganze« mitbedacht wird. Wiederum drängt sich der Vergleich mit der Position Wittgensteins auf; auch die Strategie Adornos besteht in einer Rekontextualisierung, in einer Verzeitlichung der (philosophischen) Begriffe. Im Unterschied zu Wittgenstein findet sich bei Adorno explizit der Verweis auf das Marxsche Fetischtheorem in der Rede von der *Verdinglichung des Begriffs*. Gemeint ist die Loslösung des Begrifflichen vom Nichtbegrifflichen, seine Verselbständigung. Adorno spricht von einem »Fetischismus der Begriffe« bzw. »Begriffsfetischismus« (vgl. ND, 58). Damit ist nicht nur eine strukturelle Analogie zwischen ökonomischem und sprachphilosophischem Fetischismustheorem angesprochen, die es erlaubt, Marxens Analysen zum Fetischismus der Ware als Modell für eine sprachkritische Theorie der Verdinglichung zu benutzen. Die Verbindung gründet Adorno zufolge in der Sache des von Marx beschriebenen Phänomens, der Tausch reicht bis in die Formkonstitution unseres Denkens und d. h. bis in die Konstitution unserer Begriffe hinein:

»Das Tauschprinzip, die Reduktion menschlicher Arbeit auf den abstrakten Allgemeinbegriff der durchschnittlichen Arbeitszeit, ist urverwandt mit dem Identifikationsprinzip. Am Tausch hat es sein gesellschaftliches Modell, und er wäre nicht ohne es; durch ihn werden nichtidentische Einzelwesen und Leistungen kommensurabel, identisch« (ND, 149).

Nicht nur der Kunst, sondern auch der Philosophie traut Adorno die Zertrümmerung des Zusammenhangs von begrifflicher Sprache und Verdinglichung zu, sofern sie die Verwobenheit zwischen dem Begriff und dem Nichtbegrifflichen durchschaubar macht. Sie ist Aufklärung unserer Redepraxis und als solche durchbricht sie die deformierenden Wirkungen des Identitätsprinzips.

»Vor der Einsicht in den konstitutiven Charakter des Nichtbegrifflichen im Begriff zerginge der Identitätszwang, den der Begriff ohne solche aufhaltende Reflexion mit sich führt« (ND, 24).

Da auch die Philosophie auf die Arbeit mit den Mitteln des Begriffs angewiesen bleibt und sich sprachlich artikulieren muß, auch dort, wo sie sich kritisch gegen die Verdinglichung durch Begriffe richtet, ist die Reflexion auf den Zusammenhang von Begrifflichem und Nichtbegrifflichem, die Vergegenwärtigung der

Unzulänglichkeiten unserer Sprache kein einmaliges Geschäft, sondern eine immer wieder erneut zu unternehmende Anstrengung. Hinzu kommt, daß sie selbst ständig von der Gefahr der von ihr kritisch aufgewiesenen Verdinglichung bedroht ist.

»Sprache wird als φύσει, nicht als θέσει erfahren, »taken for granted«; am Anfang ist der Fetischismus, und dem bleibt die Jagd nach dem Anfang stets untertan. Freilich ist jener Fetischismus kaum zu durchschauen, weil schlechterdings alles Gedachte auch sprachlich ist ...« (ND, 117).

Fredric Jameson hat darauf hingewiesen, daß der Begriff der Identität den Schlüssel zur Begriffstheorie Adornos bildet.[22] Der Begriff sei »die starke Form der Identität, die eine große Vielfalt von unterschiedlichen, real existierenden Gegenständen dem gleichen Terminus oder Gedanken subsumiert [...]«.[23] Jameson folgert, »daß Adornos Leitmotiv der Identität seine Variante des nun schon traditionellen Apparats der Verdinglichungskritik (seit Marx) darstellt [...]«.[24] Die normative Folie der Begriffskritik Adornos, der Hinweis auf einen »richtigen« Umgang mit unseren sprachlichen Unterscheidungshandlungen, besteht Jameson zufolge in der Rückführung der Begriffe auf ihre Verwendungskontexte, was er in einer an Hegel und Marx anknüpfenden Terminologie formuliert:

»Die grundlegende Operation, mittels derer der Begriff zugleich bewahrt und *entdinglicht* werden kann [...], besteht in seiner Wiedereinsetzung in die Totalität oder das System [...]« (Hervorhebung CD).[25]

Adornos Kritik am Allgemeinen enthält den Kern zu einer normativ ausweisbaren und gesellschaftstheoretisch wirksamen Sprachkritik. Verzerrende Verständnisse der Sprache lassen sich von tendenziell gelingenden und angemessenen unterscheiden. Der gegenwärtig diskreditierte Versöhnungsgedanke, mit dem Adorno sich gängigen Interpretationen zufolge einer obsolet gewordenen Metaphysik verpflichtet, der man Begründungsleistungen für eine kritische Theorie der Gesellschaft nicht mehr zutrauen möchte, ist unter den genannten Prämissen nicht als gnostischer Impuls und theologisches Rückzugsgefecht zu interpre-

22 F. Jameson, *Spätmarxismus. Adorno oder die Beharrlichkeit der Dialektik*, Berlin 1991, vor allem S. 19ff.

23 Ebd., S. 27.

24 Ebd., S. 29.

25 Ebd., S. 35.

tieren, als Versuch, den eigenen normativen Anspruch der bitteren Welt schroff entgegenzusetzen, allein um ihn bewahren zu können, sondern muß auf der Grundlage der Begriffstheorie Adornos in einem schwächeren Sinn verstanden werden, als »Aufhebung der Spannungen und Widersprüche zwischen dem Allgemeinen und dem Besonderen«[26], eine Aufhebung, die als Kontextualisierung unserer Sprachhandlungen gedacht werden kann.

Ist die linguistische Wende in der Sozialphilosophie bereits mit Adorno vollzogen? Die vorliegende Rekonstruktion legt diesen Schluß nahe. Freilich ist die Verklammerung von sprachkritischer Analyse und sozialphilosophischer Reflexion ganz anders gelagert als im Werk von Habermas. Adorno spielt die Sprachkritik nicht gegen die Verdinglichungskritik aus, verbindet sie vielmehr mit der Marxschen Kritik des Warenfetischismus. Als Einwand möchte daher der Hinweis auf die subjektphilosophischen Prämissen des Adornoschen Unternehmens zurückbleiben. Bevor ich die Überlegungen zur normativen Folie der Begriffskritik Adornos wieder aufnehme und weiterführe, thematisieren die nächsten Abschnitte Adornos Stellung zur sogenannten *Subjektphilosophie.* Gegen A. Wellmer, der der Ansicht ist, Adorno sei Vertreter einer rationalistischen Theorie der Bedeutung und damit Repräsentant der Subjektphilosophie, möchte ich die These vertreten, daß er die Grenzen des subjektphilosophischen Paradigmas sprengt. Er bleibt dabei jedoch kritisch an der Idee des Subjektes orientiert.

3. Adorno und die Subjektphilosophie

In den letzten Jahren waren es vor allem zwei Denkrichtungen, welche die philosophische Diskussion nachhaltig bestimmt haben: Strukturalismus bzw. Poststrukturalismus und sprachanalytische Philosophie. Die auf den ersten Blick so unterschiedlich verfahrenden und argumentierenden Strömungen teilen sich eine rigorose Kritik am philosophischen Begriff des Subjekts, der in den klassischen Debatten bis in die Konstruktion der einzelnen Systeme hinein z. B. bei Descartes, Kant, Fichte u. a. eine fundamentale Rolle gespielt hat.[27] Heute gelten bewußtseins- bzw. sub-

26 Ebd., S. 42.
27 Zu den Gemeinsamkeiten zwischen der analytischen und der post-

jektphilosophische Standpunkte als verfemt, da sowohl dem Poststrukturalismus nahestehende Philosophen wie Foucault als auch analytische Philosophen wie Wittgenstein scheinbar überzeugende Argumente für die Abkehr vom Begriff des Subjektes beigebracht haben. Im Zusammenhang mit der Diskussion um Poststrukturalismus und analytische Philosophie hat man auch Adorno sein Festhalten am Begriff des Subjekts vorgeworfen und ihn einer bewußtseinsphilosophischen bzw. rationalistischen Grundauffassung bezichtigt.[28] Seine Stellung zur Subjektphilosophie ist ambivalent. So bedient sich Adorno zwar der klassischen Redeweisen und Terminologien, einer ›Subjekt-Objekt-Sprache‹, letztlich aber – und dies entspricht seinem hermeneutischen Verfahren *immanenter Kritik* – geschieht dies zum Zweck der Überwindung klassischer Positionen. »Adorno ficht seinen ›Kampf‹ gegen die Bewußtseinsphilosophie mit den Mitteln der Bewußtseinsphilosophie aus«, so läßt sich Adornos Stellung zur Subjektphilosophie mit den Worten H. Gripps charakterisieren.[29]

Adornos Versuch, die Bewußtseinsphilosophie zu überwinden, ihre Grundannahmen hinter sich zu lassen, vollzieht sich in mehreren Schichten und fächert sich auf in mehrere Diskurse: in die *Idealismuskritik* (1), die *Husserlkritik* (2) und schließlich – ähnlich wie bei Wittgenstein – in eine sprachphilosophische Diskussion des Verhältnisses von Subjektivität und Intersubjektivität (3).

Schon die DA hatte am Beispiel der Homerschen Odyssee die Bildungsgeschichte menschlicher Subjektivität beschrieben und analysiert, wie die in der Konstitution von Subjektivität angelegte *Selbstbehauptung* gegenüber der Natur umschlägt in eine Herrschaft über das Subjekt selbst. In diesem Sinne ist auch sie bereits als Kritik des subjektphilosophischen Paradigmas zu verstehen. In der ND schließlich stellt Adorno fest: »Die Philosophie des ab-

strukturalistischen Kritik am Begriff des Subjekts vgl. M. Frank, *Was ist Neostrukturalismus?*, Frankfurt am Main 1984, S. 279-295.

28 Vgl. vor allem J. Habermas, *Theorie des kommunikativen Handelns*, Bd. 1, a.a.O., vor allem S. 518-533; ferner A. Wellmer, *Zur Dialektik von Moderne und Postmoderne*, a.a.O., S. 87.

29 H. Gripp, *Theodor W. Adorno. Erkenntnisdimensionen negativer Dialektik*, Paderborn 1986, S. 19; vgl. auch die detaillierte Argumentation bei A. Thyen, *Negative Dialektik und Erfahrung. Zur Rationalität des Nichtidentischen bei Adorno*, Frankfurt am Main 1989, vor allem S. 132 ff.

soluten, totalen Subjekts ist partikular« (ND, 145). Wie sind die verschiedenen Schichten seiner Subjektkritik im einzelnen zu beschreiben?

(1) Die Idealismuskritik Adornos erhält ihre Konturen in der Auseinandersetzung mit dem Kantischen Begriff des *transzendentalen Subjektes*, die in materialistischer Perspektive erfolgt. Zum für die Systemarchitektonik Kants entscheidenden Unterschied zwischen *empirischem* und *transzendentalem* Subjekt heißt es in der ND:

»Daß das Konstituens das transzendentale, das Konstitutum das empirische Subjekt sein soll, räumt den Widerspruch nicht weg, denn anders als zur Bewußtseinseinheit individuiert, also als Moment des empirischen ist kein transzendentales« (ND, 239).

Adorno selbst ist viel zu sehr mit der Tradition der Vernunftkritik Kants verbunden, als daß es ihm darum gehen könnte, Kants Unterscheidung rückgängig zu machen. Er fiele in einen vorkritischen Naturalismus zurück[30] und eine psychologistische Subjektkonzeption im Stile der englischen Empiristen dürfte für ihn keine (materialistische) Alternative zum idealistischen Begriff des Subjektes dargestellt haben. Seine Kritik am Begriff des transzendentalen Subjektes ist anders zu verstehen. Sie ist ähnlich gelagert wie diejenige, welche Heidegger in *Sein und Zeit* übt. An die Stelle der transzendentalen Subjektivität tritt bei Heidegger das konkrete menschliche Dasein in seinen alltäglichen Lebensvollzügen, an die Stelle der transzendentalen Deduktion der Kategorien eine existenziale Analytik. Die von Heidegger aufgewiesenen Existenzialien fungieren als der kategorialen Organisation des Verstandes vorgeordnete Bedingungen der Möglichkeit von Erkenntnis. Bei Adorno vollzieht sich die Korrektur des Idealismus zwar auch mit Blick auf die Praxis der Menschen, anders als Heidegger aber argumentiert er materialistisch und gesellschaftsbezogen. »Gesellschaft ist vor dem Subjekt« (ND, 132), so lautet ein Kernsatz der ND. Ihm geht es darum, die sozialen Konstitutionsbedingungen der Subjektivität freizulegen. Das Verhältnis von Konstituierendem und Konstituierten wird *dialektisch* gedacht.

30 Diese Lesart der Kantkritik Adornos pflegt C. Braun, *Kritische Theorie versus Kritizismus. Zur Kantkritik Th. W. Adornos*, Berlin 1983, vgl. z. B. S. 127.

»Das Subjekt der Erkenntnis auf das rekurriert wird, ist auch in allem Idealismus selber immer vermittelt durch das, was es konstituieren soll« (PT II, 137).

Insgesamt gesehen vollzieht sich Adornos Metakritik der Vernunftkritik Kants am Leitfaden des Marxschen Materialismus, eine seiner Hauptintentionen richtet sich darauf, »die Transzendentalphilosophie angeleitet durch das Denken von Marx und mehr noch durch das von Lukács, in einen gesellschaftlichen Bezugsrahmen« zu stellen.[31] Das philosophische Programm Adornos läßt sich, und zwar von den frühen Vorträgen bis hin zu den mikrologischen Analysen der späten Schriften, als Versuch einer materialistisch-pragmatischen Transformation der Transzendentalphilosophie, der avanciertesten Gestalt des Idealismus, verstehen. Eine ähnliche Transformation haben Marx und Lukács vorgenommen, mit etwas anderen Akzenten auch Heidegger und Wittgenstein. Bereits in seiner akademischen Antrittsvorlesung weist Adorno darauf hin, daß das (idealistische) Subjekt »kein geschichtslos identisches, transzendentales [ist], sondern [...] mit Geschichte wechselnde und geschichtlich einsichtige Gestalt« annimmt (GS I, 333).

In Form einer *immanenten Kritik* des Idealismus macht Adorno zudem darauf aufmerksam, daß dieser in letzter Instanz affirmieren muß, was er bekämpft und hinter sich lassen möchte, den Objektivismus. Den idealistischen Begriff des Subjektes muß man Adorno zufolge im Sinne einer *Maßnahme* gegen die Verdinglichung des Subjektes in empiristischen oder gar psychologistischen Theorien der Erkenntnis interpretieren. Einer Maßnahme allerdings, die noch an dem von ihr kritisierten – der Verdinglichung des Subjekts – Teil hat. Schon in der DA war der Hinweis auf die Dialektik von Subjektivierung und Herrschaft eine die Analysen von Adorno und Horkheimer bestimmende Grundfigur.[32] Folgt

31 U. Müller, a.a.O., S. 9.

32 Auch A. Wellmer, *Zur Dialektik von Moderne und Postmoderne*, a.a.O., S. 17 spricht in bezug auf Adornos *Ästhetische Theorie* von einer »Dialektik von Subjektivierung und Verdinglichung«, die er bereits in der DA angelegt sieht: »Erinnert sei nur daran, daß bei Adorno die Dialektik von Subjektivierung und Verdinglichung als dialektische Konstellation dem Begriff der Subjektivierung selbst einbeschrieben ist: der Begriff bezeichnet zum einen das Erstarken des Subjekts gegenüber den Zwängen der äußeren und inneren Natur wie gegenüber

man Adorno, so sind Subjektivierung und Verdinglichung zwei Seiten einer Münze. Er wirft Heidegger vor, daß in seiner Philosophie »Subjektivität und Verdinglichung korrelieren« (ND, 98). Allgemeiner heißt es:

»Eben die Mauer ums Subjekt jedoch wirft auf alles, was es beschwört den Schatten des Dinghaften, den subjektive Philosophie ohnmächtig dann wieder befehdet« (ND, 143).

Die Idealismuskritik Adornos muß man als Kritik an der Subjektphilosophie verstehen. Die materialistische Korrektur des Idealismus geht über die Grundannahmen der Bewußtseinsphilosophie hinaus. Analog zur materialistischen Kritik am Idealismus übt Adorno eine ›anthropologische‹ Kritik am phänomenologischen Ansatz Husserls. Damit ist ein weiterer Schritt in Richtung einer materialistischen Transformation der klassischen Philosophie gemacht. Der Materialismus wird erkenntniskritisch abgesichert.
(2) Husserl ist ein Autor, den Adorno zeit seines Lebens schätzte. Seine Einzelanalysen und der mikrologische Blick sind phänomenologisches Erbe. Mit Husserl beschäftigte sich Adorno bereits in seiner 1924 H. Cornelius vorgelegten Dissertation über *Die Transzendenz des Dinglichen und Noematischen in Husserls Phänomenologie*, sodann noch einmal ausführlich während seines Aufenthaltes in Oxford, wo er mit seinen Husserl-Studien bei G. Ryle zu promovieren gedachte.[33] Aus diesen Aufzeichnungen schließlich ist Jahre später sein Buch über die *Metakritik der Erkenntnistheorie* (zitiert als ME) hervorgegangen. Husserls Phänomenologie ist im Verständnis Adornos die fortgeschrittenste Gestalt der ›Erkenntnistheorie‹ und ›bürgerlichen‹ Philosophie. Mit Husserl teilt Adorno (a) einen antipositivistischen Grundzug, allerdings kriti-

der Gewalt objektiv verpflichtenden Sinns, also gegenüber naturwüchsig geltenden gesellschaftlichen Ordnungen, Normen und Konventionen. Und derselbe Begriff bezeichnet zum anderen den Preis, um den diese emanzipatorischen Vorstöße nur gelingen können: das Anwachsen ›subjektiver‹, das heißt instrumenteller Rationalität, fortschreitende Verdinglichung, die in Selbstdestruktion mündet.«

33 Vgl. zu Adornos Oxford-Aufenthalt R. Wiggershaus, *Die Frankfurter Schule. Geschichte, Theoretische Entwicklung, Politische Bedeutung*, München 1988, S. 180; ferner die falsche Schlüsse ziehenden Bemerkungen von H. Brunkhorst, *Th. W. Adorno. Dialektik der Moderne*, München 1990, S. 83, 85, gegen die ich einen untergründig wirksamen Einfluß Ryles behaupten möchte.

siert er Husserls Kategorie der *Gegebenheit,* die er als ein Indiz dafür betrachtet, daß Husserl dem Positivismus verhaftet blieb, und (b) das stets an der Sache orientiert bleibende Philosophieverständnis, das sich bei Husserl in dem für die Phänomenologie programmatischen Ruf ›*zu den Sachen*‹ und bei Adorno in der Rede vom ›*Vorrang des Objekts*‹ ausspricht. Im Rückgriff auf die Analysen von Hegel und Marx zeigt Adorno, daß die Phänomenologie bestimmten Antinomien erliegt, denen sie mit ihren eigenen Mitteln nicht entgehen kann. Er verfährt dabei wie Lukács in seiner in *Geschichte und Klassenbewußtsein* ausgeführten Kritik der ›Antinomien des bürgerlichen Denkens‹ und wendet diese auf die Phänomenologie als fortgeschrittenste Form erkenntnistheoretischer Reflexion an.

In der Einleitung zur ME bestimmt Adorno als deren Kernintention, daß »an einem konkreten Modell die Frage nach Möglichkeit und Wahrheit der Erkenntnistheorie prinzipiell aufgerollt werden« soll (ME, 9). Es geht nicht darum, eine bestimmte Gestalt der Erkenntnistheorie zu kritisieren und sie durch eine andere zu ersetzen, sondern die Frage nach der Angemessenheit einer erkenntnistheoretischen Thematisierung der Welt wird prinzipiell gestellt. Er fragt, ob die Kategorien der Erkenntnistheorie, auch wo es sich wie bei der Phänomenologie um deren fortgeschrittenste Gestalt handelt, überhaupt richtig ansetzen. Wie die Kritik an Kant benennt auch die Husserlkritik die Starrheit erkenntnistheoretischer Reflexion als deren Kernproblem. Geschichts- und gesellschaftsbedingte Denkformen werden bei Kant wie bei Husserl zu überzeitlich gültigen Kategorien verabsolutiert. Die dialektische Philosophie hat diese in Bewegung zu setzen und sie auf ihren historischen und sozialen Entstehungszusammenhang zurückzuführen, ihre Konstitution in der menschlichen Praxis zu verfolgen. Sie zeigt, daß es kein von aller Geschichte losgelöstes Erstes gibt.

Wie alle Begriffe sind auch die erkenntnistheoretischen historisch vermittelt. Grundbegriff der gegen die erkenntnistheoretische Reflexion gerichteten Kritik ist der Begriff der *Ursprungsphilosophie.*

»Die wissenschaftliche Gestalt der Ursprungsphilosophie war die Erkenntnistheorie. Sie wollte das absolut Erste zum absolut Gewissen erheben durch Reflexion auf das Subjekt, das aus keinem Begriff vom Ersten sich ausscheiden ließe« (ME, 30).

Adorno hat Descartes und mit ihm die gesamte, bis hin zu Husserl reichende, neuzeitliche Bewußtseins- bzw. Subjektphilosophie im Blick. Seine skeptischen Einwände gegen die prima philosophia beziehen sich nicht auf alle Formen von den Einzelwissenschaften vorgeordneter philosophischer Reflexion, sondern lediglich auf eine unkritisch von den Kategorien *Subjekt* und *Objekt* Gebrauch machende Philosophie, welche nicht mehr durchschaut, daß diese Begriffe, und insbesondere natürlich der des Subjektes, historisch und sozial vermittelt sind. Die Metakritik der Erkenntnistheorie weist auf die historische und gesellschaftliche Formbestimmtheit nicht nur des Gegenstandes der Erkenntnis, sondern auch der Erkenntnistheorie und ihrer Kategorien selbst hin. Sie leitet das im übrigen dann wieder von Habermas in *Erkenntnis und Interesse* aufgegriffene Programm einer Transformation von Erkenntnistheorie in eine Theorie der Gesellschaft ein. »Kritik an der Gesellschaft ist Erkenntniskritik und umgekehrt«, schreibt Adorno in einem seiner späten Aufsätze.[34]

Es ist ein Mißverständnis, die diskutierte Konzeption im Sinn einer Reduktion von Erkenntnistheorie auf Soziologie zu verstehen. Die Erkenntniskritik ist immer schon philosophische Theorie der Gesellschaft:

»Ihre Metakritik (der Erkenntnistheorie; CD) präsentiert ihr den Wechsel und zwingt ihr selber die außen, an der Gesellschaft gewonnene Einsicht ab, daß Äquivalenz nicht die Wahrheit, daß der gerechte Tausch nicht die Gerechtigkeit sei. Der reale Lebensprozeß der Gesellschaft ist kein in die Philosophie soziologisch, durch Zuordnung Eingeschmuggeltes, sondern der Kern des logischen Gehalts selber« (ME, 34).

Die Erkenntnistheorie ist als philosophische Theorie der Gesellschaft zu lesen, weil die Formen unseres Denkens, der kategoriale Apparat, der die Strukturierung unserer Wahrnehmung leistet, abhängt von unserer Lebensorganisation. An den Kategorien, den Schlußformen etc. haftet gesellschaftlicher Gehalt. A. Sohn-Rethels Antwort auf die Frage nach der Formkonstitution des Denkens und seine These, der kapitalistische Tauschprozeß reiche bis in die Formkonstitution des Denkens hinein, die im übrigen großen Einfluß auf die Gesamtkonzeption Adornos hatte, sind zu eng.[35]

34 Th. W. Adorno, »Zu Subjekt und Objekt«, in: *Stichworte. Kritische Modelle 2*, Frankfurt am Main 1969, S. 158.

35 Zu Sohn-Rethel und Adorno vgl. ND, 178; siehe auch J. Hörisch,

Es ist nicht *allein* der Tausch, der Anteil an der Konstitution unserer Denkformen hat, daneben sind es eine Fülle weiterer gesellschaftlicher Praktiken, von denen Erkenntnis und deren Konzeptualisierung abhängt. Der Tausch läßt sich als Paradigma der Abhängigkeit des Denkens und Erkennens von den verschiedenen Weisen gesellschaftlicher Organisation begreifen. Nicht nur die Diskussion über das Verhältnis zwischen dem Identitätsprinzip des begrifflichen Denkens und dem Äquivalenzprinzip des Tausches besitzt *ideologiekritische* Implikationen. Auch der Begriff des Subjektes, den Adorno materialistisch als philosophischen Reflex des ökonomischen Besitzsubjektes dechiffriert, wird ideologiekritisch analysiert. Die gesamte *Subjektphilosophie* hat sich parallel zur Emanzipation des Bürgertums entwickelt: »Solcher philosophische Subjektivismus begleitet ideologisch die Emanzipation des bürgerlichen Ichs als deren Begründung.« (ND, 190)
Das Grundproblem der Phänomenologie Husserls ergibt sich aus der einseitigen Bestimmung des Verhältnisses von Konstituens und Konstituiertem:

»Die statische Gegenüberstellung von Constituens und Constitutum langt nicht zu. Hat die Erkenntnistheorie herausgearbeitet, daß das Constitutum des Constituens bedarf, so muß umgekehrt die Analyse, wofern sie sich nicht die eigene Idealität ebenso naiv vorgibt wie der naive Realismus die Realität, die für konstitutiv geltenden Tatsachen des Bewußtseins dem eigenen Gehalt, ja der eigenen Möglichkeit nach auf das beziehen, was der herkömmlichen Erkenntnistheorie zufolge erst konstituiert ist« (ME, 150).

Adorno stellt die Frage nach der Konstitution des Konstituierten, die er im Rückgriff auf Hegel und Marx, nicht zuletzt auch auf Lukács und Sohn-Rethel mit dem Hinweis auf historische und soziale Bedingungen der Erkenntnis beantwortet. Wie die Kantkritik ist auch die Kritik an Husserl im Sinne einer pragmatischen oder auch anthropologischen Transformation zu verstehen. Erkenntnistheoretische Geltungsansprüche gründen in der Lebensorganisation des wirklichen Menschen, die sowohl Transzenden-

»Die Krise des Bewußtseins und das Bewußtsein der Krise. Zu Sohn-Rethels Luzerner Exposé«, in: A. Sohn-Rethel, *Soziologische Theorie der Erkenntnis*, Frankfurt am Main 1985, S. 17: »Regelmäßig nämlich sind die Sätze der traurigen Wissenschaft Adornos um ein Verständnis von Tausch, Identität und Äquivalenz konstelliert, das in nuce auf Sohn-Rethels entfaltete Theorie verweist.«

talphilosophie als auch Phänomenologie aus ihrer Betrachtung ausgeklammert haben.[36]

Sowohl Adornos Auseinandersetzung mit Kant als auch diejenige mit Husserl zeigt, daß er sich von schlichten und unreflektierten Formen der Subjekt- und Bewußtseinsphilosophie abgrenzt. *Transzendentalphilosophie und Phänomenologie werden pragmatisch überwunden.* Die Einsicht in den intersubjektiven Charakter des Subjekts deutet sich in Form des marxistischen Topos vom vergesellschafteten Individuum bereits an.

(3) Findet sich auch bei Adorno der Rekurs auf die Intersubjektivität? Falls ja, wie wird dieser Begriff eingeführt, welche Argumente werden vorgebracht und wie bestimmt Adorno das Verhältnis von Subjektivität und Intersubjektivität?[37]

»›Mein‹ Ich ist in Wahrheit bereits eine Abstraktion und nichts weniger als die Urerfahrung, als welche Husserl es reklamiert. Durch das Possessivverhältnis bestimmt es sich als höchst vermitteltes. In ihm ist ›Intersubjektivität‹ mitgesetzt, nur nicht als beliebige reine Möglichkeit, sondern als die reale Bedingung von Ichsein, ohne welche die Einschränkung auf ›mein‹ Ich nicht kann verstanden werden« (ME, 231).

Expliziter als dieser Passus formuliert kein publiziertes Wort Adornos die These vom Primat der *Intersubjektivität.* Wie Wittgenstein mit seiner Diskussion des *Regelfolgens* und der Argumentation gegen die Möglichkeit einer *Privatsprache* macht

36 Mit dem gesamten Programm einer lebensbezogenen Wende von Transzendentalphilosophie und Phänomenologie gerät Adorno, und insbesondere seine Auseinandersetzung mit Husserl bezeugt dies, in große Nähe zu seinem Kontrahenten Heidegger. Einen instruktiven Vergleich zwischen beiden Autoren hat H. Mörchen vorgelegt: *Macht und Herrschaft im Denken von Heidegger und Adorno*, Stuttgart 1980; ders., *Adorno und Heidegger. Untersuchung einer philosophischen Kommunikationsverweigerung*, Stuttgart 1981.

37 Um diese Fragen zu beantworten, beziehe ich mich zum Teil auf unpublizierte bzw. unautorisierte Schriften Adornos, so auf seine *Vorlesung zur Einleitung in die Erkenntnistheorie*, Frankfurt am Main o. J. (zitiert als V). Dabei handelt es sich um die Nachschrift von Tonbandaufnahmen, die Ende der fünfziger Jahre durchgeführte Vorlesungen festhalten. Ähnliches gilt für seine Vorlesungen zur *Philosophischen Terminologie*, Bd. 1, Frankfurt am Main 1973 und Bd. 2 Frankfurt am Main 1974 (zitiert als PT). Dieses Vorgehen rechtfertigt sich auf dem Hintergrund des systematischen Interesses der Auseinandersetzung mit Adorno, die keine philologischen Ansprüche stellt.

Adorno deutlich, daß die Intersubjektivität als Bedingung der Möglichkeit der Subjektkonstitution angesehen werden muß und daß ohne sie kein »Ich« wäre. Sie ist eine aller Subjektivität vorgängige Struktur. Die Unmittelbarkeit des Bewußtseins ist bloßer Schein. An anderer Stelle bemerkt Adorno: »Es gibt keine Entfaltung des Ich dadurch, daß das Ich sich selber wie eine Pflanze hegt und pflegt ...« (PT II, 236).

Im Zusammenhang einer Auseinandersetzung mit der Philosophie Epikurs wird diese Denkfigur, das ›*Privatsprachenargument*‹ Adornos, ausgeführt. Theoretische und praktische Implikationen einer ›subjektivistischen‹ Position werden von ihm diskutiert. Die Ethik Epikurs läßt sich zufolge Adorno von der Grundnorm leiten: Lebe im Verborgenen. Wer den Menschen ausschließlich als autarkes Wesen und Einzelsubjekt denkt, wie in den individualethischen Ansätzen üblich, der begeht einen fundamentalen praktischen Kategorienfehler. Wohl an die Erfahrung der Emigration denkend schreibt Adorno: »Zugleich läßt die Verborgenheit das Individuum selber auch verkümmern« (PT II, 235). Adorno geht es um die Bedingungen des Menschsein-Könnens überhaupt. Er hat nicht allein die faktische Abwesenheit anderer vor Augen. Jegliche Form menschlicher Produktion, so Adorno, wäre ohne die Anderen letztlich unmöglich (vgl. PT II, 235). In seiner *Vorlesung zur Einleitung in die Erkenntnistheorie* führt er aus:

»Es scheint uns in unserem sozialen Verhalten ja auch immer so, als ob wir zunächst agierten, handelten, dächten, was immer es sei, als wir selber, also als die Subjekte, die wir nun einmal sind [...] Wenn wir aber einmal gelernt haben, über diesen Schleier der Subjektivität oder durch diesen Schleier der Subjektivität hindurchzusehen, dann werden wir finden, daß unsere eigenen Verhaltensweisen in einem unendlich viel geringerem Maß von uns abhängen, [...] wie es unserer Erfahrung scheint, die immer wieder dazu tendiert, das zu dem absolut Ersten zu machen, was uns innerhalb des Zustandes, in dem wir uns befinden, als das Unmittelbare und Erste notwendig ist« (V, 179).

Die psychologische Erfahrung, daß etwas nicht in dem Maße von uns abhängt, wie wir uns selbst glauben machen möchten, ist ein empirisches Faktum. Sie muß als Indikator für eine philosophisch falsche Ausgangsposition in Betracht gezogen werden, da sie auf den subjektivitätstheoretischen Ansatz kennzeichnende Täuschungen hinweist. Die psychologische Kritik am traditionellen Subjektbegriff verbindet Adorno mit seiner Kritik am Begriff des

Transzendentalsubjekts. Auf dieser Grundlage kann er seine pragmatische Transformation der Transzendentalphilosophie um eine intersubjektivitätstheoretische Wende ergänzen:

»Ich glaube nämlich, daß das Einzelsubjekt selber genau so ein Abstraktum ist, wie ich umgekehrt versucht habe, Ihnen zu zeigen, daß das transzendentale Subjekt im Vergleich zu dem empirischen Einzelsubjekt eine Abstraktion ist, die von diesem nicht ganz und nicht mit vollem Recht kann getrennt werden. Ich will damit sagen, daß die Einzelsubjektivitäten [...] daß dieses sogenannte Einzelsubjekt also immer schon als ein gesellschaftlich vermitteltes zu verstehen ist, das einzelne Subjekt, von dem die herkömmliche Erkenntnis ausgeht [...] ist ein bloßer Trug« (V, 264 f.).

Mit dieser Bemerkung erhält seine Argumentation eine *kategoriale* bzw. *begriffliche* Reichweite. Adorno trifft sich nicht nur im Ergebnis mit Wittgenstein. Seine gewichtigsten Argumente gegen den philosophischen Subjektivismus scheinen oftmals – ich erinnere an den flüchtigen Kontakt mit Ryle – direkt der sprachanalytischen Tradition zu entstammen.
So analysiert Adorno den Gebrauch des Possessivpronomens »mein« und weist darauf hin, daß dieses Wort je nach Gebrauch äquivok ist und daß es bestimmte Formen des alltäglichen Gebrauchs sind, die zu philosophisch bedenklichen Überlegungen führen: »[...] jeder einzelne Mensch, wenn er ›mein‹ sagt, glaubt [...] etwas zu sagen über die Unmittelbarkeit seines eigenen Bewußtseinslebens [...]« (V, 146).
Adorno entlarvt diesen Glauben als einen durch eine falsche Deutung des Possessivpronomens entstandenen Fehler und schlägt dabei folgende Korrektur vor: »[...] dann wäre ›mein‹ zu übersetzen mit ›im Sinne des jeweils redenden Subjekts‹« (V, 146). Eine noch größere Nähe zum systematischen Gehalt der späteren Philosophie Wittgensteins und der analytischen Sprachkritik ergibt sich mit dem folgenden Kommentar:

»[...] in diesem Begriff des Ich als einem individuellen Bewußtsein [...] steckt eigentlich bereits eine Hypostasierung des Ich-Begriffs drin, die in höchstem Maße gedanklich vermittelt ist und die mit der angeblich behaupteten puren Unmittelbarkeit meines eigenen Ichs überhaupt schon nicht das Mindeste mehr zu tun hat« (V, 146 f.).

Es geht Adorno nicht einfach darum, am ›bürgerlichen‹ Subjektbegriff eine soziologische Kritik in marxistischer Perspektive zu üben, sondern mit dem Subjektbegriff verbundene kategoriale

Probleme zu thematisieren und den defizitären Status der Subjektphilosophie mit sprachkritischen Mitteln zu entlarven.
Nicht nur empirische, biologische, psychologische und soziologische Befunde widersprechen den Grundannahmen der klassischen Erkenntnistheorie und dem dort zugrundegelegten Ichbegriff. Zu den auf dieser Ebene formulierten Argumenten gesellt sich ein grundlegender, auf die sprachliche Verfaßtheit des menschlichen Lebens bezogener Einwand Adornos, der die Kritik am Subjektbegriff in eine kategoriale Dimension rückt.

»Ich möchte noch darüber hinausgehen, indem ich Ihnen sage, daß ja allein durch die Sprache [...] immer schon das gesellschaftliche Moment gegenüber dem Einzelsubjekt vorgedacht ist, mitgesetzt ist und daß demgegenüber, gegenüber dieser Konkretion eines Einzelsubjekts, das vermöge der Sprache stets bereits schon Anteil hat an der Intersubjektivität, also an der Gesellschaft die Versicherung, die einzige Rechtsquelle der Erkenntnis sei der Rekurs auf die Monade eine bloße Beteuerung, eine ganz willkürliche Behauptung ist [...]« (V, 266).

Wie Wittgenstein erkennt Adorno die mit der Sprache gegebene intersubjektive Dimension menschlicher Existenz. Die philosophische Idee des monologisch verfaßten Subjekts entpuppt sich als gesellschaftlich vermittelter Schein und kann auf der Basis einer Analyse der Verwendung des Ichbegriffs als Ergebnis eines semantischen Fetischismus kritisiert werden.
Die Rubrizierung Adornos unter das Etikett ›Bewußtseinsphilosophie‹ hält einer genauen Lektüre seiner Texte nicht stand. Anders als für die klassischen ›Bewußtseinsphilosophen‹ ist für ihn, dies hat die Rekonstruktion der Vorlesungsbemerkungen deutlich gemacht, weder die Selbstbezüglichkeit strukturell entscheidendes Moment für die Herausbildung der Subjektivität, noch auch denkt er sich die Welterschließung primär und allein als kognitive (oder instrumentelle) Beziehung eines Subjektes auf ein Objekt. Andererseits hat Adorno keine Philosophie der Intersubjektivität wie J. Habermas ausgeführt; auch mit der von Strukturalismus und Systemtheorie geübten Subjektkritik läßt er sich nicht so ohne weiteres kurzschließen.[38] Anders als die genannten Autoren

38 In diesem Punkt halte ich die Ausführungen von H. Gripp, Adorno und Luhmann betreffend, für völlig verfehlt; ihre Bemerkungen zu Adorno und Derrida vermögen zwar mehr zu überzeugen, bleiben

und Strömungen, auch anders als die analytischen Philosophen in der Wittgenstein-Nachfolge verabschiedet Adorno den Begriff des Subjektes nicht vollständig. Warum und in welchem Sinne, fragt der folgende Abschnitt. Adornos Verwendung des Subjektbegriffs bezieht ihr Recht aus der psychologisch unumstößlichen Evidenz der Erfahrung *unserer selbst* in allen unseren Handlungs- und Erfahrungszusammenhängen.

4. Adornos Begriff der Erfahrung

Adornos ›positives‹ Verständnis der Kategorie des Subjekts hat sich in seiner Erfahrungskonzeption niedergeschlagen.[39] Unter dem Begriff der Erfahrung faßt er alle die Tendenzen zusammen, die der Versachlichung und Verdinglichung des Lebens in der modernen Welt entgegengesetzt sind. Adorno-Interpreten von F. Grenz bis J. Früchtl haben auf diesen Sinn des Erfahrungsbegriffs hingewiesen: »Bei Lukács war der Gegenbegriff zur Verdinglichung der des Klassenbewußtseins. Bei Adorno ist es der Erfahrungsbegriff«, so F. Grenz.[40] In seiner Studie zum Begriff der Mimesis schreibt J. Früchtl: »Erfahrung ist Gegen- wie Oberbegriff Adornos zu verblendeter Theorie.«[41]

Der Rekurs auf Erfahrung ist – zumindest gilt dies für die Neuzeit – in der Regel mit philosophischen Positionen verbunden, die sich in ihrem methodischen Selbstverständnis eng an naturwissenschaftliche Vorbilder, zu denken ist dabei vor allem an die Physik, anlehnen.[42] Zu seiner ersten philosophischen Blüte gelangt

aber dennoch, wie sie selbst freimütig zugesteht, allzu vordergründig. H. Gripp, *Theodor W. Adorno*, a.a.O., S. 132-144 und S. 149-151.

39 Der Begriff des Subjekts ist explizit Thema nur dort, wo er kritisiert wird. So in dem für Adornos Auseinandersetzung mit der Erkenntnistheorie und ihrer Begrifflichkeit einschlägigen Aufsatz »Zu Subjekt und Objekt«, a.a.O.

40 F. Grenz, *Adornos Philosophie in Grundbegriffen. Auflösung einiger Deutungsprobleme*, Frankfurt am Main 1974, S. 44.

41 J. Früchtl, *Mimesis. Konstellation eines Zentralbegriffs bei Adorno*, Würzburg 1986, S. 3.

42 Eine grundsätzliche Auseinandersetzung mit dem Begriff der Erfahrung in historischer und systematischer Perspektive leistet F. Kambar-

der moderne Erfahrungsbegriff im britischen Empirismus. Im 20. Jahrhundert sind es Vertreter des logischen Empirismus und Positivismus, die erneut auf das Prinzip Erfahrung zurückgreifen. Empiristisches Sinnkriterium und logische Analyse der Sprache dienen dort dazu, die Philosophie von sog. Scheinproblemen, die als Restbestände und lästige Überbleibsel der metaphysischen Tradition angesehen werden, zu reinigen. Es mag verwundern, daß ausgerechnet Adorno sowohl die Sprachkritik pflegt als auch den Begriff der Erfahrung an zentraler Stelle verwendet, hat doch gerade er den Empirismus und Positivismus mit großer Vehemenz bekämpft. Er läßt sich dabei nicht von externen Maßstäben leiten, sondern führt die Auseinandersetzung mit den Mitteln der *immanenten Kritik*. Er wendet den Zentralbegriff des Empirismus gegen diesen selbst. Sein Begriff der Erfahrung ist an der Dialektik Hegels geschult:

»Solche Physiognomik des Positivismus ist auch die seines eigenen Zentralbegriffs, des Empirischen, der Erfahrung ... Im Positivismus dokumentiert sich eine geschichtliche Verfassung des Geistes, die Erfahrung nicht mehr kennt und darum sowohl deren Rudiment ausrottet wie sich als ihren Ersatz, als allein legitime Form von Erfahrung anbietet. Die Immanenz des virtuell sich abdichtenden Systems toleriert weder ein qualitativ Anderes, das sich erfahren ließe, noch befähigt sie die ihr angepaßten Subjekte zur unreglementierten Erfahrung. [...] Die reglementierte Erfahrung, welche der Positivismus verordnet, annulliert Erfahrung selbst, schaltet der Absicht nach das erfahrende Subjekt aus.«[43]

Adorno definiert den Erfahrungsbegriff nicht, sondern skizziert dessen Grundlinien im Anschluß an Hegel und in der kritischen Auseinandersetzung mit dem Empirismus. Mit der Rede von der *unreglementierten* Erfahrung wird der Kern des Erfahrungsbegriffs angesprochen. Der gängige Rekurs auf die *Erfahrung* im Sinne einer den Standards der technisch-wissenschaftlichen Kultur entsprechenden Schematisierung ist diesem Kern entgegengesetzt. Adorno zufolge wohnt dem richtig verstandenen Begriff der Erfahrung ein subjektives Moment inne.

tel, *Erfahrung und Struktur. Bausteine zu einer Kritik des Empirismus und Formalismus*, Frankfurt am Main ²1976.

43 Th. W. Adorno, *Soziologische Schriften 1*, Frankfurt am Main 1979, S. 342 f.

»Im schroffem Gegensatz zum üblichen Wissenschaftsideal bedarf die Objektivität dialektischer Erkenntnis nicht eines Weniger sondern eines Mehr an Subjekt. Sonst verkümmert philosophische Erfahrung« (ND, 50).

Läßt sich Adornos Einwand gegen den herkömmlichen Erfahrungsbegriff an Beispielen diskutieren? In welchen Fällen zieht eine Objektivierung im Sinne des technisch-naturwissenschaftlichen Denkens Erfahrungsverluste nach sich? Die selbstvergessene Betrachtung einer Landschaft, die liebende Hingabe an eine andere Person, die begeisterte Lektüre eines Gedichts sind Erfahrungen, die sich ganz erheblich von der gleichgültigen Weise des Umgangs mit einem Werkstück, dem medizinischen Zugriff auf einen menschlichen Körper, dem Blick auf eine Landschaft mit dem Auge eines Landvermessers unterscheiden. Wer die Natur ausschließlich objektivistisch betrachtet, dem entgeht eine andere, ebenso wesentliche Form der Naturerfahrung. Alle die in den angeführten Beispielen genannten Erfahrungen kommen dem objektivistischen Erfahrungsbegriff zufolge nicht vor. In unserem gewöhnlichen, alltäglichen Gebrauch des Wortes »Erfahrung« zeigt sich eine vom naturwissenschaftlichen und szientistischen Sprachgebrauch ausgeschlossene Bedeutungsschicht:

– »Ich mußte die schmerzliche Erfahrung machen, daß auch die sich mit dem Erreichen eines Ziels verbindende Erfüllung melancholisch stimmt.«
– »Nun hat er endlich die Erfahrungen gemacht, die nötig waren, damit er seine Lebenssituation noch einmal überdenkt.«
– »Die Erfahrungen der Nachkriegsgeneration haben sich in deren Mentalität niedergeschlagen.«
– »Es waren vor allem seine in langen Jahren gesammelten Erfahrungen, die ihn zu einem interessanten Gesprächspartner machten.«

In allen Beispielen wird gerade *kein* Erfahrungsbegriff benutzt, der dem naturwissenschaftlichen Ideal einer von aller subjektiven Zutat entleerten Beobachtung entspricht. Von *Erfahrung* ist nur dort die Rede, wo gerade das Subjekt bzw. Individuum in besonderer Weise Anteil hat.

Adornos Plädoyer für einen dem szientistischen Begriff der Erfahrung entgegengesetzten Begriff ist nicht im Sinne einer Apologie des Subjektivismus zu verstehen. Er macht die Lebenswelt der Menschen und nicht die eingeschränkte Optik naturwissenschaftlicher Weltbetrachtung zur Grundlage der Rede von Erfahrung. Das empiristisch-positivistische Ideal der Erfahrung suggeriert ebenso wie das rationalistische des Subjekts Unmittelbarkeit dort, wo keine mehr ist:

»Der Begriff der Erfahrung hat in den Schulen, die ihn emphatisch gebrauchen, der Tradition Humes, den Charakter von Unmittelbarkeit selbst zum Kriterium, und zwar von Unmittelbarkeit zum Subjekt. Erfahrung soll heißen, was unmittelbar da, unmittelbar gegeben, gleichsam rein von der Zutat des Gedankens und darum untrüglich sei. Diesen Begriff von Unmittelbarkeit aber, und damit den verbreiteten von Erfahrung, fordert die Hegelsche Philosophie heraus.«[44]

Die Auseinandersetzung mit dem empiristischen Begriff der Erfahrung trifft sich mit der Kritik am idealistischen Begriff des Subjekts. Empirismus und Idealismus sind komplementäre Gestalten der prima philosophia; *Subjekt* und *unmittelbare Erfahrung* verweisen als Begriffe aufeinander. Die Konvergenz von Idealismus und Empirismus hat Adorno wiederholt hervorgehoben. Den Positivismus entlarvt er als eine der raffiniertesten Gestalten der Subjektphilosophie:

»Denken, das ebenso den Einzelmenschen als zoon politikon wie die Kategorien subjektiven Bewußtseins als implizit gesellschaftliche begreift, wird nicht länger an einen Erfahrungsbegriff sich klammern, der, seis auch gegen seinen Willen, das Individuum hypostasiert« (STH, 61 f.).

Seine Kritik zielt auf die sowohl von der Subjektphilosophie als auch vom Empirismus bzw. Positivismus unterstellte Unmittelbarkeit. Während Adorno die Subjektphilosophie materialistisch korrigiert, bietet er gegen den Empirismus den Begriff des Subjekts auf. Der Rekurs auf das Subjekt hat *praktische* Gründe. Die Subjekte sind Instanzen der Widerrede und Residuen des Widerstands. In diesem Sinn steht sein Begriff des Subjekts quer zu der Unterscheidung von Bewußtseins- und Kommunikationstheorie.

Der nächste Abschnitt beschäftigt sich mit dem Begriff der Mimesis, dem innerhalb Adornos Theorie der Erfahrung ein zentraler Stellenwert zukommt. Diese Überlegungen führen wieder zurück zu der Frage nach dem normativen Fundament der Begriffskritik Adornos. Anders als die etwa dem diskursethischen Ansatz von

44 Th. W. Adorno, *Drei Studien zu Hegel*, Frankfurt am Main 1974 (zitiert als STH), S. 56.

Habermas zugrundeliegende Idee unverzerrter Kommunikation läßt sich im Anschluß an Adornos Konzeption der Mimesis ein positives Gegenmodell zur verdinglichenden Rede entwickeln, das als normative Folie der von mir im Anschluß an Hegel, Wittgenstein und Adorno skizzierten Begriffs- und Sprachkritik zu fungieren vermag.

5. Mimesis und Sprache

Als mimetisch lassen sich alle diejenigen Verhaltensweisen des Menschen (oder auch der Tiere) kennzeichnen, die auf eine Angleichung an ihre Umwelt, auf eine Verähnlichung mit den Objekten zielen. Sie ermöglichen zunächst einmal einen über allgemeine begriffliche Vergegenwärtigungen hinausreichenden, mehr unmittelbaren Zugang zu den Objekten in der Welt und zu anderen Lebewesen, sind gekennzeichnet durch ein ›sympathisches‹ Verstehen. Negativ betrachtet jedoch kann

»Mimesis zur Angleichung an Natur und zu einer Assimilierung an eine erstarrte Umwelt führen und Unterwerfung, Entfremdung oder gar Selbstauflösung bewirken.«[45]

Adorno hat den zunächst in der Musiktheorie, später dann in der Ästhetik im allgemeinen gebrauchten Begriff der Mimesis im Zusammenhang mit seinem emphatischen Verständnis von Erfahrung gebraucht. Er greift dabei auf so unterschiedliche Traditionsstränge wie die Kulturanthropologie von Caillois, Freuds Psychologie und die Arbeiten Benjamins zurück.[46]
Der Begriff hat seinen Ort innerhalb der in der DA geschriebenen Bildungsgeschichte der Subjektivität. Dort bezeichnet er unter anderem die erste Stufe im Prozeß der Naturbeherrschung, bildet Mimesis eine Vorform von Rationalität.[47] Der Mimesisbegriff wird jedoch nicht allein in einer negativ konnotierten Bedeutung verwendet. Für den vorliegenden Zusammenhang wichtiger ist die Weise, in der mit dem Mimesisbegriff die Eigenarten ›unreglemen-

45 G. Gebauer/Chr. Wulf, *Mimesis. Kultur – Kunst – Gesellschaft*, Reinbek bei Hamburg 1992, S. 372.
46 Vgl. dazu J. Früchtl, *Mimesis. Konstellation eines Zentralbegriffs bei Adorno*, Würzburg 1986, vor allem S. 13 ff.
47 Vgl. R. Kager, *Herrschaft und Versöhnung*, a.a.O., S. 28-35.

tierter‹ oder ›lebendiger‹ Erfahrung näher bestimmt werden. Im Unterschied zum vom Empirismus favorisierten passiven (gleichgültigen) Aufnehmen des Gegebenen, im Unterschied zu den von der klassischen Transzendentalphilosophie eingeräumten (mächtigen) Kategorisierungen des Subjekts, läßt sich das mimetische Verhalten zur Welt mit der Metapher der *Zärtlichkeit* gegenüber den Dingen in der Welt charakterisieren.[48] Es zielt auf eine Überwindung der Subjekt-Objekt-Spaltung; nicht in Form einer Einverleibung, sondern derjenigen einer Angleichung. In der DA sprechen die Autoren im Zusammenhang einer Theorie des Verbrechers von einer dem Lebendigen tief einwohnenden

»Tendenz, deren Überwindung das Kennzeichen aller Entwicklung ist: sich an die Umgebung zu verlieren anstatt sich tätig in ihr durchzusetzen, den Hang, sich gehen zu lassen, zurückzusinken in Natur. Freud hat sie den Todestrieb genannt, Caillois le mimétisme« (DA, 240f.).

Adorno denkt sich Mimesis als einen dem Nichtidentischen angemessenen Modus der Erkenntnis, als ein ›Sich seiner Umwelt ähnlich Machen‹. Über die übliche ästhetische Fassung des Mimesisbegriffs hinaus, in der er zumeist auf die Momente des Bildes und der Darstellung beschränkt bleibt, lassen sich tentativ folgende Elemente vergegenwärtigen:
– Mimesis als Imitation/Nachahmung
– Mimesis als ein Sich-Verlieren/Sich-Anschmiegen ans Andere
– Mimesis in Gestik, Mimik, Körpersprache (Ausdrucksverhalten)

Der herkömmliche Begriff von Erfahrung unterschlägt die genannten Momente oder ordnet sie dem Reich des diffus Irrationalen zu. Es fehlen die konzeptuellen Mittel, die als Mimesis bezeichneten Erfahrungstypen zu erfassen. Geht es mimetischem Verhalten darum, etwas über die Dinge zu erfahren, indem es sich ihnen gleich bzw. ähnlich macht, »die Dinge [zu] sehen als jemand, der von ihnen gesehen wird«[49], so verfährt Erfahrung im

48 Vgl. dazu eine Formulierung von J. Habermas, »Theodor W. Adorno. Ein philosophierender Intellektueller«, in: *Philosophisch-politische Profile. Erweiterte Ausgabe*, Frankfurt am Main 1984, S. 165: »Zärtlichkeit erweckt also in der Hingabe die verlernte Kraft der Mimesis. Sie ist auf dem Niveau der entwickelten Gesellschaft ein Modell der möglichen Versöhnung mit Natur.«

49 Mit dieser Formulierung artikuliert eine Spaziergängerin beim Anblick

Sinne der Empiristen und des Objektivitätsideals umgekehrt, der Erfahrende macht nicht sich den Dingen, sondern sich die Dinge gleich. Er läßt von vornherein nur ganz bestimmte Weisen ihrer Vergegenwärtigung zu. Denken wir dagegen an die Vielfalt mimetischen Verhaltens, die sich beim Kind findet, das Adorno hier, wie oftmals, als Beispiel vorgeschwebt haben mag. Tiere, ja sogar leblose Gegenstände werden nachgeahmt, das Kind *ist* eine Katze, ein Stuhl usw. Reste davon leben in der Mimik und Gestik, dem (manchmal unkontrollierten) Ausdrucksverhalten des Erwachsenen fort, finden sich in bestimmten Bereichen seines Lebens. So lassen sich z. B. Elemente des Mimetischen in der Sexualität, beim Essen und schließlich in der Kunst ausmachen; dort eben nicht nur im gebräuchlichen Sinne der Nachahmung von etwas, sondern im Sinne des Verhältnisses zwischen Künstler und Werk bzw. Instrument.[50] Wer sich mimetisch zur Wirklichkeit oder auch zu anderen Menschen verhält, paradigmatisch ist hier die Erfahrung der Liebe, der möchte sein wie sie, um sie zu verstehen.

Mimesis ist für Adorno als Gegenmittel zu instrumenteller Ratio und verdinglichtem Denken der Erkenntnismodus der Philosophie.[51] Mit ihr erheben die Subjekte Einspruch gegen die Nivellierung der Welt durch die Schemata naturwissenschaftlicher Reflexion und wirtschaftlicher Verwertungsinteressen.[52] Ist eine be-

einer Häuserfassade in J. Cortázars Erzählung »Ende der Etappe«, in: *Unzeiten. Erzählungen*, Frankfurt am Main 1990, S. 8 den Wunsch nach einer anderen – mimetischen – Optik.

50 So läßt Thomas Bernhard in *Der Untergeher*, Frankfurt am Main 1988, S. 118 seine dem kanadischen Pianisten Glenn Gould nachempfundene Figur Glenn Gould sagen: »Im Grunde wollen wir Klavier sein, sagte er, nicht Menschen sein, sondern Klavier sein, zeitlebens wollen wir Klavier und nicht Mensch sein, entfliehen dem Menschen, der wir sind, um ganz Klavier zu werden [...] Der ideale Klavierspieler [...] ist der, der Klavier sein will [...] ich will der Steinway sein, nicht der Mensch, der auf dem Steinway spielt, der Steinway selbst will ich sein.«

51 So schreibt Karla L. Schultz, *Mimesis on the Move. Theodor W. Adorno's Concept of Imitation*, Bern/Frankfurt am Main/New York, 1990, S. 15: »Adorno's understanding of mimesis or, more precisely, the imitative disposition of a self toward an other, is part of a radical critique of rationality, the dominant cognitive mode of the western tradition«.

52 In den gegenwärtigen Debatten um den Rationalitätsbegriff hat im Vergleich zur vieldiskutierten Unterscheidung von *instrumenteller* und

griffliche Vergegenwärtigung mimetischer Erfahrung mit den Mitteln eines repräsentierenden Sprachverständnisses, einer Namenstheorie der Bedeutung, wie Wittgenstein sagen würde, die den Objektivitätsidealen eines empiristischen Begriffs von Erfahrung entspricht, ausgeschlossen? Entspricht dem mimetischen Verhalten zur Welt und zum anderen Menschen ein anderes Verständnis vom Funktionieren unserer Sprache? Läßt sich dieses im Sinne einer normativen Folie für die Kritik verdinglichender Sprachgebräuche verstehen? Ist es am Ende gar möglich, aus dem mimetischen Zugang zur Welt oder in Analogie zu diesem eine Idee unverzerrter Kommunikation zu entwickeln?

Es sind zunächst einmal verschiedene Fragestellungen zu unterscheiden: Läßt sich eine Sprache denken, welche sich mimetisch (bzw. mimetischer) zu unserer Erfahrung und unserem Leben verhält, es angemessener zum Ausdruck und zur Darstellung bringt, als die üblichen Weisen begrifflicher Vergegenwärtigung? Sodann stellt sich die Frage nach dem mimetischen Charakter der Sprache selbst. Inwiefern können wir von einer sprachlichen Mimesis ans Wirkliche reden? Die Antworten auf beide Fragen, dies möchte ich zeigen, haben allenfalls sehr bedingt etwas mit dem Problem eines positiven Gegenmodells zu sprachlicher Verdinglichung zu tun. Sie kranken zudem zu sehr an einer dichotomisch gedachten Gegenüberstellung zum Repräsentationsmodell der Sprache, konzipieren mimetische und repräsentierende Sprache als sich einander ausschließende Weisen sprachlicher Verständigung. Meine These lautet vielmehr: Auch repräsentierendes Sprechen kann mimetisch vollzogen werden, freilich in einem anderen Sinn. Einem mimetischen Sprachgebrauch liegt nämlich keine ganz andere Sprache zugrunde, die keine üblichen Bedeutungszuweisungen mehr enthält, sondern er trägt vielmehr der zeitlichen

kommunikativer Rationalität der Begriff *mimetische Rationalität* nur zögernd Platz gefunden (A. Wellmer, *Zur Dialektik von Moderne und Postmoderne*, a.a.O., S. 19ff.; J. Früchtl, *Mimesis*, a.a.O., S. 241ff.). Ohne an dieser Stelle in extenso eine Theorie mimetischer Rationalität entwickeln zu können, scheint mir Adornos Konzeption einen gerade für die kontemporäre Diskussion um den Vernunftbegriff (sei es in ökologischer oder feministischer Perspektive) vielversprechenden Ansatzpunkt zu enthalten. Mimesis bezeichnet – mit einer Formulierung A. Wellmers – die »sinnlich rezeptiven, expressiven und kommunikativ sich anschmiegenden Verhaltensweisen des Lebendigen«.

Verfassung und der Eingebettetheit unserer sprachlichen Unterscheidungen in Kontexte Rechnung. Variabel und different sind unsere Begriffsgebäuche, wenn sie sich mimetisch zu den Situationen ihres Gebrauchs verhalten. Der Gefahr der Verdinglichung entgeht, wer sich dies bewußt macht, wer seine Sprache nicht nur in situationsangemessener Weise gebraucht, sondern auch die Bedeutung seiner Begriffe auf dem Hintergrund einer gegebenen Situation interpretiert. Es versteht sich, daß die Differenz der jeweils einzelnen Gebräuche eine Minimalform von Identität zur Voraussetzung hat, ein situationsvariantes Verständnis von Bedeutungen also keineswegs zur Unterminierung sprachlichen Sinns überhaupt führt.

Ich möchte zunächst die oben formulierten Fragen beantworten. Gibt es eine Sprache, die mimetischer ist, als die unsrige? Adorno selbst hat, einen klassischen Topos aufgreifend, die Kunst eine mimetische Sprache genannt. So heißt es an einer prägnanten Stelle in der *Ästhetischen Theorie*: »[...] Kunst bemüht sich um die Verwandlung der kommunikativen Sprache in eine mimetische« (ÄT, 171). An anderer Stelle schreibt er: »Das sprachähnliche Moment der Kunst ist ihr Mimetisches« (ÄT, 305). Er beschränkt sich dabei allerdings nicht, wie die Tradition, auf deren Darstellungsaspekt. Die oben angeführten Momente des Mimesisbegriffs sind in jenen eingewandert, den er im Kontext der ÄT gebraucht. Die Kunst nun kann man in der Tat als einen unserem Leben angemessenen Ausdruck des Lebens begreifen, der von begrifflichen Weisen seiner Vergegenwärtigung nicht mehr einzuholen ist. In diesem Sinne wäre sie eine Sprache, die, anders als die begriffliche, einerseits nicht fassungslos vor dem Einzelnen stehen bleibt, andererseits jedoch sich es auch nicht gleichmacht. Was Karla L. Schultz paradigmatisch in bezug auf den Essay formuliert hat, läßt sich von der Kunst im allgemeinen sagen:

»The form of the essay is the expression of an erotic relationship. The essay takes no superior, fixed standpoint or position but moves toward its object, taking its clues from the object and in the process deconstructing officially held opinions about it.«[53]

Auch wenn man der Kunst zubilligt, was Begriffe offenbar nicht mehr leisten können, so bleibt der Hinweis auf die Kunst im Sinne einer sich mimetisch zur Wirklichkeit verhaltenden Sprache unbe-

53 Karla L. Schultz, *Mimesis on the Move*, a.a.O., S. 147.

friedigend. Ist sie doch unserer begrifflichen Sprache allzu strikt gegenübergestellt. Sie bleibt gewissermaßen nutzlos für unsere Frage nach einem Gegenmodell zur Verdinglichung durch die Begriffe, ist allein in schroffer Negation auf diese bezogen. Die Sprache der Kunst, ebenso wie im übrigen jene in dem angeführten Zitat assoziierte des Erotischen, läßt sich nicht mit unserer begrifflichen Sprache verbinden, allenfalls kann auf diese als das ›ganz Andere‹ des Begrifflichen verwiesen werden und sie in diesem Sinn die Richtung für eine Korrektur unserer begrifflichen Sprache weisen. Die kategoriale Differenz zwischen Kunst und Sprache verbietet es, jene zum Modell dieser zu machen. Der Vorwurf des Utopismus griffe an dieser Stelle zu Recht.

Nun ist vielmehr nach den mimetischen Elementen unserer Sprache selbst zu fragen. Lassen sie sich für ein sich der Macht der Verdinglichung entziehendes Modell der Sprache und des Sprechens fruchtbar machen? Traditionellerweise wurde der mimetische Charakter der Sprache mit ihren onomatopoetischen Elementen und der These von der Nichtarbitrarität des Zusammenhangs zwischen Zeichen und Bedeutetem assoziiert. Innerhalb der Tradition der kritischen Theorie hat W. Benjamin diese Diskussion geführt.[54] Er möchte dabei gerade nicht auf Überlegungen zu den onomatopoetischen Elementen der Sprache zurückgreifen, obschon von ihm verwendete Beispiele dies nahelegen.[55] Um onomatopoetischen Unterstellungen zu entgehen, führt er den vagen Begriff einer ›unsinnlichen Ähnlichkeit‹ ein.

W. Menninghaus hat darauf hingewiesen, daß es Benjamin letztlich nicht um das Verhältnis zwischen der Sprache und dem durch sie Bedeuteten geht, er vielmehr, wie insbesondere seine Überlegungen zur Graphologie zeigen würden, die Mimesis im Verhältnis zwischen der Sprache und ihren Sprechern ansiedele.[56] Sprache als Ganze besitze einen nicht auf ihre referentiellen Elemente reduzierbaren Ausdruckscharakter. Im Anschluß an Foucaults Un-

54 Vgl. dazu vor allem seine Aufsätze »Lehre vom Ähnlichen« und »Über das mimetische Vermögen«, in: *Gesammelte Schriften, Bd. 2*, Frankfurt am Main 1977.

55 Zu dieser Diskussion vgl. W. Menninghaus, *Walter Benjamins Theorie der Sprachmagie*, Frankfurt am Main 1980, S. 65.

56 Ebd., S. 66.

terscheidung von drei Entwicklungsstadien der Sprache[57] plausibilisiert Menninghaus Benjamins These von den bis heute in der Sprache fortwirkenden mimetischen Kräften.[58] Dabei wird das erste Stadium der Sprache im Sinne eines mimetischen Verhältnisses zwischen Sprachzeichen und Bedeutetem gedeutet, welches dann übergeht in eine Entwicklungsgestalt, in der die Zeichen sich nur noch arbiträr zum Bezeichneten verhalten und instrumentell der Repräsentation des Bezeichneten dienen. Schließlich wird eine Ähnlichkeit zwischen der Sprache als Ganzem und einer diese prägenden Kraft im Sinne einer kompensatorischen Maßnahme verstanden, in der sich das mimetische Vermögen in veränderter Form erhält. Hier hat die Sprache keine Ausdrucksfunktion mehr, die in einem Verhältnis der Ähnlichkeit zu den Dingen steht, über die geredet wird, sondern in ihr drückt sich, mit den Worten Foucaults, etwas aus, was »trotz ihrer [der Wörter, CD] und durch sie hindurch gesagt wird«.[59] So kann Benjamin am Ende formulieren:

»Dergestalt wäre die Sprache die höchste Stufe des mimetischen Verhaltens [...] ein Medium, in welches ohne Rest die früheren Kräfte mimetischer Hervorbringung und Auffassung eingewandert sind [...].«[60]

Nicht nur der spekulative Hintergrund der Überlegungen Benjamins[61] läßt eine Anknüpfung an seine Sprachtheorie und den Versuch, sie für eine Antwort auf die Frage nach dem normativen Fundament einer sprachlichen Verdinglichungskritik fruchtbar zu machen, als wenig aussichtsreich erscheinen. Der Rekurs auf die mimetischen Kräfte der Sprache selbst, denke man sie sich nun in schlichter Form onomatopoetisch oder aber in Form der skizzierten sprachgeschichtlichen Transformation, führt nicht weiter.
Es erscheint vielversprechender, das in der Auseinandersetzung mit Hegels Theorie des spekulativen Satzes und Wittgensteins Sprachkritik entwickelte Verständnis unserer Sprach- und Unterscheidungshandlungen, dem die Einsicht in die Zeitlichkeit und

57 M. Foucault, *Die Ordnung der Dinge. Eine Archäologie der Humanwissenschaften*, Frankfurt am Main 1974.
58 W. Menninghaus, a.a.O., S. 72 f.
59 M. Foucault, a.a.O., S. 363.
60 W. Benjamin, *Gesammelte Schriften*, Bd. 2, a.a.O., S. 213.
61 Er knüpft an die sprachmystische Tradition der Kabbala, J. Böhmes, J. G. Hamanns und schließlich der deutschen Romantik an; vgl. W. Menninghaus, a.a.O., S. 188 ff.

Kontextgebundenheit unserer Redepraktiken zugrunde liegt, im Sinne eines mimetischen Verständnisses von Sprache und Rede zu reformulieren, die bei Adorno stets mitgeführten Assoziationen an die entverdinglichende und allen Formen der Instrumentalisierung entgegengesetzte Kraft der Mimesis im Kontextualismus aufzusuchen.

Mimetisch verwende ich die Sprache, wenn sich meine Rede der Situation und dem Gesprächspartner anpaßt und ich zudem der Kontextgebundenheit meiner Äußerungen Rechnung trage. Daß es im vorliegenden Zusammenhang keinen Sinn macht, in bezug auf die Sprache von Mimesis zu reden, hat die oben geführte Diskussion gezeigt. Es geht vielmehr darum, die von Adorno als mimetisch bezeichneten Verhaltensweisen des Menschen mit ihrer allgemeinen Kategorisierungen entgegengesetzten Kraft gewissermaßen als Grundlage ›richtiger‹, d. h. unverzerrter Begriffsverwendungen zu verstehen. Mimetische Welt- bzw. Situationserschließung vollzieht sich ein Stück weit vorbegrifflich bzw. jenseits festgefügter begrifflicher Schemata; auf diese Weise trägt sie, dies ist die bei Adorno zugrundeliegende Idee, den jeweils vorliegenden Erfahrungskontexten Rechnung, verläßt sich nicht auf allgemeine Formen des Zugriffs. Besonders relevant wird dies dort, wo in Verbindung mit Allgemeinheitsansprüchen Störungen des Verständigungsablaufs eintreten. Denken wir an Situationen, in denen wir uns mit unseren Begriffen nicht mehr zurechtfinden. Die verdinglichende Rede beharrt auf begrifflich vorgegebenen Wahrnehmungsmustern, auf der Grundlage der Mimesis hingegen kann es zu auf die Situation zugeschnittenen Begriffsrevidierungen kommen. Ich denke, daß die Unterstellung einer fortwährenden Revidierbarkeit unserer Sprache bzw. unseres Begriffssystems, die sich von unseren mimetischen Zugangsweisen zur Welt leiten läßt, letztlich eine Folie für die skizzierte Sprach- und Begriffskritik zu bilden vermag. Das bei Adorno unausgesprochene Modell unverzerrter Verständigung – dies zu formulieren, blieb M. Horkheimer überlassen – liegt in der Vorstellung von einer Sprach- und Kommunikationspraxis, in der sich mimetische und begriffliche Elemente durchmischen und wechselseitig korrigieren.

»Sprache reflektiert die Sehnsüchte der Unterdrückten und die Zwangslage der Natur; sie befreit den mimetischen Impuls. Die Transformation dieses Impulses in das allgemeine Medium der Sprache anstatt in zerstörerisches Handeln bedeutet, daß potentiell nihilistische Energien im Dienst von Versöhnung stehen.«[62]

Erinnern wir uns an die Überlegungen zur Satztheorie Hegels. Die in seiner *Logik* zugrundegelegte Einsicht in die Zeitlichkeit von Bedeutungen betraf nicht nur die Sprache im engeren bzw. wörtlichen Sinn. Sie bezog sich vielmehr auf symbolisch strukturierte Gegenstandsbereiche, auf unsere kulturellen Praktiken im allgemeinen. Prinzipielle Revidierbarkeit ist nicht allein angesichts unserer sprachlichen Ausdrücke und Sätze zu unterstellen, sondern gilt auch für unsere kulturellen Praktiken, für unsere gesellschaftlichen Institutionen.

Die Rekonstruktion der Philosophie Adornos als Sprachkritik, der Hinweis auf intersubjektivitätstheoretische Elemente seiner Argumentation und die Auseinandersetzung mit seinem Erfahrungsbegriff haben sich von der These leiten lassen, daß neben der Anknüpfung an das Fetischtheorem von Marx eine sprachkritische Argumentation steht, die er sozialphilosophisch fruchtbar macht. Im Unterschied zu Wittgenstein, der seine Sprachkritik an keiner Stelle explizit in den Rahmen einer Gesellschaftstheorie rückt, akzentuiert Adorno die gesellschaftstheoretische und ideologiekritische Perspektive seiner Sprachkritik von vornherein. Mit Wittgenstein und Adorno läßt sich an die Seite des ökonomischen Fetischtheorems eine sprachanalytisch argumentierende Verdinglichungskritik stellen. Der folgende Ausblick skizziert Perspektiven und benennt Anschlußfragen.

62 M. Horkheimer, *Zur Kritik der instrumentellen Vernunft*, Frankfurt am Main 1967, S. 167.

Ausblick

Wie lassen sich die diskutierten Unterscheidungen und Überlegungen, die in einer sprachkritischen Transformation der Praxisphilosophie kulminierten, für eine *Beschreibung, Analyse* und *Kritik* moderner Gesellschaften fruchtbar machen? Marx z. B. konnte mit seiner Philosophie der Arbeit Situation, Alltag und Biographie eines englischen Industrieproletariers beschreiben, die für den Manchester-Kapitalismus einschlägigen Strukturen analysieren und im Rückgriff auf seinen anthropologischen Begriff der Arbeit, dann mit seiner ökonomischen Theorie, die im Kapitalismus wirksamen Mechanismen der Verteilung kritisieren. Lukács hat den in der Auseinandersetzung mit der Marxschen Warenanalyse konzipierten Begriff der Verdinglichung dazu benutzt, um die Gesamtgestalt des Lebens im fortgeschrittenen Kapitalismus zu beschreiben und zu kritisieren. Seine Analysen betreffen nicht nur die sich um den Gegensatz von Lohnarbeit und Kapital gruppierenden ökonomischen Widersprüche moderner Gesellschaften, er spürt die Macht der Mechanismen auch in der Feinstruktur unserer Rationalität auf. Auch J. Habermas, dessen Gesellschaftstheorie auf die Analyse und Kritik eines sozialstaatlich pazifierten Kapitalismus gemünzt ist, kann die bis in die alltägliche Organisation der Individuen hineinreichenden, gesellschaftlich bedingten Deformationen und Verzerrungen als Kolonialisierungstendenzen beschreiben und kritisieren.

Inwieweit bildet die projektierte sprachkritisch angelegte Philosophie der Praxis eine Alternative zu den genannten Entwürfen? Was hat sie ihnen voraus? Kann sie den in den westlichen Gesellschaften verstärkt seit der Mitte des zwanzigsten Jahrhunderts auftretenden historischen und sozialen Veränderungen, die zur Bildung der Kategorie einer *nach-* bzw. *postindustriellen* Gesellschaft geführt haben[1], Rechnung tragen und in diesem Sinne die soziologische Analyse bereichern? Die klassische Marxsche Analyse und ihre einseitige Orientierung am Arbeitsbegriff wird den Struktur- und Funktionszusammenhängen moderner Gesell-

1 Vgl. D. Bell, *Die nachindustrielle Gesellschaft*, Frankfurt am Main/New York 1975.

schaften nicht mehr allein gerecht. Zwar halte ich es für verfehlt oder zumindest übertrieben, wie J. Habermas von einem »Veralten des Produktionsparadigmas« zu reden und damit die Antiquiertheit des Marxschen Modells darzutun, seine Gültigkeit für eine Analyse der modernen (nachindustriellen) Gesellschaft zu bestreiten; richtig jedoch ist, daß in den klassischen Industrienationen Westeuropas und Amerikas weitreichende »Metamorphosen der Arbeit« (A. Gorz) stattgefunden haben, welche die Rede von einem ›Ende der Arbeitsgesellschaft‹ zumindest partiell rechtfertigen, nach neuen Analysen verlangen und zudem neue Strategien politischen Handelns erfordern. Richtig ist auch, daß, zumal in den sog. Wohlfahrtsstaaten, neben der Ökonomie, dem gesamten Bereich des menschlichen Wirtschaftshandelns, andere, symbolisch bzw. *sprachlich* strukturierte, vor allem bildungs- und wissensbezogene Elemente als Mechanismen der Verteilung gesellschaftlicher Macht und der Zuteilung individueller Autonomie fungieren. Theoretiker der postindustriellen Gesellschaft wie D. Bell stellen deshalb die Kategorie des theoretischen Wissens in das Zentrum ihrer Überlegungen.[2] Wissen und Macht gehören heute nicht nur im Sinne der politisch gelesenen Baconschen Formel zusammen, daß Wissen Macht sei. Man hat vielmehr auch an die verschiedenen Strategien eines systematischen Wissensentzugs zu denken, der ein wirksames Instrument der Macht ist. So etwa der gezielte Einsatz sprachlicher oder symbolischer Schablonen, Klischees, Bilder, kurz: der von Adorno unter dem Titel *Kulturindustrie* gehandelten Strukturmuster, deren Konsum für die einzelnen Individuen einen mit tiefgreifenden Reflexionsdefiziten verbundenen Autonomieverlust bedeutet; sie zu willfährigen Teilnehmern an den gesellschaftlichen Produktions- und Konsumtionsprozessen macht. In modernen Gesellschaften, an deren ökonomischem Wohlstand fast alle Mitglieder teilnehmen können, und die – schließt man eine ganze Reihe marginalisierter Gruppen wie Drogenabhängige, Obdachlose, Asylanten usw. aus der Betrachtung aus[3] – im klassischen Sinne keine Klassenstruktur

2 Ebd., S. 171 ff.; vgl. auch A. Touraine, *Die postindustrielle Gesellschaft*, Frankfurt am Main 1972 und die dort ausgeführte Diskussion zur Rolle der Universität.

3 O. Negt, *Lebendige Arbeit, enteignete Zeit. Politische und kulturelle Dimensionen des Kampfes um die Arbeitszeit*, Frankfurt am Main/New York 1985 spricht angesichts der Existenz dieser Gruppen, deren Anteil

mehr besitzt, bedingen in zunehmenden Maße Sprache, Wissen und Bildung tendenziell die Bildung neuer Klassen. Es sind Veränderungen der genannten Art, welchen der vorliegende Ansatz Rechnung tragen soll.
Schon für die klassische Moderne haben Soziologen wie M. Weber die neben der Wirtschaft wichtigste Rolle für die Stabilisierung von Gesellschaften einer funktionstüchtigen Bürokratie zugewiesen. Einem groben handlungstheoretischen Klassifikationsschema gemäß läßt sich die Arbeit dem Wirtschaftssektor zuordnen, während die Bürokratie – obzwar verzerrt – kommunikativ strukturiert ist. Die einseitige Fixierung auf die menschliche Arbeit im engeren Sinn, die Konzeption einer Gesellschaftstheorie in terms der politischen Ökonomie ist im Grunde schon angesichts der klassischen Moderne fragwürdig, viel mehr noch ist sie es mit Blick auf die Entwicklung nachindustrieller Gesellschaften. Soziologische Theorien wie der Strukturfunktionalismus von A. Giddens[4], C. Castoriadis' Theorie des gesellschaftlich Imaginären[5], die Theorie des kommunikativen Handelns von J. Habermas beziehen sich ebenfalls auf diese Entwicklungen. Alle tragen der Bedeutung sprachlicher bzw. symbolischer Mechanismen zur Erzeugung der gesellschaftlichen Realität und Stabilisierung gesellschaftlicher Macht Rechnung, alle verhalten sich in einer charakteristischen Weise kritisch gegenüber der von ihnen beschriebenen Gesellschaft.[6] Im Unterschied zur modernen Systemtheorie Luhmannscher Provenienz knüpfen sie an die Tradition des humanistischen Marxismus an und verstehen sich als Korrektur der bzw.

an der Bevölkerung trotz der nach außen so stolz präsentierten Architektonik des Sozialstaats erschreckend hoch ist, von »zwei Realitäten«; ebd., S. 66 ff.

4 Als systematisches Hauptwerk dieses Theorietyps gilt inzwischen A. Giddens, *Die Konstitution der Gesellschaft. Grundzüge einer Theorie der Strukturierung*, Frankfurt am Main/New York 1988.

5 C. Castoriadis, *Gesellschaft als imaginäre Institution. Entwurf einer politischen Philosophie*, Frankfurt am Main 1984.

6 Die Theorien von Castoriadis und Habermas stellen sich explizit in die Tradition eines kritischen Marxismus; dort liegen auch die Wurzeln von A. Giddens. Wie der Strukturfunktionalismus als eine kritische Gesellschaftstheorie begriffen werden kann und welche Probleme er als solche aufwirft, zeigt R. J. Bernstein, »Structuration as Critical Theory«, in *Praxis International* 6 (1986), S. 235-241.

Alternativen zur klassischen Praxisphilosophie. Korrekturen sind aus den angeführten Gründen erforderlich. Moderne, nachindustrielle Gesellschaften erfordern einen über das Marxsche Modell hinausgehenden Beschreibungsrahmen. Eine sprachkritisch transformierte Philosophie der Praxis besitzt den Vorteil, einen wesentlichen Bestandteil des Marxschen Paradigmas beizubehalten und dennoch den nachindustriellen Entwicklungen Rechnung tragen zu können, ohne dafür den Preis einer erneuten Idealisierung, wie etwa die Habermassche Kommunikationstheorie, zu zahlen.

Ohne nun im einzelnen zeitdiagnostische Analysen vorzunehmen, die in das Gebiet einer phänomenologisch ansetzenden Soziologie gehören, möchte ich noch einmal den Sinn der theoriegeschichtlichen Interpretationen für das Projekt einer kritischen Gesellschaftstheorie, welche die auf der Grundlage von deren kommunikationstheoretischer Transformation formulierten Argumente produktiv aufnimmt und dennoch Denkfiguren ihrer älteren Tradition weiterführt, resümieren.

Die Auseinandersetzung mit Marx und Lukács auf der einen Seite, mit Wittgenstein auf der anderen Seite hat gezeigt, auf welche Weise und in welchem Sinn konstitutionstheoretische Grundannahmen die normative Seite der jeweiligen Theorieansätze strukturieren. Für Marx und Lukács ist die *pragmatische* Grundüberzeugung, daß sich die Welt auf der Grundlage unserer Praxis konstituiert bzw. strukturiert die Voraussetzung des kritischen Kerns ihrer Sozialphilosophie, der Verdinglichungstheorie. Auch Wittgensteins Analysen zur Verdinglichung unserer Redeweisen und Begriffe gründen in der Annahme, daß sich Bedeutungen praktisch konstituieren. Wer konstitutionstheoretische Denkfiguren aufgibt, der verabschiedet mit ihnen die normativen Prämissen der Verdinglichungstheorie. Er muß, wie die Diskussion der Theorie von Habermas deutlich gemacht hat, die normativen Ansprüche der Gesellschaftstheorie abschwächen, auf bestimmte Theorieelemente ganz verzichten. Die praxisphilosophische Rekonstruktion der Überlegungen Wittgensteins hat deutlich gemacht, daß die Preisgabe der Konstitutionstheorie aus kategorialen Gründen verfehlt ist, da sie sich von subjektphilosophischen Voraussetzungen loslösen, sich jenseits der Bewußtseinsphilosophie aufnehmen läßt. Die Lektüre der Philosophie Adornos als Sprachkritik schließlich konnte zeigen, auf welche Weise sich die Verdinglichungskritik fortführen läßt, ohne auf bewußtseinsphilosophische Denkmuster zu rekurrieren.

Obschon sich, nicht zuletzt im Rückgriff auf die von Marx der Ökonomie zugewiesenen Systemimperative, auf Nietzsches Analysen der noch die Subjekte und ihre Praxis steuernden Machtmechanismen, auf Freuds Entdeckung des Unbewußten, auf die Akzentuierung der Endlichkeit des Menschen in der Thanatologie Heideggers, auf die hermeneutische These, daß wir immer schon in eine durch Tradition und Überlieferung vorgeformte und bestimmte Welt hineingeboren werden, gewichtige Argumente auch gegen eine pragmatisch und intersubjektivitätstheoretisch transformierte Konstitutionsanalyse anführen lassen, ist sie für die praktischen Absichten der Gesellschaftstheorie unverzichtbar. Statt der mit einer Abkehr von der Konstitutionstheorie des Gesellschaftlichen verbundenen Grundsatzrevision der Verdinglichungskritik ist eine ›schwache‹ Version der Konstitutionstheorie in Erwägung zu ziehen, die es erlaubt, den verdinglichungskritischen Ansatz beizubehalten. Eine starke – idealistische – Interpretation der Auffassung, daß wir die Schöpfer und Autoren unserer Welt sind, abstrahiert von den materiellen Bedingungen der Konstitution und ist so selbst Ergebnis einer konzeptuellen Verdinglichung.

Die Aufgabe einer kritischen Sozialphilosophie besteht darin, die im Anschluß an Hegel, Wittgenstein und Adorno zur Sprache gebrachte Beziehung zwischen den praktischen Elementen der Konstitution im engeren Sinne und den sprachlichen Elementen derselben sowie den damit zusammenhängenden Formen der Verdinglichung freizulegen. Beispiele, wie die von mir diskutierten, bilden allenfalls erste Anhaltspunkte und Orientierungen für eine derartige Theorie, deren Plausibilität sich letztlich erst in der sozialphänomenologischen Analyse erweisen kann.

Literatur

Adorno, Th. W., *Gesammelte Schriften*, Bd. 1: *Philosophische Frühschriften*, Frankfurt am Main 1973.

–, *Gesammelte Schriften*, Bd. 2: *Kierkegaard. Konstruktion des Ästhetischen*, Frankfurt am Main 1979.

–, *Negative Dialektik*, Frankfurt am Main 1982.

–, *Ästhetische Theorie*, Frankfurt am Main 1973.

–, *Drei Studien zu Hegel*, Frankfurt am Main 1974.

–, *Philosophische Terminologie*, Bd. I, Frankfurt am Main 1973; Bd. II, Frankfurt am Main 1974.

–, *Zur Metakritik der Erkenntnistheorie*, Frankfurt am Main 1972.

–, *Vorlesung zur Einleitung in die Erkenntnistheorie*, Ffm. o. J.

–, *Stichworte. Kritische Modelle 2*, Frankfurt am Main 1969.

–, »Über den Fetischcharakter in der Musik und die Regression des Hörens«, in: *Zeitschrift für Sozialforschung* VII (1938), S. 321-356.

–, *Soziologische Schriften Bd. 1*, Frankfurt am Main 1972.

Althusser, L., *Für Marx*, Frankfurt am Main 1968.

– und E. Balibar, *Das Kapital lesen*, 2 Bde., Reinbek bei Hamburg 1972.

Anderson, P., *Über den westlichen Marxismus*, Frankfurt am Main 1978.

Albers, F., *Zum Begriff des Produzierens im Denken von Karl Marx*, Meisenheim am Glan 1975.

Apel, K.-O., *Transformation der Philosophie*, 2 Bde., Frankfurt am Main 1976.

Arato A. und P. Breines, *The Young Lukács and the Origins of Western Marxism*, New York 1976.

Arendt, H., *Vita activa oder vom tätigen Leben*, München 1985.

Arnason, J. P., »Marx und Habermas«, in: A. Honneth/U. Jaeggi (Hg.), *Arbeit Handlung Normativität. Theorien des Historischen Materialismus*, Bd. 2, Frankfurt am Main 1980, S. 137-184.

Arndt, A., *Karl Marx – Versuch über den Zusammenhang seiner Theorie*, Berlin 1985.

Austin, J. L., *How to do Things with Words*, Oxford 1962; deutsch: *Zur Theorie der Sprechakte*, Stuttgart 1972.

Baker, G. P., und P. M. S. Hacker, *Scepticism, Rules and Language*, Oxford 1984.

Baudrillard, J., *The Mirror of Production*, St. Louis 1975.

Becker, W., *Kritik der Marxschen Wertlehre. Die methodische Irrationalität der ökonomischen Basistheorien des »Kapitals«*, Hamburg 1972.

Beiersdörfer, K., *Max Weber und Georg Lukács. Über die Beziehung von Verstehender Soziologie und Westlichem Marxismus*, Frankfurt am Main/New York 1985.

Bell, D., *Die nachindustrielle Gesellschaft*, Frankfurt am Main/New York 1975.
Benjamin, W., *Gesammelte Schriften,* Bd. 2, Frankfurt am Main 1977.
Benton, T., »Winch, Wittgenstein and Marxism«, in: *Radical Philosophy* 13 (1976), S. 1-7.
Bernstein, R. J., *Praxis and Action,* Philadelphia 1971.
–, »Structuration as Critical Theory«, in: *Praxis International* 6 (1986), S. 235-241.
Braun, C., *Kritische Theorie versus Kritizismus. Zur Kantkritik Th. W. Adornos*, Berlin 1983.
Breuer, St., »Die Depotenzierung der kritischen Theorie. Über Jürgen Habermas' ›Theorie des kommunikativen Handelns‹«, in: *Leviathan* 10 (1982), S. 132-146.
Brunkhorst, H., »Paradigmakern und Theoriendynamik der kritischen Theorie der Gesellschaft«, in: *Soziale Welt* XXXIV (1983), S. 22-56.
–, *Th. W. Adorno. Dialektik der Moderne*, München 1990.
Bubner, R., »Was ist Kritische Theorie?«, in: *Philosophische Rundschau* 16 (1969), S. 213-249.
–, »Logik und Kapital«, in: ders., *Dialektik und Wissenschaft*, Frankfurt am Main 1973, S. 44-88.
–, *Handlung, Sprache und Vernunft. Grundbegriffe praktischer Philosophie*, Frankfurt am Main 1976.
–, »Habermas's Concept of Critical Theory«, in: J.-B. Thompson/K. Held (Hg.), *Habermas – Critical Debates*, London 1982, S. 42-56.
–, *Dialektik als Topik. Bausteine zu einer lebensweltlichen Theorie der Rationalität*, Frankfurt am Main 1989.
Castoriadis, C., *Gesellschaft als imaginäre Institution. Entwurf einer politischen Philosophie*, Frankfurt am Main 1984.
Chomsky, N., *Regeln und Repräsentationen,* Frankfurt am Main 1981.
Cloeren, H. J., *Language and Thought: German Approaches to Analytic Philosophy in the 18th and 19th Centuries*, Berlin/New York 1988.
Dannemann, R., *Das Prinzip Verdinglichung. Studie zur Philosophie Georg Lukács'*, Frankfurt am Main 1987.
Danford, J., *Wittgenstein and Political Philosophy*, Chicago 1978.
Davidson, D., »Radical Interpretation«, in: *Dialectica* 27 (1973), S. 313-328.
Demmerling, Ch., »Philosophie als Kritik. Grundprobleme der Dialektik Hegels und das Programm kritischer Theorie«, in: ders./F. Kambartel (Hg.), *Vernunftkritik nach Hegel. Analytisch-kritische Interpretationen zur Dialektik*, Frankfurt am Main 1992, S. 67-99.
Derrida, J., »Signature événement context«, in: ders., *Marges de la philosophie*, Paris 1972, S. 365-393; deutsch: »Signatur Ereignis Kontext«, in: ders., *Randgänge der Philosophie*, Wien 1988.
Diederich, W., »Marx-Renaissance im Westen? Ein Literaturbericht zum

›Analytischen Marxismus‹«, in: *Dialektik* 16 (1988), S. 271-287 und Dialektik 17 (1989), S. 192-207.
Düver, L., *Theodor W. Adorno. Der Wissenschaftsbegriff der kritischen Theorie in seinem Werk*, Bonn 1978.
Dummett, M., *Ursprünge der analytischen Philosophie*, Ffm. 1988.
Easton, S. M., *Humanist Marxism and Wittgensteinian Social Philosophy*, Manchester 1983.
Fann, K. T., »Wittgenstein and bourgeois philosophy«, in: *Radical Philosophy* 8 (1974) S. 24-27.
Fetscher, I., *Karl Marx und der Marxismus. Von der Ökonomie zur Weltanschauung*, München 1985.
Foucault, M., *Die Ordnung der Dinge*, Frankfurt am Main 1974.
–, *Überwachen und Strafen. Die Geburt des Gefängnisses*, Frankfurt am Main 1977.
–, *Dispositive der Macht. Michel Foucault über Sexualität, Wissen und Wahrheit*, Berlin 1978.
Fink-Eitel, H., *Dialektik und Sozialethik. Kommentierende Untersuchungen zu Hegels ›Logik‹*, Meisenheim am Glan 1978.
Frank, M., *Was ist Neostrukturalismus?*, Frankfurt am Main 1984.
Früchtl, J., *Mimesis. Konstellation eines Zentralbegriffs bei Adorno*, Würzburg 1986.
Fulda, H.-F., »Thesen zur Dialektik als Darstellungsmethode im ›Kapital‹ von Marx«, in: *Hegel-Jahrbuch* 1974, S. 204-211.
–, R.-P. Horstmann und M. Theunissen, *Kritische Darstellung der Metaphysik. Eine Diskussion über Hegels ›Logik‹*, Frankfurt am Main 1980.
Giddens, A., *Die Konstitution der Gesellschaft. Grundzüge einer Theorie der Strukturierung*, Frankfurt am Main/New York 1988.
Gebauer, G. und Ch. Wulf, *Mimesis. Kunst – Kultur – Gesellschaft*, Reinbek bei Hamburg 1992.
Gethmann, C.-F., »Heideggers Konzeption des Handelns in ›Sein und Zeit‹« in: A. Gethmann-Siefert/O. Pöggeler (Hg.), *Heidegger und die praktische Philosophie*, Frankfurt am Main 1988.
Goldmann, L., *Lukács und Heidegger*, Darmstadt/Neuwied 1975.
Gorz, A., *Kritik der ökonomischen Vernunft. Sinnfragen am Ende der Arbeitsgesellschaft*, Berlin 1989.
Grenz, F., *Adornos Philosophie in Grundbegriffen. Auflösung einiger Deutungsprobleme*, Frankfurt am Main 1974.
Gripp, H., *Jürgen Habermas. Und es gibt sie doch – Zur kommunikationstheoretischen Begründung von Vernunft bei Jürgen Habermas*, Paderborn 1984.
–, *Theodor W. Adorno. Erkenntnisdimensionen negativer Dialektik*, Paderborn 1986.
Grondin, J., »Hat Habermas die Subjektphilosophie verabschiedet?«, in: *Allgemeine Zeitschrift für Philosophie* 12 (1987) 1, S. 25-37.

Habermas, J., *Theorie und Praxis. Sozialphilosophische Studien*, Neuwied 1963.
–, *Technik und Wissenschaft als ›Ideologie‹*, Frankfurt am Main 1968.
–, *Zur Logik der Sozialwissenschaften*, Frankfurt am Main 1970.
–, *Erkenntnis und Interesse*, Frankfurt am Main [6]1981.
–, *Theorie des kommunikativen Handelns*, 2 Bde., Frankfurt am Main 1981.
–, *Moralbewußtsein und kommunikatives Handeln*, Frankfurt am Main 1983.
–, *Vorstudien und Ergänzungen zur Theorie des kommunikativen Handelns*, Frankfurt am Main 1984.
–, *Philosophisch-politische Profile*. Erweiterte Ausgabe, Frankfurt am Main 1984.
–, *Die neue Unübersichtlichkeit. Kleine politische Schriften* v, Frankfurt am Main 1985.
–, *Der philosophische Diskurs der Moderne. Zwölf Vorlesungen*, Frankfurt am Main 1985.
–, »Entgegnung«, in: A. Honneth/H. Joas (Hg.), *Kommunikatives Handeln. Beiträge zu Jürgen Habermas' ›Theorie des kommunikativen Handelns‹*, Frankfurt am Main 1986, S. 327-405.
–, *Erläuterungen zur Diskursethik*, Frankfurt am Main 1991.
Hastedt, H., »Das Projekt einer Kritischen Theorie im Spiegel von Wittgenstein«, in: *Allg. Ztschrft. f. Phil.* 16.1 (1991), S. 49-58.
Haug, W. F., *Vorlesungen zur Einführung ins ›Kapital‹*, Köln 1974.
Hegel, G. W. F., *Werke in zwanzig Bänden*, Redaktion E. Moldenhauer und K. M. Michel, Frankfurt am Main 1986.
Heidegger, M., *Sein und Zeit*, Tübingen [15]1979.
Hösle, V., *Hegels System. Der Idealismus der Subjektivität und das Problem der Intersubjektivität Bd. 1: Systementwicklung und Logik*, Hamburg 1987.
Honneth, A., »Geschichte und Interaktionsverhältnisse. Zur strukturalistischen Deutung des historischen Materialismus«, in: U. Jaeggi/A. Honneth (Hg.), *Theorien des historischen Materialismus*, Frankfurt am Main 1977, S. 405-449.
–, »Arbeit und instrumentales Handeln. Kategoriale Probleme einer kritischen Gesellschaftstheorie«, in: ders. und U. Jaeggi (Hg.), *Arbeit Handlung Normativität. Theorien des Historischen Materialismus*, Bd. 2, Frankfurt am Main 1980, S. 185-233.
–, *Kritik der Macht. Reflexionsstufen einer kritischen Gesellschaftstheorie*, Frankfurt am Main 1989.
–, »Foucault und Adorno. Zwei Formen einer Kritik der Moderne«, in: ders., *Die zerrissene Welt des Sozialen. Sozialphilosophische Aufsätze*, Frankfurt am Main 1990, S. 73-92.
Holzkamp, K., *Sinnliche Erkenntnis. Historischer Ursprung und gesellschaftliche Funktion der Wahrnehmung*, Kronberg [3]1976.

Horkheimer, M., »Traditionelle und Kritische Theorie«, in: ders., *Gesammelte Werke*, Bd. 4: *Schriften 1936-1941*, hg. von A. Schmidt, Frankfurt am Main 1988, S. 162-216.

–, *Zur Kritik der instrumentellen Vernunft*, Frankfurt am Main 1967.

Horkheimer, M. und Th. W. Adorno, *Dialektik der Aufklärung. Philosophische Fragmente*, Frankfurt am Main 1986.

Israel, J., *Der Begriff Entfremdung. Zur Verdinglichung des Menschen in der bürokratischen Gesellschaft*, Reinbek bei Hamburg 1985.

Jameson, F., *Spätmarxismus. Adorno oder die Beharrlichkeit der Dialektik*, Berlin 1991.

Janik, A., *Style, Politics and the Future of Philosophy*, Oxford 1989.

Johannes, R., »Über die Welt, die Habermas von der Einsicht ins System trennt«, in: G. Bolte (Hg.), *Unkritische Theorie. Gegen Habermas*, Lüneburg 1989, S. 39-66.

Johannessen, K.-S., »Sinnkonstitution und Wissenschaftsgeschichte. Zur Formulierung der Grundzüge einer Historiographie der Wissenschaften«, in: D. Böhler, T. Nordenstam und G. Skirbekk (Hg.), *Die pragmatische Wende. Sprachspielpragmatik oder Transzendentalpragmatik?*, Frankfurt am Main 1986, S. 55-72.

Kager, R., *Herrschaft und Versöhnung. Einführung in das Denken Th. W. Adornos*, Frankfurt am Main/New York 1988.

Kambartel, F., *Erfahrung und Struktur. Bausteine zu einer Kritik des Empirismus und Formalismus*, Frankfurt am Main ²1976.

–, »Begründungen und Lebensformen. Zur Kritik des ethischen Formalismus«, in: W. Kuhlmann (Hg.), *Moralität und Sittlichkeit*, Frankfurt am Main 1986, S. 85-100.

–, *Philosophie der humanen Welt. Abhandlungen*, Frankfurt am Main 1989.

–, »Notwendige Geltung. Zum Verständnis des Begrifflichen«, in: Ch. Demmerling/F. Kambartel (Hg.), *Vernunftkritik nach Hegel. Analytisch-kritische Interpretationen zur Dialektik*, Frankfurt am Main 1992, S. 198-213.

– und P. Stekeler-Weithofer, »Ist der Gebrauch der Sprache ein durch ein Regelsystem geleitetes Handeln? – Das Rätsel der Sprache und die Versuche seiner Lösung«, in: A. v. Stechow/M.-T. Schepping (Hg.), *Fortschritte in der Semantik*, Weinheim 1988, S. 201-223.

Kamlah, W., *Philosophische Anthropologie. Sprachkritische Grundlegung und Ethik*, Mannheim 1973.

– und P. Lorenzen, *Logische Propädeutik. Vorschule des vernünftigen Redens*, Mannheim ²1973.

Kant, I., *Kritik der reinen Vernunft*, hg. von W. Weischedel, Frankfurt am Main 1968.

Kaulbach, F., *Das Prinzip Handlung in der Philosophie Kants*, Berlin/New York 1980.

Kenny, A., *Wittgenstein*, Frankfurt am Main 1974.

Kitsching, G., *Karl Marx and the Philosophy of Praxis*, London 1988.
Kettner, M., *Hegels ›sinnliche Gewißheit‹. Diskursanalytischer Kommentar*, Frankfurt am Main 1990.
Kluge, A. und O. Negt, *Geschichte und Eigensinn*, Frankfurt am Main 1981.
Krahl, H.-J., »Zur Wesenslogik der Marxschen Warenanalyse«, in: ders., *Konstitution und Klassenkampf. Zur historischen Dialektik von bürgerlicher Emanzipation und proletarischer Revolution*, Frankfurt am Main 1970, S. 31-81.
–, »Hegels Idealismus und materialistische Erkenntniskritik«, in: ders., *Vom Ende der abstrakten Arbeit*, Frankfurt am Main 1984, S. 159-178.
Kripke, S. A., *Wittgenstein über Regeln und Privatsprache*, Frankfurt am Main 1987.
Kulenkampff, A., *Antinomie und Dialektik. Zur Funktion des Widerspruchs in der Philosophie*, Stuttgart 1970.
Kutschera, F. v., *Sprachphilosophie*, München 1975.
Lamb, D., »The Philosophy of Praxis in Marx and Wittgenstein«, in: *Phil. For.* XI (1980) 3, S. 273-299.
–, »Sense and Meaning in Hegel and Wittgenstein«, in: ders. (Hg.), *Hegel and Modern Philosophy*, London 1987, S. 70-101.
Lange, E. M., *Das Prinzip Arbeit. Drei metakritische Kapitel über Grundbegriffe, Struktur und Darstellung der ›Kritik der Politischen Ökonomie‹ von Karl Marx*, Frankfurt am Main 1980.
Leist, A., »Mit Marx von Gerechtigkeit zu Freiheit und zurück«, in: *Philosophische Rundschau* 32 (1985), S. 198-230.
Löbig, M. und G. Schweppenhäuser (Hg.), *Hamburger Adorno-Symposion*, Lüneburg 1984.
Lukács, G., *Geschichte und Klassenbewußtsein. Studien über marxistische Dialektik*, Berlin 1923 (Darmstadt/Neuwied ^{9}1983).
Manser, A., *The End of Philosophy: Marx and Wittgenstein*, Southhampton 1973.
Marcuse, H., *Hegels Ontologie und die Theorie der Geschichtlichkeit* Werke, Bd. 2, Frankfurt am Main 1989.
–, *Der eindimensionale Mensch. Studien zur Ideologie der fortgeschrittenen Industriegesellschaft*, Darmstadt/Neuwied 1967.
Matthes, J., (Hg.), *Krise der Arbeitsgesellschaft? Verhandlungen des 21. Deutschen Soziologentages in Bamberg 1982*, Frankfurt am Main/New York 1983.
Marx, K. und F. Engels, *Werke* (MEW), hg. vom Institut für Marxismus-Leninismus beim ZK der SED, Berlin 1956 ff.
Marx, K., *Grundrisse der Kritik der Politischen Ökonomie* (GR), Berlin ^{2}1974.
McCarthy, Th., *Kritik der Verständigungsverhältnisse. Zur Theorie von Jürgen Habermas*, Frankfurt am Main 1980 und 1989.

McGinn, C., *Wittgenstein on Meaning*, Oxford 1984.

Menninghaus, W., *Walter Benjamins Theorie der Sprachmagie*, Frankfurt am Main 1980.

Merleau-Ponty, M., »Der westliche Marxismus«, in: ders., *Die Abenteuer der Dialektik*, Frankfurt am Main 1974, S. 39-72.

Montanari, M., *La libertà e il tempo. Osservazioni sulla democrazia tra Marx e Gramcsi*, Roma 1991.

Mörchen, H., *Macht und Herrschaft im Denken von Heidegger und Adorno*, Stuttgart 1980.

–, *Adorno und Heidegger. Untersuchung einer philosophischen Kommunikationsverweigerung*, Stuttgart 1981.

Müller, U., *Erkenntniskritik und negative Metaphysik bei Adorno. Eine Philosophie der dritten Reflektiertheit*, Frankfurt am Main 1988.

Nanninga, J., *Tauschwert und Wert. Eine sprachkritische Rekonstruktion des Fundaments der Kritik der Politischen Ökonomie*, Diss., Hamburg 1975.

Negt, O., *Lebendige Arbeit, enteignete Zeit. Politische und kulturelle Dimensionen des Kampfes um die Arbeitszeit*, Frankfurt am Main/New York 1985.

Nowotny, H., *Eigenzeit. Entstehung und Strukturierung eines Zeitgefühls*, Frankfurt am Main 1989.

Nyíri, Ch., »Wittgensteins Spätwerk im Kontext des Konservatismus«, in: *Ludwig Wittgenstein, Schriften Beiheft 3. Wittgensteins geistige Erscheinung*, Frankfurt am Main 1979, S. 83-101.

Offe, C., »Arbeit als soziologische Schlüsselkategorie?«, in: J. Matthes (Hg.), *Krise der Arbeitsgesellschaft? Verhandlungen des 21. Deutschen Soziologentages in Bamberg 1982*, Frankfurt am Main /New York 1983.

Piccone, P., »Phenomenological Marxism«, in: *Telos* 6 (1971), S. 3-31.

Pinkard, T., »The Logic of Hegels Logic«, in: M. Inwood (Hg.), *Hegel*, Oxford 1985, S. 85-109.

Pitkin, H., *Wittgenstein and Justice. On the Significance of Ludwig Wittgenstein for Social and Political Thought*, Berkeley 1972.

Quine, W. V. O., *Ontologische Relativität und andere Schriften*, Stuttgart 1975.

Rentsch, Th., *Heidegger und Wittgenstein. Existential- und Sprachanalysen zu den Grundlagen philosophischer Anthropologie*, Stuttgart 1985.

–, *Die Konstitution der Moralität. Transzendentale Anthropologie und praktische Philosophie*, Frankfurt am Main 1990.

Röttgers, K., *Kritik und Praxis. Zur Geschichte des Kritikbegriffs von Kant bis Marx*, Berlin/New York 1975.

Rorty, R., *The Linguistic Turn*, Oxford 1967.

Rossi-Landi, F., *Sprache als Arbeit und als Markt*, München 1972.

Rubinstein, D., *Marx and Wittgenstein. Social Praxis and Social Explanation*. London 1981.

Ryle, G., *The Concept of Mind*, London 1949; deutsch: *Der Begriff des Geistes*, Stuttgart 1969.
Sartre, J.-P., *Das Sein und das Nichts. Versuch einer phänomenologischen Ontologie*, Reinbek bei Hamburg 1982.
Schampel, J., *Das Warenmärchen. Über den Symbolcharakter der Ware im ›Kapital‹*, Königstein/Ts. 1982.
Scheler, M., »Arbeit und Ethik«, in: ders., *Gesammelte Werke*, Bd. 1, Bern 1971, S. 161-195.
Schmid Noerr, G., *Das Eingedenken der Natur im Subjekt. Zur Dialektik von Vernunft und Natur in der Kritischen Theorie Horkheimers, Adornos und Marcuses*, Darmstadt 1990.
Schmidt, A., *Der Begriff der Natur in der Lehre von Marx*, Frankfurt am Main [3]1978.
–, »Der strukturalistische Angriff auf die Geschichte«, in: ders. (Hg.), *Beiträge zur marxistischen Erkenntnistheorie*, Frankfurt am Main [2]1970, S. 194-265.
Schnädelbach, H., »Transformation der kritischen Theorie«, in: A. Honneth/H. Joas (Hg.), *Kommunikatives Handeln. Beiträge zu Jürgen Habermas' ›Theorie des kommunikativen Handelns‹*, Frankfurt am Main 1986, S. 15-34.
Schulz, W., *Wittgenstein. Die Negation der Philosophie*, Pfullingen [2]1979.
Schultz, K. L., *Mimesis on the Move. Theodor W. Adornos Concept of Imitation*, Bern/Frankfurt am Main/New York 1990.
Searle, J.-R., *Speech Acts*, Cambridge 1969; deutsch: *Sprechakte*, Frankfurt am Main 1971.
Seebaß, G., *Das Problem von Sprache und Denken*, Ffm. 1981.
Simon, J., *Sprachphilosophie*, München 1981.
Sohn-Rethel, A., *Soziologische Theorie der Erkenntnis*, Frankfurt am Main 1985.
Specht, E.-K., *The Foundations of Wittgensteins Late Philosophy*, New York 1969.
Stekeler-Weithofer, P., »Verstand und Vernunft. Zu den Grundbegriffen der Hegelschen Logik«, in: Ch. Demmerling/F. Kambartel (Hg.), *Vernunftkritik nach Hegel. Analytisch-kritische Interpretationen zur Dialektik*, Frankfurt am Main 1992, S. 139-197.
Sziborsky, L., »Dialektik aus dem Geist der Musik. Verborgene werkgeschichtliche Voraussetzungen der Negativen Dialektik«, in: J. Naeher (Hg.), *Die negative Dialektik Adornos. Einführung – Dialog*, Opladen 1984, S. 90-129.
Taylor, Ch., *Hegel*, Frankfurt am Main 1983.
Theunissen, M., *Sein und Schein. Die kritische Funktion der Hegelschen ›Logik‹*, Frankfurt am Main 1978.
–, »Krise der Macht. Thesen zur Theorie des dialektischen Widerspruchs«, in: *Hegel-Jahrbuch* 1974, S. 204-211.

Thyen, A., *Negative Dialektik und Erfahrung. Zur Rationalität des Nichtidentischen bei Adorno*, Frankfurt am Main 1989.

Tugendhat, E., *Selbstbewußtsein und Selbstbestimmung. Sprachanalytische Interpretationen*, Frankfurt am Main 1979.

Touraine, A., *Die postindustrielle Gesellschaft*, Frankfurt am Main 1972.

Vollrath, E., »Überlegungen zur neueren Diskussion über das Verhältnis von Praxis und Poiesis«, in: *Allgemeine Zeitschrift für Philosophie* 14 (1989) 1, S. 1-26.

Wellmer, A., *Kritische Gesellschaftstheorie und Positivismus*, Frankfurt am Main [4]1973.

–, »Kommunikation und Emanzipation. Überlegungen zur ›sprachanalytischen Wende‹ der kritischen Theorie«, in: A. Honneth/U. Jaeggi (Hg.), *Theorien des Historischen Materialismus*, Frankfurt am Main 1977, S. 465-500.

–, *Zur Dialektik von Moderne und Postmoderne. Vernunftkritik nach Adorno*, Frankfurt am Main 1985.

–, »Sprache und Intersubjektivität«, Ms. Konstanz 1987.

–, »Was ist eine pragmatische Bedeutungstheorie? Variationen über den Satz ›Wir verstehen einen Sprechakt, wenn wir wissen, was ihn akzeptabel macht‹« in: *Zwischenbetrachtungen. Im Prozeß der Aufklärung*, hg. von A. Honneth u. a., Frankfurt am Main 1989, S. 318-370.

Wiggershaus, R., *Die Frankfurter Schule. Geschichte, Theoretische Entwicklung, Politische Bedeutung*, München 1988.

Wittgenstein, L., *Werkausgabe*, Frankfurt am Main 1984; darin:
Bd. I: *Tractatus logico-philosophicus*
Tagebücher 1914-1916
Philosophische Untersuchungen (PU).
Bd. II: *Philosophische Bemerkungen* (PB).
Bd. III: *Ludwig Wittgenstein und der Wiener Kreis* (WWK).
Bd. IV: *Philosophische Grammatik* (PG).
Bd. V: *Das blaue Buch* (BB) / *Eine philosophische Betrachtung (Das braune Buch).*
Bd. VI: *Bemerkungen über die Grundlagen der Mathematik* (BGM).
Bd. VII: *Bemerkungen über die Philosophie der Psychologie* (BPP I und II)/*Letzte Schriften über die Philosophie der Psychologie* (LSPP).
Bd. VIII: *Bemerkungen über die Farben/Über Gewißheit/Zettel/Vermischte Bemerkungen* (VB).

–, *Briefe.* Briefwechsel mit B. Russell, G. E. Moore, J. M. Keynes, F. P. Ramsey, W. Eccles, P. Engelmann und L. v. Ficker, hg. von B. F. McGuiness und G. H. von Wright, Frankfurt am Main 1980 (BR).

Zimmermann, R., »Sprache und Praxis. Der späte Wittgenstein und die Frage nach einer materialistischen Sprachtheorie«, in: A. Leist (Hg.), *Ansätze zur materialistischen Sprachtheorie*, Kronberg/Ts. 1975, S. 292-334.

–, *Utopie – Rationalität – Politik. Zur Kritik, Rekonstruktion und Systematik einer emanzipatorischen Gesellschaftstheorie bei Marx und Habermas,* Freiburg 1985.

suhrkamp taschenbücher wissenschaft
Soziologie, Theorie der Gesellschaft

Adorno: Einleitung in die Musiksoziologie. stw 142
– Prismen. stw 178
– Soziologische Schriften I. stw 306
Assmann/Hölscher (Hg.): Kultur und Gedächtnis. stw 724
Baecker: Womit handeln Banken? stw 946
Beck/Bonß (Hg.): Weder Sozialtechnologie noch Aufklärung? stw 715
Bendix: Freiheit und historisches Schicksal. stw 390
– Könige oder Volk. stw 338
Berg/Fuchs (Hg.): Kultur, soziale Praxis, Text. stw 1051
Bertram (Hg.): Gesellschaftlicher Zwang und moralische Autonomie. stw 450
Bonß/Honneth (Hg.): Sozialforschung als Kritik. stw 400
Bourdieu: Entwurf einer Theorie der Praxis. stw 291
– Die feinen Unterschiede. stw 658
– Homo academicus. stw 1002
– Sozialer Raum und »Klassen«. Leçon sur la leçon. stw 500
– Zur Soziologie der symbolischen Formen. stw 107
– *siehe auch Eder*
– *siehe auch Gebauer/Wulf*
Bourdieu u. a.: Eine illegitime Kunst. stw 441
Brandt: Arbeit, Technik und gesellschaftliche Entwicklung. stw 780
Bude: Bilanz der Nachfolge. stw 1020
Cicourel: Methode und Messung in der Soziologie. stw 99
Claessens: Kapitalismus und demokratischeKultur. stw 1041
Coulmas: Die Wirtschaft mit der Sprache. stw 977
Cremerius (Hg.): Die Rezeption derPsychoanalyse in derSoziologie, Psychologie und Theologie im deutschsprachigen Raum bis 1940. stw 296
Dahme: *siehe Simmel*
Duby: Ritter, Frau und Priester. stw 735
Durkheim: Erziehung, Moral und Gesellschaft. stw 487
– Die Regeln der soziologischen Methode. stw 464
– Der Selbstmord. stw 431
– Soziologie und Philosophie. stw 176
– Über soziale Arbeitsteilung. stw 1005
Dux: Die Logik der Weltbilder. stw 370
– Die Zeit in der Geschichte. stw 1025
Edelstein/Habermas (Hg.): Soziale Interaktion und soziales Verstehen. stw 446
Edelstein/Keller (Hg.): Perspektivität und Interpretation. stw 364
Edelstein/Nunner-Winkler (Hg.): Zur Bestimmung der Moral. stw 628

205/1/8.92

suhrkamp taschenbücher wissenschaft
Soziologie, Theorie der Gesellschaft

Eder: Die Entstehung staatlich organisierter Gesellschaften. stw 332
– Geschichte als Lernprozeß ? stw 941
– Die Vergesellschaftung der Natur. stw 714
Eder (Hg.): Klassenlage, Lebensstil und kulturelle Praxis. stw 767
Eisenstadt: Die Transformation der israelischen Gesellschaft. stw 1009
Eisenstadt (Hg.): Kulturen der Achsenzeit. 2 Bde. stw 653
– Kulturen der Achsenzeit II. stw 930
Elias: Engagement und Distanzierung. stw 651
– Die Gesellschaft der Individuen. stw 974
– Die höfische Gesellschaft. stw 423
– Studien über die Deutschen. stw 1008
– Über den Prozeß der Zivilisation. 2 Bde. stw 158/159
– Über die Zeit. stw 756
Korte (Hg.): Gesellschaftliche Prozesse und individuelle Praxis. Bochumer Vorlesungen zu Norbert Elias' Zivilisationstheorie. stw 894
Evers/Nowotny: Über den Umgang mit Unsicherheit. stw 672
Fend: Sozialgeschichte des Aufwachsens. stw 693
v. Friedeburg: Bildungsreform in Deutschland. stw 1015
Frisby: Georg Simmel. stw 926
Fromm: Die Gesellschaft als Gegenstand der Psychoanalyse. stw 1054
Garz (Hg.): Die Welt als Text. stw 1031
Gebauer/Wulf (Hg.): Praxis und Ästhetik. Neue Perspektiven im Denken Pierre Bourdieus. stw 1059
Gerhardt: Gesellschaft und Gesundheit. stw 970
Gerhardt/Schütze (Hg.): Frauensituation. stw 726
Geulen: Das vergesellschaftete Subjekt. stw 586
Geulen (Hg.): Perspektivenübernahme und soziales Handeln. stw 348
Giddens: Die Klassenstruktur fortgeschrittener Gesellschaften. stw 452
Giegel (Hg.): Kommunikation und Konsens in modernen Gesellschaften. stw 1019
Giesen: Die Entdinglichung des Sozialen. stw 908
Giesen (Hg.): Nationale und kulturelle Identität. stw 940
Goffman: Das Individuum im öffentlichen Austausch. stw 396
– Interaktionsrituale. stw 594
– Rahmen-Analyse. stw 329
– Stigma. stw 140
Goldmann: Soziologie des Romans. stw 470
– Der verborgene Gott. stw 491
Goudsblom: Soziologie auf der Waagschale. stw 223

205/2/8.92

suhrkamp taschenbücher wissenschaft
Soziologie, Theorie der Gesellschaft

Greiffenhagen: Das Dilemma des Konservatismus in Deutschland. stw 634
Groethuysen: Die Entstehung der bürgerlichen Welt- und Lebensanschauung in Frankreich. 2 Bde. stw 256
Groh: Anthropologische Dimensionen der Geschichte. stw 992
Habermas: Strukturwandel der Öffentlichkeit. stw 891
– Zur Logik der Sozialwissenschaften. stw 517
– Zur Rekonstruktion des Historischen Materialismus. stw 154
– *siehe auch Edelstein/Habermas*
– *siehe auch Honneth/Joas*
Haferkamp (Hg.): Sozialstruktur und Kultur. stw 793
Haferkamp/Schmid (Hg.): Sinn, Kommunikation und soziale Differenzierung. Beiträge zu Luhmanns Theorie sozialer Systeme. stw 667
Hahn/Kapp (Hg.): Selbstthematisierung und Selbstzeugnis: Bekenntnis und Geständnis. stw 643
Halbwachs: Das Gedächtnis und seine sozialen Bedingungen. stw 538
Haupert/Schäfer: Jugend zwischen Kreuz und Hakenkreuz. stw 952
Hausen/Nowotny (Hg.). Wie männlich ist die Wissenschaft? stw 590
Heinsohn: Privateigentum, Patriarchat, Geldwirtschaft. stw 455
Hirschauer: Die soziale Konstruktion der Transsexualität. stw 1045
Hörning/Gerhard/Michailow: Zeitpioniere. stw 909
Honig: Verhäuslichte Gewalt. stw 857
Honneth: Kritik der Macht. stw 738
Honneth/Joas (Hg.): Kommunikatives Handeln. Beiträge zu Jürgen Habermas' »Theorie des kommunikativen Handelns«. stw 625
Institut für Sozialforschung (Hg.): Kritik und Utopie im Werk von Herbert Marcuse. stw 1037
Jäger (Hg.): Kriminologie im Strafprozeß. stw 309
Jaeggi: Theoretische Praxis. stw 149
Joas: Pragmatismus und Gesellschaftstheorie. stw 1018
– Praktische Intersubjektivität. stw 765
Joas (Hg.): Das Problem der Intersubjektivität. stw 573
Joas/Steiner (Hg.): Machtpolitischer Realismus und pazifistische Utopie. stw 792
Joerges (Hg.): Technik im Alltag. stw 755
Jokisch (Hg.): Techniksoziologie. stw 379
Jung/Müller-Doohm (Hg.): Wirklichkeit im Deutungsprozeß. stw 1048
Kempski: Schriften 1-3. stw 922- 924

205/3/8.92

suhrkamp taschenbücher wissenschaft
Soziologie, Theorie der Gesellschaft

– Brechungen. stw 922
– Recht und Politik. stw 923
– Prinzipien der Wirklichkeit. stw 924
Kern/Schumann: Industriearbeit und Arbeiterbewußtsein. stw 549
Kettler/Meja/Stehr: Politisches Wissen. stw 649
Kippenberg/Luchesi (Hg.): Magie. Die sozialwissenschaftliche Kontroverse über das Verstehen fremden Denkens. stw 674
Kocka (Hg.): Interdisziplinarität. stw 671
Korte: *siehe unter Elias*
Lenhardt: Schule und bürokratische Rationalität. stw 466
Lenski: Macht und Privileg. stw 183
Lepenies: Melancholie und Gesellschaft. stw 967
Lepenies (Hg.): Geschichte der Soziologie. 4 Bde. stw 367
Löwenthal: Schriften 1-5. stw 901-905
Luckmann: Die unsichtbare Religion. stw 947
Lüderssen/Sack (Hg.): Vom Nutzen und Nachteil der Sozialwissenschaften für das Strafrecht. 2 Bde. stw 327
– Seminar: Abweichendes Verhalten I-IV. 4 Bde. stw 84-87
Luhmann: Funktion der Religion. stw 407
– Legitimation durch Verfahren. stw 443
– Soziale Systeme. stw 666
– Die Wissenschaft der Gesellschaft. stw 1001
– Zweckbegriff und Systemrationalität. stw 12
– *siehe auch Haferkamp/Schmid*
– *siehe auch Welker; Welker/Krawietz*
Luhmann/Fuchs: Reden und Schweigen. stw 848
Luhmann/Pfürtner (Hg.): Theorietechnik und Moral. stw 206
Luhmann/Schorr: Reflexionsprobleme im Erziehungssystem. stw 740
Luhmann/Schorr (Hg.): Zwischen Absicht und Person. stw 1036
– Zwischen Anfang und Ende. stw 898
– Zwischen Intransparenz und Verstehen. stw 572
– Zwischen Technologie und Selbstreferenz. stw 391
Luhmann/Spaemann: Paradigm lost: Über die ethische Reflexion der Moral. stw 797
Mannheim: Konservatismus. stw 478
– Strukturen des Denkens. stw 298
– *siehe Kettler/Meja/Stehr*
Mead: Geist, Identität und Gesellschaft. stw 28
– Gesammelte Aufsätze. Bd. 1. stw 678
– Gesammelte Aufsätze. Bd. 2. stw 679
– *siehe auch Joas*
Meja/Stehr (Hg.): Der Streit um die Wissenssoziologie. stw 361

205/4/8.92

suhrkamp taschenbücher wissenschaft
Soziologie, Theorie der Gesellschaft

Mommsen: Max Weber. stw 53
Moore: Ungerechtigkeit. stw 692
Müller: Sozialstruktur und Lebensstil. stw 982
Münch: Dialektik der Kommunikationsgesellschaft. stw 880
– Die Struktur der Moderne. stw 978
– Theorie des Handelns. stw 704
Niemitz (Hg.): Erbe und Umwelt. stw 646
Nowotny: Eigenzeit. stw 1052
Oakes: Die Grenzen kulturwissenschaftlicher Begriffsbildung. stw 859
Oser: Moralisches Urteil in Gruppen. stw 335
Otto/Sünker (Hg.): Politische Formierung und soziale Erziehung im Nationalsozialismus. stw 927
– Soziale Arbeit und Faschismus. stw 762
Parsons: Gesellschaften. stw 106
– siehe auch Schluchter (Hg.): Verhalten
– siehe auch Schütz/Parsons
Plessner: Die verspätete Nation. stw 66
Rammstedt: Deutsche Soziologie 1933-1945. stw 581
– siehe auch Simmel
Ribeiro: Der zivilisatorische Prozeß. stw 433
Rosenbaum: Formen der Familie. stw 374
– Proletarische Familien. stw 1029
Rosenbaum (Hg.): Familie und Gesellschaftsstruktur. stw 244
Rossi: Vom Historismus zur historischen Sozialwissenschaft. stw 699
Roth: Politische Herrschaft und persönliche Freiheit. stw 680
Sachße/Engelhardt (Hg.): Sicherheit und Freiheit. stw 911
Schluchter: Aspekte bürokratischer Herrschaft. stw 492
– Rationalismus der Weltbeherrschung. stw 322
– Religion und Lebensführung. 2 Bde. stw 961/962
Schluchter (Hg.): Max Webers Sicht des antiken Christentums. stw 548
– Max Webers Sicht des Islam. stw 638
– Max Webers Sicht des okzidentalen Christentums. stw 730
– Max Webers Studie über das antike Judentum. stw 340
– Max Webers Studie über Hinduismus und Buddhismus. stw 473
– Max Webers Studie über Konfuzianismus und Taoismus. stw 402
– Verhalten, Handeln und System. Talcott Parsons' Beitrag zur Entwicklung der Sozialwissenschaften. stw 310
Schöfthaler/Goldschmidt (Hg.): Soziale Struktur und Vernunft. stw 365
Schröter: »Wo zwei zusammenkommen in rechter Ehe ...« stw 860
Schütz: Das Problem der Relevanz. stw 371

205/5/8.92

205/6/8.92